إدارة الموارد البشرية في صناعة الضيافة

تأليف

د.علاء كَنه

جامعة ناشنال/ كاليفورنيا

المقدمـة

تعتبر عمليات إدارة الموارد البشرية أحد أهم الأمور المهمة والضرورية لنجاح واستمرار منشأت الأعمال بشكل عام ومنشأت الضيافة بشكل خاص على المدى القصير والطويل. إذ تحتل إدارة الموارد البشرية اليوم أهمية خاصة إذا ما أخذنا بنظر الإعتبار إن المنافسة العالمية وصلت الى مستويات جادة وسوف تستمر في القرن الحادي والعشرين. ويرى المختصين إن منشأت اليوم بحاجة الى المواهب والمبدعين والإهتمام بمواردها البشرية وإدارتها وتدريبها بشكل مستمر ورفع كفاءتهم ليكونوا قادرين على المنافسة الدولية. كما أصبحت عملية القدرة على جذب والإحتفاظ بالكفاءات بغرض تحسين الإنتاجية من الضرورات المطلقة في مجال العمل. حيث أوضحت العديد من الدراسات إن المنشأت ذات النظم المتميزة والفاعلة في إدارة الموارد البشرية هي أفضل من غيرها بكثير من حيث تميزها بمستوى أفضل في التنظيم وبإرتفاع مستوى إنتاجيتها، مع فرص توفر أفضل وأهداف إستراتيجية.

كما تسعى الإدارة الجيدة الى زيادة الإهتمام بعامليها من خلال زيادة مستوى الرضا الوظيفي لهم ومنحهم التعويضات العادلة والمنصفة والتي ينعكس أثرها بشكل إيجابي على جودة الخدمات المقدمة للزبائن والضيوف من خلال أداء العاملين.

لقد جاءت فكرة هذا الكتاب من أجل رفد المكتبة العربية بهذا الجهد المتواضع، وتقديم مساهمة في موضوع إدارة الموارد البشرية بشكل عام وفي صناعة الضيافة بشكل خاص، إذ تعتبر صناعة الضيافة من أكبر الصناعات في العالم، ولا توجد أي صناعة أخرى بها من الإتصال المباشر كما هو الحال في هذه الصناعة والمتمثل بالعلاقة المباشرة مابين العامل والضيف.

يهدف هذا الكتاب بكل أمانة وإخلاص الى تقديم معلومات من نوع خاص مدعومة بالأمثلة العملية لتساعد القارئ للتعرف على صناعة الضيافة عن كثب من خلال تقديم مفاهيم وإضافات جديدة ومتميزة في هذه الصناعة سواء على الصعيد الأكاديمي أو العملي. كما يساهم في توضيح مفاهيم وتطورات إدارية في ظل مناخ

العمل في هذا النوع من الأعمال. ولأهمية هذه الصناعة وعلى سبيل المثال أدناه بعض الإحصائيات (2012 Lodging Industry profile-AH&LA):

1- تعتبر صناعة السياحة والسفر في الولايات المتحدة الأمريكية من بين أكبر الصناعات الخدمية في البلاد، وواحدة من أكبر أرباب الأعمال فيها. حيث تعد واحدة من أكبر الصناعات العشرة الكبرى في (48) ولاية إضافة الى مقاطعة كولومبيا. كما وتشمل صناعة السياحة مجموعة من الشركات المترابطة كملكيات الإقامة، شركات الطيران، المطاعم، شركات خطوط الرحلات البحرية، شركات تأجير السيارات، وكالات السفر، منظمي الرحلات السياحية...إلخ.

2- بلغ إجمالي إيرادات صناعة الإقامة فقط في الولايات المتحدة الأمريكية لعام (2011) مامقداره (21.6) بليون دولار أمريكي، محققة بذلك زيادة مقدارها (20%) على أساس سنوات المقارنة. إذ بلغ مجموع إيرادات الصناعة مامقداره (137.5) بليون دولار أمريكي مقارنة بعام (2010) والبالغ (127.7) بليون دولار. كما وتعتبر النسبة الأكبر خلال العشر سنوات الماضية.

3- حققت صناعة السياحة في الولايات المتحدة الأمريكية بإستثناء (المسافرين الدوليين على متن الخطوط الجوية الأمريكية) مبيعات بلغ مقدارها (813) بليون دولار أمريكي، ويبلغ مجموع ماتدفعه صناعة السياحة من ضرائب للحكومة مامقداره (124) بليون دولار أمريكي.

4- تلقت الولايات المتحدة الأمريكية من إيرادات السياحة العالمية الحصة الأكبر من أي بلد أخر في العالم، ففي عام (2011)، إزداد الإنفاق على السياحة بنسبة (14%) لتبلغ (153) بليون دولار أمريكي. بما في ذلك مبلغ (116) بليون دولار أنفقت في أماكن القصد السياحي داخل الولايات المتحدة الأمريكية، ومبلغ (37) بليون دولار أنفقت على أجور السفر على وسائط الطيران الأمريكية.

5- كان عدد أكبر عشر دول من ناحية عدد السياح الوافدين الى الولايات المتحدة الأمريكية لعام (2011) كالتالي، كندا(21.3) مليون، المكسيك(13.5)، المملكة

المتحدة(3.8) مليون، اليابان(3.2) مليون، ألمانيا(1.8) مليون، جمهورية الصين الشعبية (1.1) مليون، أستراليا(1.0) مليون شخص، وقد شكلت هذه البلدان العشرة مانسبته (80%) من مجموع عدد الزائرين الكلي للولايات المتحدة الأمريكية.

6- ينفق المقيمين والسياح الدوليين في الولايات المتحدة الأمريكية مامعدله (2.2) بليون دولار في اليوم الواحد، أي (92.8) مليون دولار في الساعة الواحدة، أو (1.5) مليون دولار في الدقيقة الواحدة، أو مامقداره (25700) ألف دولار في الثانية الواحدة.

7- تدفع صناعة السفر والسياحة في الولايات المتحدة الأمريكية مامجموعه (194.6) بليون دولار أمريكي كأجور ورواتب للعاملين في قطاعاتها ذات الصلة.

8- توظف صناعة السياحة في الولايات المتحدة الأمريكية وفي قطاع الفنادق لوحده (1.8) مليون عامل. كما تدعم وبشكل مباشر أكثر من (7.5) مليون وظيفة سياحة وسفر .

الأرقام أعلاه إن دلت على شيء فهي تدل وبوضوح على أهمية هذه الصناعة وإنعكاسات أثرها على إقتصاديات البلدان، وكذلك تعكس الدور الكبير للعنصر البشري فيها، وضرورة دراستها من أجل تنميتها وتطويرها والحفاظ عليها.

ولتحقيق أهداف هذا الكتاب فقد تم تقسيمه الى ستة عشر فصلاً، شملت مفاهيم إدارية متنوعة ذات صلة بشكل مباشر وغير مباشر بإدارة الموارد البشرية. هذا وقد تم تخصيص الفصل الأول كمقدمة في صناعة الضيافة وأهميتها في ظل التطورات السريعة التي يمر بها العالم اليوم، ودورها في خلق الأنطباعات القوية لدى الزبائن والضيوف نتيجة خدماتها ومنتوجاتها التي تمتاز بالتنافس، مع عرض لأهم خصائص ومميزات هذه الصناعة. أما الفصل الثاني فقد كان مدخلاً لإدارة الموارد البشرية بشكل عام حيث تم توضيح مفهوم إدارة الموارد البشرية وأهميتها في هذه الصناعة مع عرض لأهم الأنشطة التي تقوم بها، وكذلك تم التطرق الى أهم التحديات التي تواجه مدراء الموارد البشرية اليوم. أما الفصل الثالث فقد تم إفراده للحديث عن تخطيط الموارد البشرية في هذه الصناعة، وأهمية دراسة إحتياجات هذه الصناعة من الأيدي

العاملة من خلال بيان تحليل الوظيفة والوصف الوظيفي ومواصفات الوظيفة. يليه الفصل الرابع الذي خصص لتوضيح مفهوم الاستقطاب وأهميته في هذه الصناعة وأهم أنواعه ومصادره، وكذلك تم التطرق فيه الى أهم البدائل المستخدمة في عملية الاستقطاب نظراً لخصوصية هذه الصناعة.

أما الفصل الخامس فقد تناول موضوع الاختيار وفرز المتقدمين وإجراء المقابلات للمتقدمين الجدد مع توضيح لأهم مسؤوليات ومعايير الاختيار في ظل إنحسار الأيدي العاملة الماهرة في أيامنا الحالية. في حين يتعرض الفصل السادس الى موضوع التوجيه من حيث التطرق الى تعريفه وأهميته في هذه الصناعة مع عرض لأهم أهدافه، وكذلك التعرف الى أهم الأسس المطلوب توفرها في برنامج التوجيه الناجح في صناعة الضيافة. في حين ركز الفصل السابع على أهمية موضوع التدريب مع عرض لأهم أنواعه المستخدمة في صناعة الضيافة، وكذلك عرض لأهم المبادئ الرئيسية في التدريب والتي تساعد على تنمية قدرات العاملين والإستفادة من مشاركاتهم. أما الفصل الثامن فقد خصص لموضوع التحفيز، حيث تم التطرق الى مفهومه وأهم نظرياته، وكذلك أهميته من حيث الحفاظ على الأيدي العاملة في هذه الصناعة.

أما الفصل التاسع فقد بحث في موضوع التعويضات والمزايا الإضافية المقدمة للعاملين وتأثيراتها عليهم كعنصر تحفيزي، مع عرض لأهم العوامل المؤثرة في منحها. في حين أختص الفصل العاشر بتقييم الأداء، من حيث توضيح مفهومه وفوائده وأهدافه في هذه الصناعة، وبيان أهم مصادره وأهم الأخطاء التي ترافق عملية تقييم العاملين. أما الفصل الحادي عشر فقد تضمن الحديث عن موضوع الإنتاجية، من خلال التعرف على مفهوم الإنتاجية وأهميتها، وأهم الأسباب التي دعت الى زيادة الإهتمام بها، وأهم مؤشراتها في هذه الصناعة، في حين تطرق الفصل الثاني عشر الى موضوع دوران العمل وأسبابه وكيفية إحتسابه مع بيان أهم تأثيراته في صناعة الضيافة.

أما الفصل الثالث عشر فقد تم إفراده لموضوع التمكين في صناعة الضيافة ودوره المهم حل الكثير من مشاكل الزبائن والضيوف وفي نفس الوقت تلبية حاجاتهم ورغباتهم، وكذلك التعرف على أهم الأدوات والوسائل المساعدة لعملية التمكين. أما الفصل الرابع عشر فقد إستعرض أهم المبادئ التوجيهية الخاصة بالعاملين في هذه الصناعة وأهميتها، كما تضمن أهم المسؤوليات لتنفيذ وضمان تطبيق تلك التوجيهات بشكل صحيح ووفق المعايير المعتمدة. أما الفصل الخامس عشر فقد تضمن طرحاً لأهم قواعد السلوك الخاصة بالإدارة وبالعاملين، والتوعية بأهميتهما في منشأت هذه الصناعة والتي تسهم بشكل كبير في تحسين أدائها وإحترام حقوق جميع الأطراف المتأثرة بنشاطاتها كما وتسهم في تعزيز سبل الرقابة. وأخيراً، تعرض الفصل السادس عشر لأهم المشاكل التي يتعرض لها العاملين في هذه الصناعة، وكذلك تم التطرق الى أهم القوانين الصادرة بهذا الخصوص والتي تسهم في تذليلها.

يأمل المؤلف أن يكون قد وفق في إعداد هذا الكتاب، وأن يستفيد القارئ منه، سواء الباحثين منهم أو الطلاب أو العاملين في هذا المجال. كما يمكن الإستفادة من هذا الكتاب كمساق جامعي للكليات والمعاهد الفندقية إضافة إلى كونه مساعد ودليل عمل لذوي الاختصاص والعاملين في صناعة الضيافة، والله ولي التوفيق.

المؤلف
د.علاء يوسف كَنه
جامعة ناشنال الأمريكية/ كاليفورنيا

الفصل الأول

مقدمة في صناعة الضيافة

1 مقدمة في صناعة الضيافة

تعتبر صناعة الضيافة (Hospitality Industry) من الصناعات الحديثة والمتطورة في الوقت الحاضر، وهي من الصناعات الأسرع نمواً في بداية القرن الحادي والعشرين. حيث تلعب دوراً مهماً وكبيراً في الإقتصاد العالمي نظراً لتعدد أنشطتها وإرتفاع كثافة التشغيل فيها. إذ أنها من الصناعات التي تساعد في خلق وظائف ومهن جديدة، وإن التوظيف فيها يمتد ليشمل العديد من الوظائف من أهمها " وظائف المبتدئين، الوظائف متخصصة، الوظائف الإشرافية، الوظائف الإدارية التنفيذية ".

هناك العديد من التعاريف لمفهوم الضيافة، وبشكل عام فإن الضيافة هي عملية الترحيب وإشباع الحاجات والرغبات الأساسية للضيوف والغرباء، ولاسيما فيما يتعلق بالإقامة والطعام والشراب، والتفسير المعاصر للضيافة يشير الى طبيعة العلاقة بين الضيف والمضيف. إذ إن التحدي الكبير في هذه الصناعة هي أن العاملين فيها لديهم القدرة والتأثير على التجربة الإنسانية من خلال خلق إنطباعات قوية ربما للحظات وجيزة ولكن في الحقيقة قد تستمر مدى الحياة. ففي صناعة الضيافة قد يسافر الأفراد ويتركون بلدانهم ومنازلهم لفترة مؤقتة سواءاً لوحدهم أو مع أخرين للذهاب الى أماكن قريبة أو بعيدة "الأفراد البعيدين عن منازلهم والضيوف المحليين" ويقيمون في وسائل إقامة أو ما شابه ذلك، ويتوقعون خدمات مميزة من أشخاص " عاملين " لقاء ثمن، ويقع على عاتق أولئك الأشخاص العاملين مسؤولية أن يمثلوا مجتمعاتهم بأفضل صورة ممكنة وأن يخلقوا تجارب ممتعة لضيوفهم، وعندما يوصلون تلك الخدمات

بنجاح فبالتأكيد ستكون متعة لا تنسى، فهم يرحبون ويساعدون ويهتمون بهم وبذلك يكونون جزء من العملية التي تنعكس إيجاباً على حياة البشر ورفاهيتهم. وعندما نتحدث عن صناعة الضيافة فإننا نشير الى المنظمات والمنشأت التي تقدم الطعام والشراب و/ أو الإقامة وقد تكون بعض تلك المنشأت ربحية في حين بعضها الأخر لا يهدف للربح.

تمتاز صناعة الضيافة عن بقية قطاعات الصناعات الأخرى في أنها صناعة خدمية تسعى الى تحقيق الرضا والقناعة للضيف (Guest Satisfaction) من خلال تقديم خدمات متعددة وغير ملموسة (Intangible) في الغالب بجانب تقديمها للمنتجات المادية. فعلى سبيل المثال الطعام والشراب أو الغرفة هي من المنتجات المادية في هذه الصناعة، والتي تقدم وتباع للزبائن والضيوف لقاء ثمن، مثل " الثمن الذي يدفعه الضيف لقاءه تأجيره غرفة في فندق ما، أو الثمن الذي يدفعه لقاء شراءه وجبة طعام في المطعم " ، إذ تعتبر تلك في أكثر الأحيان من الجوانب الملموسة لهذه الصناعة. إذ إن تجربتنا في صناعة الضيافة لا تعتمد فقط على الجوانب الملموسة، فأعمال الضيافة الناجحة اليوم لا تشمل فقط خدماتها ومنتوجاتها ولكن أيضاً كيفية تقديمها بأفضل صورة ممكنة. فصفات العاملين والطريقة التي سوف تتم بها عملية تقديم الخدمة غالباً ما تكون أكثر أهمية من المنتجات الملموسة والتي تجعل من تجربة الضيافة مقنعة أو غير مقنعة، وهذا مانطلق علية بالجوانب الغير الملموسة في الضيافة.

لابد هنا أيضاً من القول إن للإدارة في صناعة الضيافة مسؤوليات عديدة تختلف عن بقية الصناعات الأخرى مثل إحتساب التكاليف، كلفة الغرفة، كلفة قائمة الطعام، السيطرة على حصة الطعام، علاقة الضيف بالإدارة، علاقة الضيف بالعاملين، دوران العمل " العجز في الأيدي العاملة " ، تدريب العاملين في الخدمة وبقية الوظائف الأخرى.

العلاقة بين صناعة الضيافة والسياحة

يغطي نشاط الضيافة العديد من القطاعات المهمة، والتي تسهم بشكل كبير ومؤثر في إقتصاد البلدان وفي دعم وزيادة دخلها القومي، وكما موضحة في الشكل رقم (1). كما تعتبر صناعة الضيافة الحل الأمثل لمعالجة الكثير من الصعوبات الإقتصادية سواء في الدول المتقدمة أو النامية، نتيجة تسويق وتطوير منتجات وخدمات متنوعة لتلبية حاجات الزبائن والضيوف المتغيرة، وتبرز تلك الفائدة من خلال الدخل الذي يحصل عليه أصحاب منشأت هذه الصناعة بشكل مباشر، أو من خلال الضرائب التي تفرض على المبيعات، أو من خلال الأجور وفرص العمل المتاحة، أو من خلال المشتريات التي يقوم السياح والزبائن بشرائها.

تشير الإحصائيات إن نسبة مساهمة هذه الصناعة في النشاط الإقتصادي لجميع انحاء العالم بلغت ما مقداره (5%)، والتي تتوزع بين قطاع السياحة والسفر والإقامة والفنادق وخدمة الطعام والترفيه والإستجمام والمؤتمرات وعقد المعارض...إلخ، والتي تقدم خدمات الطعام والشراب والمأوى والخدمات الأخرى ذات الصلة.

كما وتعتبر السياحة، بإعتبارها أحد أهم مكونات صناعة الضيافة المهمة، قوة إقتصادية وإجتماعية هائلة لايستهان بها. ويترتب عن حجم هذه القوة ونموها المستقبلي المحتمل تحديات خطيرة. فعلى الرغم من المشاكل السياسية والإقتصادية التي تعصف في العديد من بلدان العالم إلا أن أعداد السياح في نمو مستمر، حيث تشير أرقام منظمة السياحة العالمية إلى إن أعداد السياح الدوليين قد أرتفع من (25) مليون سائح في عام (1950) الى (277) مليون في عام (1980)، ومن ثم ليرتفع الى (435) مليون في عام (1990)، ليزداد الى (675) مليون سائح في عام (2000)، وليصل الى (940) مليون سائح دولي في عام (2010)، ووفقاً للتوقعات فمن المتوقع أن يزداد عدد السياح الدوليين ليصل الى مليار سائح لأول مرة، لتبين مدى التأثير الكبير والمضطرد للسياحة على إقتصاديات الدول.

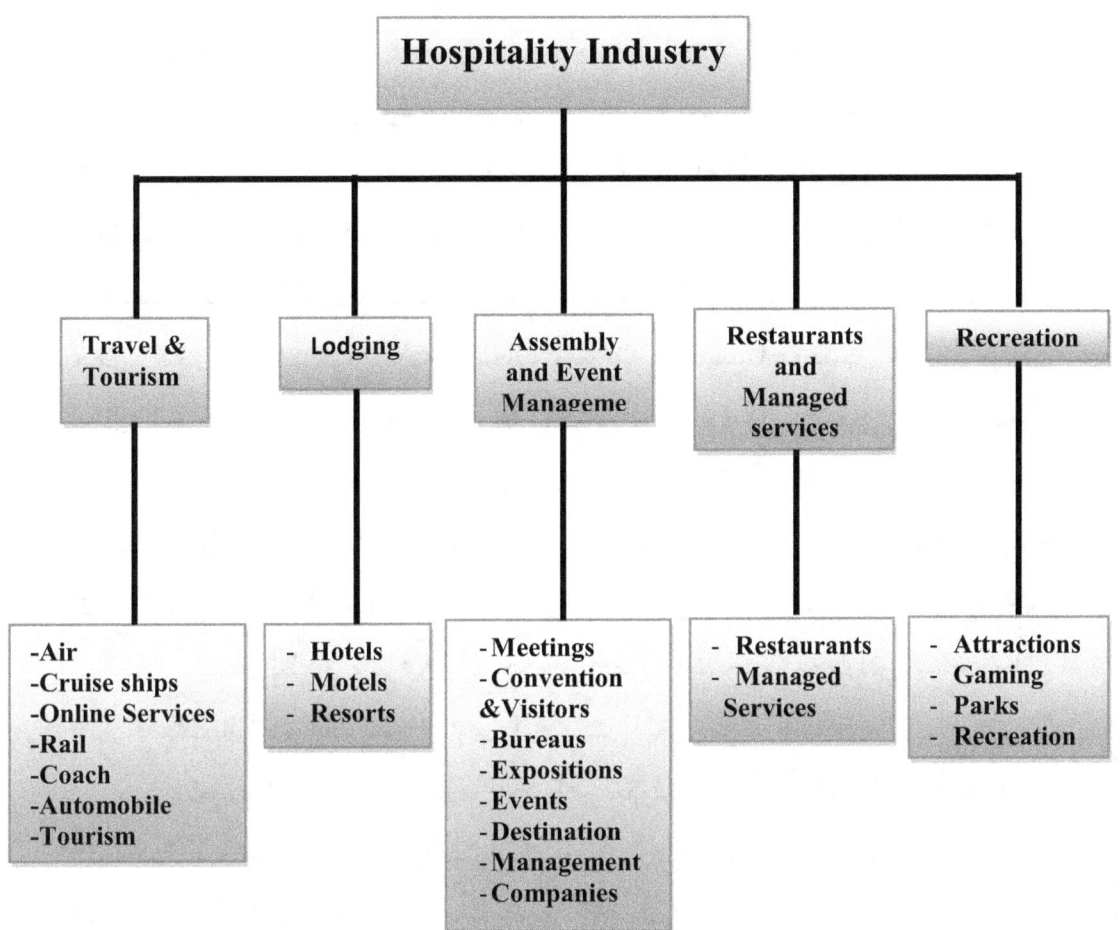

شكل رقم(1)

يوضح أهم قطاعات صناعة الضيافة

Source: Walker, J. R. (2010). *Introduction to hospitality management*

(3rd ed.). Upper Saddle River, United States: Pearson Prentice Hall, P.7

أما فيما يتعلق بعائدات السياحة الدولية، فتشير الأرقام إلى إنه في عام (2010) قد بلغت ما مامقداره (919) بليون دولار أي ما يعادل(693) بليون يورو، مقارنة مع عام (2009) والتي كان مقدارها (851) بليون دولار أي مايعادل(610) بليون يورو، أي بزيادة مقدارها (4.7%)، ومن المؤمل والمتوقع أن تزداد تلك العوائد مستقبلاً لتوفر بذلك الملايين من فرص العمل الجديدة. وإذا ماتحققت التنبؤات فإن تلك الوظائف الجديدة ستفتح فرصاً وأفاقاً جديدة لقطاعات الضيافة والفندقة والترفيه وصناعة المؤتمرات وقطاع المعارض.

تسهم هذه الصناعة في توظيف الملايين من العاملين سنوياً، إذ تتراوح نسبة مساهمة السياحة في التوظيف مابين(6%) الى(7%) من العدد الكلي للوظائف حول العالم "بشكل مباشر وغير مباشر". ويقدر مجلس السياحة والسفر العالمي إن صناعة السفر والسياحة كإقتصاد عالمي مسؤولة بشكل مباشر وغير مباشر عن (11%) من الناتج المحلي الإجمالي على المستوى العالمي، وبهذا الخصوص وعلى سبيل المثال في الربع الثالث من عام(2012) في الولايات المتحدة الأمريكية والتي تعتبر السياحة فيها إحد أكبر أرباب الأعمال، وثالث أكبر صناعة بيع بالمفرد بعد محلات الأطعمة الألية، كان هناك(7.7) مليون عامل، منهم (5.5) مليون عامل أي مانسبته (71%) يعملون في وظائف متعلقة بشكل مباشر بقطاع السياحة، أي وظائف حيث العاملون ينتجون سلعاً وخدمات تباع بشكل مباشر للزوار والضيوف، ومنهم (2.2) مليون عامل أي مانسبته(29%) يعملون في وظائف متعلقة بالسياحة بشكل غير مباشر، أي وظائف حيث العاملون ينتجون سلعاً وخدمات تستخدم لإنتاج ما يشتريه الزوار والضيوف (Zemanek, p.3).

إضافة الى ذلك فقد ساعد نشاط السياحة على تنشيط إقتصاد الكثير من البلدان نظراً للمبالغ الطائلة التي ينفقها المسافرين أثناء ترحالهم وإقامتهم، وعلى سبيل المثال في الولايات المتحدة الأمريكية في الربع الثالث من عام (2012) بلغ مجموع الإنفاق

المتعلق بالسياحة مامقداره (1.4) تريليون دولار، وشمل هذا المبلغ إنفاق سياحي مباشر بلغ (858.5) بليون دولار أمريكي أي ما نسبته (60%) لقاء سلع وخدمات تم بيعها بشكل مباشر للزوار والضيوف، وإنفاق سياحي غير مباشر بلغ مقداره (584.6) بليون دولار أي مانسبته (40%) لقاء سلع وخدمات أستخدمت في إنتاج السلع والخدمات التي إشتراها الزوار الضيوف (Zemanek, p.3).

أما قطاع الفنادق فهو ليس ببعيد عن هذه الصناعة فهو يرتبط أرتباطاً وثيقاً بالسياحة، ويعتبر من القطاعات الأساسية المهمة والداعمة للمسيرة التنموية في كثير من البلدان ومن الركائز الأساسية في العمل السياحي وصناعة الضيافة. إذ أنه يعد بمثابة صناعة خدمية من الطراز الأول لما يقدمه من خدمات كثيرة ومتنوعة للسياح الأجانب وللمجتمع المحلي، إضافة الى كونه أحد القطاعات الإقتصادية الرئيسية التي تؤثر وبشكل مباشر في دعم الأقتصاد القومي للبلد من خلال مساهمته الواضحة في تغطية عجز الميزان التجاري لبلدان أخرى، وما يدره من دخلاً مباشراً للعملات الصعبة نتيجة بيع الخدمات الفندقية.

توفر الفنادق خدمات للعمل السياحي، والتي لا يمكن توفيرها إلا إذا توافرت المرتكزات المادية والبشرية. ويجب أن تعمل الفنادق على إستغلالها بشكل يسهم في تقديم الخدمات بمستوى يتناسب ومتطلبات السياح والزبائن الأخرين، ويتميز قطاع الفنادق بشكل عام، بقوة عمل كبيرة تفتقر في الغالب الى التعليم الأكاديمي وبالأجر المنخفض نظراً لإفتقارها للمهارات الكفوءة للعاملين، كما تتميز بدوران العاملين العالي(Freedman&Kosova,2011,P.4-10). إذ يحتاج هذا القطاع الى كادر تشغيلي وإداري كبير، والذي يقسم عادة الى عدة أصناف تضم منتسبي الأطعمة والمشروبات، ومنتسبي قسم الغرف وغيرهم، ففي الألأف من فنادق أمريكا الشمالية لوحدها هناك (3.5) مليون غرفة فندق تقريباً، ويعكس هذا الرقم الحاجة الى الكم الهائل من الأيدي العاملة لتقديم الخدمات الفندقية.

إن التوظيف المباشر في قطاعي السفر والسياحة في الولايات المتحدة الأمريكية لوحدها قد أزداد بنسبة (1.3%) في الربع الثالث من عام(2012)، بعد زيادة بلغت نسبتها (1.1%) في الربع الثاني من العام نفسه، وعلى سبيل المقارنة فان إجمالي التوظيف فيها قد إزداد بنسبة (1.2%) في الربع الثالث بعد زيادة مقدارها(1.0%) في الربع الثاني (Zemanek, p.2).

أما من ناحية الإيرادات فقد بلغت الإيرادات الكلية للفنادق في الولايات المتحدة الأمريكية لعام (2010) مامقداره (127.7) بليون دولار أمريكي، بزيادة قدرها(0.5%) عن عام (2009) والتي كان مقدارها (127.2) بليون دولار أمريكي، كما أن السياحة فيها تدعم بشكل مباشر أكثر من (7.4) مليون وظيفة عمل في مجال السفر والسياحة. كما وظفت الولايات المتحدة الامريكية في عام(2010) لوحدها في صناعة المطاعم، أكثر من (12.680) مليون شخص يعملون في أكثر من (878000) موقع وهي مستمرة في النمو، ويعود السبب في ذلك الى أن معدل ما ينفقه الفرد على خدمات الأطعمة بعيداً عن منزله يقدر بين(18%-20%) من مجموع نفقاته.

إن المنظمات المختلفة في منشأت الضيافة ومنها على سبيل المثال الفنادق وشركات تجهيز الطعام والمطاعم ومؤسسات الراحة والتسلية لديها أهداف متباينة. وبشكل عام فإن إدارة هذه المنظمات تسعى من خلال أدائها الى تحقيق النجاح والحفاظ على إستمرار نشاطها كمنافسة في الصناعة، وإن مايميز الأداء في منشأت هذه الصناعة إنه لا يقتصر فقط على تحقيق أعلى إيرادات وإنما يتركز على تقديم أفضل الخدمات لتحقيق رضا الزبائن والضيوف، وبهذا الصدد فإن منشأت الضيافة تهدف إلى إسعاد الضيوف والزبائن بأن تقدم لهم أكثر مما توعدهم به.

أصبح هناك إدراك ضمن صناعة الضيافة لأهمية وقيمة العاملين والنزلاء معاً في عملية تقديم الخدمة، وهذا أدى بأن تقوم المنشأة بتطوير معلومات أداء أفضل متعلقة بأخلاقيات العاملين ورضا الزبائن. إضافة الى ذلك فإن أسماء الفنادق ومقدمي

خدمات الطعام في قطاع الضيافة أصبحت اليوم من العلامات التجارية المعروفة عالمياً، فعلى سبيل المثال فقد أصبح أسم (Walt Disney) يتعلق بقطاع الترفيه والتسلية، وأسم (Curt Carlson) يرتبط بإدارة السفر وقطاع خدمات الضيافة. هذه الأسماء الفردية من المنتجات والخدمات التي تحولت إلى أصناف مشهورة على الصعيد العالمي، لاتحقق حاجات الزبائن والعملاء فقط، ولكن أصبحت حافزاً على تطوير منتجات وصناعات وخدمات أخرى وصولاً إلى أصناف جديدة.

من العلامات المشهورة الأخرى اليوم، شركة (Hilton Worldwide) العالمية والتي مقرها(McLean, Virginia). حيث حققت هذه الشركة في عام (2011) المرتبة الثالثة من قائمة أفضل (50) سلسلة تدير مجموعة فنادق ومنتجعات حول العالم في (88) دولة عبر القارات الست، والمرتبة السادسة في عدد الفنادق حيث بلغ عددها (3843) فندقاً، وبعدد غرف بلغ مجموعها (633238) غرفة، في حين في عام(2010) كان عدد فنادق السلسلة (3671) فندقاً وبعدد غرف (604782) غرفة. كذلك فازت هذه السلسلة بالمرتبة العاشرة من حيث عدد الفنادق المملوكة حيث بلغ عددها (439) فندقاً، وبالمرتبة الرابعة من حيث الفنادق المدارة بعقود الإمتياز حيث بلغ عددها (3205) فندقاً. أما من ناحية العلامة التجارية(Brands) فقد حققت الشركة المرتبة الخامسة بعدد فنادق بلغ مجموعها(553)، وبعدد غرف بلغ مجموعها (196151) غرفة ("Special Report: Hotels' 325", 2012, p.23-42).

أما قطاع المطاعم، فهو الأخر أصبح الكثير منها يحمل أسماء وعلامات تجارية معروفة على الصعيد العالمي، وخير مثال على ذلك سلسلة شركة مطاعم (Macdonald's) العالمية الرائدة في مجال الخدمات الغذائية، حيث لهذه السلسلة أكثر من (34000) موقعاً في (119) بلداً حول العالم، ونسبة (80%) منها تحت عقود الإمتياز، وبأيدي عاملة يتجاوز عددها(1.8) مليون عامل، تخدم بذلك نحو (69) مليون شخص حول العالم(About McDonalds).

إن العلاقات الجيدة لا تضمن دائماً معرفة نظرة الضيوف والزبائن إليها، ولهذا السبب فإن الكثير من هذه المنشأت تخصص الكثير من الوقت والجهد في إجراء مسوحات خاصة للحفاظ على تلك الأسماء والعلامات من ناحية، ولإرضاء الضيوف والزبائن من ناحية ثانية، عن طريق إستخدام ضيوف "سريين" يطلق عليهم (Secret Shoppers) لإختبار نوعية الخدمات والمنتجات التي تقدمها، ولخلق علاقات مباشرة وحميمية مع ضيوفها وزبائنها.

خصائص صناعة الضيافة

هناك فلسفة خاصة حول خدمة الزبائن والضيوف والتي تعتبر حاسمة للنجاح في هذه الصناعة. فعلى سبيل المثال مدير الفندق يكون قلقاً بشكل دائم حيال ضيوفه. ولابدّ أن يكون لديه حماس كبير لإسعاد الناس " الضيوف " الذين يزورون فندقه. هذا القلق يجب أن يتحمله كل العاملين في الفندق بسبب أنهم سوف يتفاعلون مع الضيوف أكثر بكثير من المدير نفسه. فعلى مدراء الفنادق أن يعاملون الأشخاص الذين يزورون المُلكية تماماً بنفس الطريقة التي يعاملون بها أصدقائهم الذين يزورونهم في بيوتهم الخاصة. وعلى النقيض من ذلك، فإن مصطلح "الزبون " يدل أو يعبر عن شخص ما له علاقة بالمُلكية ويستند فقط على تبادل المنتجات والخدمات المقدمة لقاء المال. أما " الضيف "فيجب أن يدفع لقاء المنتجات والخدمات التي يستلمها، وعلى أية حال، فإن وسيلة معاملة الزوار " كضيوف " بدلاً من " زبائن " يساعد على تأسيس فلسفة الخدمة، التي تعتبر مهمة جداً لنجاح الفندق.

عندما يزور زبون أو ضيف ما منشأة ضيافة ما على سبيل المثال فإنه يتوقع أن تلبى جميع طلباته وبشكل فوري، في حين في بقية الصناعات الأخرى فإنه من الضروري أن ينتظر الزبون للحصول على طلبه. إن أي تأخير قد يحدث أثناء تقديم الخدمة في صناعة الضيافة قد يؤدي الى كثير من الإشكالات للعاملين والإدارة معاً،

إذ يعتقد الكثير من الزبائن والضيوف إنهم هم من قاموا بتوظيف هؤلاء العاملين وحتى مدرائهم، وأنهم أصحاب الفضل في بقاءهم في عملهم وفي أغلب الأحيان قد يؤدي هذا الى الشعور بعدم الراحة من قبل بعض العاملين أنفسهم، مما قد يسهم ذلك في الكثير من المشاكل الإدارية، هذا وتختلف هذه الصناعة عن باقي الصناعات الأخرى في الكثير من الخصائص ومن أبرزها:

1- قناعة ورضا الضيف   Guest Satisfaction

يتفق الكثير من المختصين مع هذا الإتجاه حيث إن أحد أبرز الإختلافات بين صناعة الضيافة وبقية الصناعات الأخرى هو إنها تولد أو تحقق ما يعرف بقناعة الضيف. وهذه القناعة تعتمد على أداء وإدراك المنتج في توصيل القيمة القريبة إلى توقعات المشترين. ففي حالة لم يحقق أداء المنتج توقعات الضيف أو الزبون، فسوف يولد حالة عدم رضا وعدم قناعة المشترين. أما إذا لبى الأداء توقعات المشترين فستتولد القناعة والرضا لدى المشترين. أما في حالة تجاوز الأداء تلك التوقعات فإن ذلك سيولد حالة مميزة من الرضا والسعادة لدى المستفيدين.

كما يجب الإنتباه هنا الى أن مستوى الرضا والقناعة الذي يتقبله الزبائن والضيوف في هذه الصناعة في الغالب يكون ذو تأثير زمني محدد، فعلى سبيل المثال في حالة ظاهرة الجوع، فإن تحقيق القناعة والرضا لزبون أو ضيف ما بتناول وجبة طعام معينة قد يستمر لمدة من أربع الى خمسة ساعات، ويحتاج بعدها نفس الزبون أو الضيف الى إرضاءه مرة ثانية وبإسلوب مختلف أو مماثل على أقل تقدير، وقد نجد إن مستوى الرضا والقناعة للزبون أو الضيف قد تغير أو تم تعديله من خلال وجبة طعام ثانية أو خدمة ثانية، وقد يكون إيجاباً أو سلباً.

2- تلازم الإنتاج والمبيعات Inseparability

في صناعة الضيافة ليس من الممكن فصل "الإنتاج" عن "البيع" لمنتوج الخدمة، مما يشكل تحدياً خاصاً في هذه الصناعة بسبب أن كل ضيف لديه طلباته الخاصة. فعلى سبيل المثال غرفة الضيف في الفندق، فالغرفة موجودة وتباع في نفس المكان وعلى العاملين في صناعة الضيافة أن يكونوا خبراء في كلاً من الإنتاج والمبيعات. وهذا غير موجود في الصناعات الأخرى، فعلى سبيل المثال، عند إنتاج/ بيع "السيارة، القميص، أو جهاز التلفزيون"، فإنها تصنع وتنتج عادة في مكان وتباع في مكان أخر، والعاملين في تلك الصناعات عادة ما يكونون خبراء في جانب واحد فقط سواء في تصنيع المنتجات أو بيعها إلى المستهلك في السوق.

3- قابلية التلف Perishability

تمتاز بضاعة هذه الصناعة بأنها سريعة التلف ولايمكن خزنها، فعلى سبيل المثال عمر البضاعة في الفندق "الغرف" هو يوم واحد واذا لم تباع الغرفة في نفس اليوم فإننا سوف نفقد الغرفة، أي إذا لم يتم بيع غرفة الفندق في تاريخ معين، فإن الفندق سوف يخسر إيراد تلك الغرفة إلى الأبد. وبالتباين مع، السيارة/ القميص/ التلفزيون فإنه يمكن أن تباع البضاعة "غداً" إذا لم يتم بيعها "اليوم" أي يمكن خزنها، وبهذا الخصوص، فإن نفس الشيء ينطبق على شركات الطيران فاذا كانت هناك مقاعد فارغة في الطائرة، وجاء موعد الرحلة فعلى الطائرة أن تقلع، بغض النظر عن عد الركاب على متنها.

4- التكرار Repetitiveness

إن الخطوات المشتركة التي تجعل غرفة الضيف جاهزة للبيع أو التحضير لوجبة طعام أو شراب معينة هي نفسها تتكرر كل مرة عند بيع هذه المواد. هذه الروتين، أي

"إجراءات التشغيل" تسمح لبعض المعايير. وفي نفس الوقت فإن هذا الأمر قد يخلق تحديات عديدة، لأنه من المهم دائماً التركيز على الحاجات الفردية للضيوف، وكذلك بسبب إن المعايير تقدم فرصة أقل للإبداع في عمليات إتخاذ القرارات المستخدمة في أداء العمل المطلوب.

5- الاستمرارية   Continuance

في الأغلب تكون أعمال الضيافة مفتوحة (365) يوماً في السنة وأربع وعشرين ساعة في اليوم وعلى مدار الوقت، وليس على العاملين فيها العمل كل هذه الأيام، ولكنهم يميلون الى العمل لساعات أطول من العاملين في بقية الصناعات الأخرى. إذ يكون من ضمنها العمل ليلاً، وأيام العطلة الأسبوعية والأعياد والمناسبات. كما تتباين ساعات العمل في هذه الصناعة بشكل كبير وكذلك مواعيدها.

تعتمد صناعة الضيافة بشكل كبير في فترات العمل على نظام الوجبات أو الورديات(Shifts)، وكل وجبة مسؤولة عن فترتها الزمنية وتكمل كل وجبة عمل الوجبة التي سبقتها وتفي بإلتزاماتها وهذا يعني وجود الإستمرارية والترابط في العمل، فعلى سبيل المثال يمكن ملاحظة ذلك بشكل واضح متمثلاً بشخص مدير قسم الأطعمة والمشروبات في الفندق وعامليه، لأن من مسؤولية هذا القسم توفير خدمات الأطعمة والمشروبات لكل من الزبائن والضيوف على مدار (24) ساعة، وأن يكون العاملين على أهبة الاستعداد في كل الأوقات لتلبية طلباتهم، لذا نراهم " الزبائن والضيوف " مرتاحين ويتمتعون بإستراحتهم ومناسباتهم في حين نرى العاملين في هذه الصناعة مشغولين في أداء أعمالهم لكل الوجبات.

إن على المدراء الناجحين أن يحققوا الترابط في العمل بين وجبات العمل من خلال توفير الملاك الجيد لتقديم كل الخدمات المطلوبة وتهيئة العمل من وجبة إلى اخرى. فعلى سبيل المثال، قسم الحفلات أو قسم الأطعمة والمشروبات في الفنادق

الكبيرة يتولى عملية التحضير الذي يخص الحفلات والدعوات والأعراس التي تقام في الفندق إذ يكون هناك ترتيب مسبق لها من وجبة سبقتها في العمل، في حين تعمل الوجبة التي تليها بإعادة الترتيب والتنظيف وجمع الأدوات والحاجات الفائضة عن الحاجة مثلاً وخزنها في أماكنها الخاصة. إن هذا الترابط يسهل إنسيابية العمل ونجاحه لأنه من غير المعقول الإعتماد على وجبة واحدة للعمل منذ الصباح الباكر حتى إنتهاء الليل، وكذلك لهذا القسم خدمات أخرى كخدمة الزبائن والضيوف خارج الفندق كالدعوات الخارجية والحفلات الأخرى ومناسبات الضيوف الذين تقدم لهم الخدمة في بيوتهم أو في السفارات.....الخ.

إضافة الى ذلك فإن الكثير من العاملين الذين يعملون في هذه الصناعة يعملون في أوقات لا يعمل فيها الأخرون في بقية الصناعات الأخرى، كالعمل في أوقات الإجازات والعطل الرسمية والأعياد والمناسبات وأوقات الفراغ. مما يشكل هذا مزيداً من الضغط عليهم، وفي أحياناً أخرى يكون في أوقاتاً عديدة وغير معروفة لا بل غير متوقعة حيث يعتمد على طبيعة التشغيل في منشأة الضيافة كما يتطلب مزيد من التحدي والقدرة على الإبداع والتصرف.

6- وجود العلاقة المباشرة بين الزبون أو الضيف والعاملين معاً أو ما يسمى بـ(Direct Relation)

تعرض وتقدم هذه الصناعة خدمات غير ملموسة، من خلال العلاقة المباشرة بين المنتج والمستهلك من خلال إحتكاك مقدم الخدمة بالزبون أو الضيف. وإعتماد هذه الصناعة إعتماداً كبيراً على العنصر البشري أو مايسمى باللمسة الإنسانية (Human Touch)، أي أن رأي الضيف بالخدمة المقدمة سيكون مباشرة بعد إستهلاكه لها ويجب إحترامه، أي أن على العاملين في هذه الصناعة تقديم الخدمة والمنتوج المتكامل. إضافة الى صعوبة تعريف جودة الخدمة نفسها والتي تختلف من ضيف

لأخر. إذ أن الزبون أو الضيف يذهب إلى منشأة الضيافة كالفندق أو المطعم من أجل " التمايز " (Excellent Service) والضيافة، إذ يتطلع الى مستوى عالي من الكفاءة في عرض وتقديم الخدمات والحصول على خدمة وضيافة متميزة لايجدها في البيت، وعلى منشأة الضيافة وإدارتها وعامليها توفير تلك الخدمة وأن يستمتعوا بتفاعلهم مع الزبائن والضيوف إذا ما أرادو تحقيق مستويات عالية من الرضا والقناعة للزبائن والضيوف ولذاتهم.

يمثل وجود الزبون أو الضيف في منشأة الضيافة جزءاً من نظام متكامل مع الجو العام للمنشأة كما يلعب دوراً كبيراً في متعة الأخرين، وتلعب الإدارة الجيدة وعلاقاتها بالعاملين وما يتحلون به من صفات وخصوصاً حب الناس والرغبة في خدمتهم دوراً فاعلاً في تطوير مستويات الخدمات التي تقدم للزبائن والضيوف والعكس صحيح. إذ إن سوء العلاقة بين الإدارة والعاملين لا تؤدي سوى الى تدهور الجو العام وتدني مستوى الخدمات المقدمة لهم. كذلك من الضروري على العاملين في هذه الصناعة من الذين لهم تماس مباشر مع الضيف أن يتحلوا أيضاً بالصفات نفسها لأنهم كذلك يتصلون ببقية زملائهم في المنشأة.

مميزات صناعة الضيافة

تنفرد هذه الصناعة أيضاً بمميزات عديدة جعلتها في مقدمة باقي الصناعات الأخرى، وعلى المهتمين بهذه الصناعة الإنتباه الى تلك المميزات ومن أهمها:

1- كثافة الأيدي العاملة   Labor Intensive

تتميز المنشأت في صناعة الضيافة عن غيرها من الكثير من المنشأت في الصناعات الأخرى في إنها إستمرت في إعتمادها على العنصر البشري بسبب

خاصيتها من حيث أن الخدمة في صناعة الضيافة تعد تجربة معقدة وترتكز على التعامل الاجتماعي.

على الرغم من إن العصر الحالي يعتبر عصر التقدم التكنولوجي، والذي قلل من إعتماد الكثير من المنشأت على العنصر البشري حيث حلت التكونولوجيا والمعدات التقنية الحديثة محل الأفراد العاملين فيها، إلا إن هذا الأمر قد حدث بشكل أقل في صناعة الضيافة، ويعود السبب في ذلك الى أن الكثير من الأعمال اليومية وتقديم الخدمات في منشأت الضيافة على إختلاف أنواعها يشترك فيها العاملون بشكل مباشر على سبيل المثال ترتيب الأسرّة، تنظيف الغرف، وإعداد وتحضير الطعام، وإلى غير ذلك. إضافة الى أن الكثير من الأشخاص المسافرين والزبائن والضيوف يتمنون أن يدفعوا مباشرة لقاء الخدمات التي "يستلمونها" من قبل العاملين.

يتعين على إدارات منشأت الضيافة الناجحة أن تكون لها القدرة على جذب واستقطاب والاحتفاظ بأفضل العاملين المهرة والأكفاء الذين يستطيعون تقديم خدمة ممتازة، حيث تعتبر مفتاح نجاحها أو فشلها كما هو الحال في المطاعم حيث تتضمن تقديم وتناول الأطعمة، ويتوسع هذا المفهوم إلى مكائن بيع الأطعمة (Vending Machine) التي تكون ذات قيمة محدودة لانه لا يتوجب على الضيف التعامل مع شخص أخر.

2- البضاعة Product

إن بضاعة الضيافة تتضمن عدة فعاليات. كما إنها بضاعة متعددة الأنواع والخدمات وبمستويات ودرجات مختلفة، ومن الضروري الإنتباه على أن هذا النوع من الإنتاج الخاص هو ليس إنتاجاً مادياً يصل الى الزبون أو الضيف، بل على العكس إذ على الزبون أو الضيف أن يبحث عن تلك المنتجات. حيث يبحث الزبون أو الضيف عن مكان للإقامة والطعام والراحة والإستجمام، وهذه الخاصية تجعل من

الصعوبة التعرف والتكهن بحجم هذه الفعاليات ونوعيتها حتى يستهلكها الزبون أو الضيف. فمن الصعب للضيف أو الزبون أن يختبر أو يجرب إقامة ليلة في فندق ما قبل إستخدامه للغرفة، أو تذوق طبق الطعام قبل شرائه. لذا في صناعة الضيافة يجب النظر الى البضاعة الشاملة (Total Product). فعلى سبيل المثال تشمل بضاعة الفندق "الإقامة والمطعم والبار والمسبح .....إلخ".

3- النوعية والسعر   Quality and Price

تهتم هذه الصناعة ولاسيما قطاعات تقديم الأطعمة بالخدمة والنوعية والسعر، ويظهر ذلك جلياً في قطاعات الضيافة في البلدان المتطورة، حيث يكون التركيز الحصول على حصة سوقية لمنشأة الضيافة أولاً (Market Share)، ويتم ذلك من خلال تخفيض كلف المنتجات التي تقدمها، كتقديم الأطعمة للزبائن والضيوف بخدمة مميزة وبأسعار معقولة.

كما تتميز هذه الصناعة بصعوبة وضع الأهداف على المدى البعيد فيكون عادةً التركيز على وضع الأهداف على المدى القصير بحكم أن هذه الأهداف تتغير في ضوء تغير أذواق وحاجات الزبائن والمستهلكين "رغبات وتفضيلات الضيوف" والتي تتغير بشكل مستمر.

4- التأكيد على الأمان، النظافة، والخدمة.
Emphasis on Safety, Cleanliness, and Service

القليل من الزبائن والضيوف يأخذون بنظر الإعتبار عدة أمور عندما يقررون الإقامة والبقاء في منشأة الضيافة من عدمه، ومن أهم تلك الأمور هي الغرفة والسمات المادية الأخرى في المنشأة. فعلى سبيل المثال، فإن الأمان والنظافة في منشأة الضيافة هي إعتبارات مهمة للغاية إلى جانب ودية "ضيافة" العاملين فيها. لذا

فإنهما سويةً مع السمات المادية الأخرى مثل " الحجم، نوعية الصيانة، الأثاث، وعوامل أخرى " ، كلها تعتبر بالتالي جزءاً من مزيج تقييم الضيوف لمنشأة الضيافة. إضافة الى أن هناك جوانب أخرى غير ملموسة "صعبة التحديد "لها تأثير في إتخاذ قرار الشراء، يأخذها بنظر الإعتبار ضيوف المنشأة المحتملين.

إن أغلب الخدمات المقدمة للزبائن والضيوف هي عبارة عن تلبية لإحتياجات فسيولوجية أساسية يطلبها هؤلاء، وتشمل على الأغلب الطعام والشراب والإقامة، كما إن تلك الإحتياجات تجعل الزبائن والضيوف يشعرون إنهم في مكان بديل ومماثل لمحل إقامتهم الدائمية. وعلى القائمين بتقديم تلك الخدمات وضع ذلك في حسبانهم. إذ اشارت أحدى الدراسات الى أن (65%) من الزبائن والضيوف يتوقعون أن يكون جو منشأة الضيافة كالفندق أو المطعم مناسباً أو على الأقل مماثلاً عن أماكن الإقامة الدائمة لهم.

5- سوق العمل Labor Market

يفتقر سوق هذه الصناعة إلى الملاكات المهنية والتي تحتاج إليها منشأت الضيافة بإستمرار " ندرة بعض التخصصات " ولاسيما الملاكات المهنية والفنية ذات الإختصاص بأعمال معينة قد لايجيدها غيرهم كالطباخين وعمال الخدمة والخبازين والحلوانيين وغيرهم، ويرى كثير من المختصين إنه يبرز هنا دور وعمل قسم التدريب في المنشأة، والذي تركز عليه منشأت صناعة الضيافة بشكل كبير وخاصةً إدارات السلاسل الفندقية الكبيرة، كأساس لرفد هذه الصناعة بالملاكات المطلوبة والمؤهلة نظرياً وفنياً، ويتعين على الإدارة في منشأة الضيافة تأهيل وتدريب العاملين لصيانة وصقل مواهبهم لغرض التأقلم مع هذا النوع من الأعمال. وإذا كانت الإدارة مسؤولة عن جعل الوظائف مهمة ومقنعة فإن من مسؤولياتها أيضاً إختيار العاملين القادرين على العمل لهذا النوع من الوظائف.

إن الكثير من العاملين في هذه الصناعة قد أكتسب معظم خبراته العملية من العمل إضافة الى التدريب، حيث توفر هذه الصناعة في الغالب برامج تدريبية مستمرة لعامليها. إذ أن الحاجة الى التدريب المهني مهمة للغاية لجميع العاملين وبكل مستوياتهم الإدارية، إضافة الى أن منشأت الضيافة توفر لجميع العاملين برامج توجيه شاملة (Orientation Program).

كما يرى الخبراء في هذه الصناعة، إنه من الضروري أيضاً إيجاد الحلول اللازمة للتغلب على هذه المشكلة مستقبلاً، وذلك من خلال توسيع نطاق عمل المؤسسات التعليمية المتخصصة في مجال الضيافة من خلال إنشاء المعاهد والكليات الجامعية للأيفاء بمتطلبات وإحتياجات هذه الصناعة من جهة، وتشجيع السكان المحليين للإنخراط في هذه الصناعة وإيجاد فرص العمل المناسبة خاصة في بعض الدول التي تضع قيوداً على إستخدام الأيدي العاملة الأجنبية من جهة ثانية. إضافة الى جانب الوصول الى الأسواق المصدرة للايدي العاملة الماهرة واستقطاب الكفاءات المتميزة واللازمة منها، خاصة تلك الأيدي التي تعكس تراث وثقافات معينة.

6- الخبرة الفنية Experience

يعد عنصر الخبرة من العناصر المهمة الواجب توفرها في العاملين في هذه الصناعة، إذ يتميز هذا القطاع بحاجته إلى أيدي عاملة جديرة ومؤهلة تأهيلاً جيداً بالجانب النظري إضافة إلى الخبرة الفنية والعملية، لأن التفاعل بين الدراسة والخبرة هو تفاعل جوهري يفتح قنوات الإتصال بين الصناعة والتعليم ويسمح للشخص بإدخال أخر ما توصل إليه من الأفكار العلمية إلى مجال العمل وتطبيقها بأسس صحيحة. كما على إدارة منشأة الضيافة الإنتباه إلى هذا الجانب عند إتخاذ قرارات الاختيار والتعيين لما للخبرة الفنية والعملية من أهمية كبيرة في نحاج عمل هذه الصناعة، وهذا ما سيتم مناقشته بالتفصيل في فصول قادمة.

7- الجمهور Public

إن جمهور هذه الصناعة متنوع ويشتمل على شرائح مختلفة من المجتمع فهناك " رجل الأعمال، الأطفال، الشباب، الشيوخ، النساء،....الخ " ، وتمتاز تلك الشرائح بإختلاف مهنهم وأعمالهم، وكذلك بإختلاف حاجاتهم ورغباتهم، ومن هنا يكون التركيز والإنتباه في هذه الصناعة إلى تقديم خدمات مُرضية لكل تلك الفئات من الزبائن والضيوف وإشباع حاجاتهم وإقناعهم. وهذا يكون بالإعتماد على كادر خدمي متمرس وكفوء له القدرة على معالجة كل المواقف التي تواجههم مع الزبائن والضيوف عند خدمتهم، لان خدمة النساء تختلف عن خدمة الأطفال وهي تختلف عن خدمة الشيوخ، وكذلك خدمة الرياضي تختلف عن خدمة الفنان وهي تختلف عن خدمة رجل الأعمال، وهناك مبدأ يقول بأن الأشخاص المختلفين يطلبون بضائع مختلفة.

8- المكانة Status

إن الافتقار العام للمكانة أو المنزلة " المنصب " عند الأشخاص الذين يعاملون الزبائن والضيوف هو شائع في أغلب أعمال الخدمة، ومن المهم هنا هو إعادة التفكير في إصلاح هذا الموقف إزاء الخدمة بشكل عام. وإن قطاعات الضيافة على أية حال تقدم تحدياً خاصاً بهذا المجال إذ أن العاملين في هذه الصناعة يشعرون بالنظرة المتدنية لهم. حيث إن إفتقار المكانة أو المنزلة في أعمال خدمة الأطعمة على سبيل المثال بصورة خاصة يجعل الإدارة والأداء ضعيفين للغاية، وعلى الإدارة ان تجد طريقة ما لتغيير موقفها إزاء عامليها في هذا النوع من الخدمة.

9- معدل دوران العاملين Turnover

على عكس بقية الصناعات الأخرى فإن معدل دوران العاملين في صناعة الخدمات عامةً عالٍ، وفي صناعة الفنادق والمطاعم خاصة، ويصل أحياناً في بعض

منشأت الضيافة إلى أكثر من (100%) سنوياً(Walker,2010,p.575) وذلك بسبب الكثير من العوامل، وعلى الإدارات في هذه الصناعة إبتداع الحلول والطرق لغرض حل هذه المشكلة والمحافظة على عامليها لأطول فترة ممكنة، ومن أهم تلك الحلول على سبيل المثال تقديم المزايا والخدمات الضرورية لهم كتقديم وجبات الطعام أو منحهم التعويضات الجيدة أو إشراكهم بالبرامج التدريبية لصقل مواهبهم، أو إشراكهم في لجان تخص الأقسام.

10- التدرج الوظيفي   Career Plateaus

في صناعة الضيافة على الإدارة أن تنتبه إلى أن التدرج الوظيفي يصل إلى حد معين ويتوقف عندها، وعليها إختراع العناوين كنوع من التدرج والتميز بين العاملين لضمان معدل إستقرار أكبر للعاملين ولرفع مكانتهم وللتقليل من تنقلاتهم والمحافظة على خبرة الموجودين لديها قدر المستطاع. إضافة الى عدم تسربهم عندما يجدون فرصة أفضل في السوق، كتسربهم إلى المنافسين.

إن فرص الترفيع في هذه الصناعة هي متعددة، فعلى سبيل المثال توجد في الفنادق وظائف وعناوين متعددة، ففي قسم الأطعمة والمشروبات لوحده هناك الكثير من العناوين الوظيفية مثل " مدير المطعم، مدير الأطعمة والمشروبات، مدير الحفلات، رئيس صف لعمال الخدمة، عمال خدمة الشراب، مسؤول تعهد الأطعمة. رئيس طباخين، طباخ أقدم، حلواني، مزاتي، كابتن، كابتن أقدم...إلخ " أي إن هذه الصناعة تبتدع الوظائف في سبيل الحفاظ على العاملين وإعتماداً على نوع المنشأة التي سيقرر المرء العمل فيها، لأن العمل متوفر في العديد من منشأت الضيافة على إختلاف أنواعها كالفنادق والمطاعم ومنشات تجهيز الأطعمة، تجهيز الأطعمة للمستشفيات، تجهيز الأطعمة إلى مؤسسات الرعاية الاجتماعية والنوادي، وتجهيز الأطعمة للمساكن، وتجهيز الأطعمة لشركات النقل...الخ.

11- الهبات Tips

إن أغلب قطاعات صناعة الضيافة في طبيعتها هي أعمال تنافسية، ومن ملامح هذه الصناعة إن العاملين فيها يعانون من مستويات منخفضة من الدفع، كما إن الجزء الأكبر من رواتبهم يكون على شكل هبات من الزبائن والضيوف والمقصود به "البقشيش "وبشكل أكبر من أية صناعة أخرى.

تجدر الإشارة الى أنه في بعض البلدان يتم توظيف العاملين وخاصة في قطاع المطاعم وخدمة الأطعمة بأجور دون الأجر المعتمد رسمياً، وذلك نظراً لمقدار ما يتقاضونه من هبات وإكراميات. إذ تمنح الإكراميات طواعية من قبل الضيف للعاملين كتعبير أو مكافأة عن الخدمة الجيدة التي حصلوا عليها، وقد تمنح نقداً، أو يتم إضافتها الى مبلغ قائمة الطعام أو الشراب "قائمة أو فاتورة الحساب "من قبل الضيف ويتم جمعها مع مبلغ الفاتورة ليحاسب الضيف بعدها على المبلغ النهائي الكلي لقائمة الحساب بواسطة بطاقة الإئتمان بعد توقيع الضيف لفاتورته.

بموجب القوانين في بعض الدول ومنها على سبيل المثال الولايات المتحدة الأمريكية فإن جميع أنواع الأكراميات مهما كان نوعها يجب أن تخضع الى الضريبة، أي يتم أستقطاع مبلغ رسوم الضريبة من مبالغ الإكراميات، وبعدها يتم توزيع المبلغ المتبقي على العاملين. لذا يتوقع من جميع العاملين في منشأت الضيافة الإبلاغ عن مبالغ أو دخل الإكراميات (Tip Reporting) التي يستلمونها جراء عملهم، كأجور رسوم خدمة الحفلات والولائم أو خدمة الغرف أو المطاعم. حيث على العاملين في نهاية كل نوبة أو وجبة عمل تسجيل كل مبيعاتهم، إضافة الى مبالغ الإكراميات التي أستلموها سواء أكانت بالنقد أو بموجب بطاقات الإئتمان بشكل سليم، إذ يعتبر العاملين مسؤولين عن ذلك مسؤولية تامة وعليهم الإلتزام بتلك القوانين، وبعدها يتولى قسم الحسابات إجراء اللازم لضمان عدم ضياع حقوق المنشأة والعاملين.

الفصل الثاني

مدخل الى إدارة الموارد البشرية

2 مدخل الى إدارة الموارد البشرية

ترجع أصول وظيفة الموارد البشرية أنه بعد النمو الكبير في الحجم ودرجة التعقيد للشركات والمنشأت وحاجتها الى إستحداث وحدات متخصصة لتوظيف العاملين الجدد فيها، وفيما بعد لإدارة القوة العاملة الموجودة في المنشأة أيضاً. ومن ثم أصبح الوقت مكرساً لعلاقات العمل وإدارة الشؤون القانونية والإدارية فيها.

تاريخياً، كانت المهمات الموكلة لإدارة الموارد البشرية عند إشغال الوظائف من خلال الاختيار، التدريب، التقييم، التعويض، التحفيز، وإنهاء خدمات العاملين في مختلف الإدارات الوظيفية، ولسنوات عديدة أكثر مسؤولية من المهام الكتابية كفرز طلبات التعيين، حفظ السجلات، القيام بإعداد كشوفات المرتبات، والعثور على الإفراد عند الضرورة. أما اليوم فقد إتخذت وظيفة إدارة الموارد البشرية دوراً جديداً في المنشأت وفي المستقبل القريب سوف تصبح أهم وظيفة، وسوف تكون مسؤولة عن التعامل مع جميع جوانب الأعمال الحرجة الخاصة بالموارد البشرية "الأفراد".

مصطلح إدارة الموارد البشرية أستبدل بمفهوم " إدارة الأفراد " السابق كوصف للعمليات التي تنطوي عليها إدارة الأفراد في المنظمات. كما إنها في تطور مستمر وبسرعة، وإدارة الموارد البشرية من الناحية النظرية الأكاديمية وممارسة الأعمال تتناول التقنيات النظرية والعملية لإدارة القوى العاملة.

يقصد بإدارة الموارد البشرية (Human Resources Management) ويرمز لها بـ(HRM) بأنها مجموعة الأنشطة والمهام الإدارية والمعنية بتطوير والحفاظ على

قوة العمل المؤهلة " الموارد البشرية " بالطريقة التي تساهم في الفعالية التنظيمية، وهي تمثل مجموعة الأفراد في المنشأة أو المؤسسة، وكيفية توظيفهم، إدارتهم، والتعامل معهم بأفضل الطرق، ويكون ذلك في الغالب من مهام ومسؤولية مدير الموارد البشرية والذي يطلق عليه أحياناً مدير الأفراد أو مدير الإدارة وهو الشخص المتخصص والذي يجعل الإدارة أكثر فعالية في التوظيف والرضا الوظيفي بشكل عام. لذا فإدارة الموارد البشرية تعتبر نهج إستراتيجي متكامل لإدارة أصول المنشأة الأكثر قيمة إلا وهو العنصر البشري. حيث أنهم " العاملين " يعملون على شكل أفراد أو جماعات في المنظمات على إختلاف أشكالها وأنواعها ويساهمون بشكل فعال في تحقيق أهدافها التجارية.

يتضح دور إدارة الموارد البشرية كرابط مهم وحلقة إتصال بين الإدارة العليا والتابعين في العديد من المنشأت الكبيرة. حيث كانت المشكلة في السابق أن الموارد البشرية كانت دائماً وفيرة نسبياً، لذلك كانت هناك حاجة محدودة لتعزيزها وتطويرها، وإذا كانت هناك حاجة لعاملين مؤهلين، فبكل بساطة يقوم رب العمل بتوظيف العاملين واذا لم يعملوا بالشكل المطلوب، فيتم الإستغناء عنهم ومن ثم يقوم بتوظيف غيرهم. ولكن ندرة اليد العاملة المؤهلة اليوم يجعل عملية استقطاب الأيدي العاملة أكثر صعوبةً. كما إن حاجة المنشأت والشركات على إختلاف أنواعها للمتميزين والمبدعين ومن ذوي الخبرات المهنية في القرن الحادي والعشرين قد أضاف تحدياً أخر إلا وهو ضرورة التأكيد والإهتمام بقيمة الموارد البشرية وإدارتها بالشكل الجيد من خلال التدريب المستمر ورفع كفائتهم ليكونوا قادرين على المنافسة.

الحاجة الى إدارة الموارد البشرية

تعتبر إدارة الموارد البشرية الفعالة اليوم مصدر قلق إستراتيجي حيوي للمنشأت، ولقد تخلت عن صورتها القديمة وأكتسبت إعترافاً كلاعب حيوي في المنشأة. كما

أصبحت القدرة على جذب والإحتفاظ بالكفاءات لأغراض تحسين الإنتاجية من الضرورات الملحة في مجالات العمل، لذلك يمكن القول إن الحاجة الى إدارة الموارد البشرية أضحت مهمة للغاية في مختلف منشأت الأعمال لعدة أسباب من أهمها:

1- إن إدارة الموارد البشرية موجودة في أغلب المنشأت لغرض مساعدتها على تحقيق أهدافها في المستقبل من خلال خلق مواقف إيجابية بين العاملين، ويتم ذلك من خلال توفير الحوافز المناسبة للعاملين والتقليل من الهدر والتلفيات، والإستفادة القصوى من الموارد. إذ تركز إدارة الموارد البشرية على النتائج وليس على اللوائح والأنظمة.

2- تسهل إدارة الموارد البشرية التطور والتقدم المهني من خلال إستخدام سياسات إدارة الموارد البشرية الصحيحة، وبذلك فإن العاملين سيكونون أكثر تدريباً وبشكل أفضل. فهي تشجع العاملين على تقديم أفضل ما لديهم للمنشأة ومساعدتهم على تطوير قابلياتهم بشكل كامل مما يجعلهم أكثر إستعداداً للترقيات في المستقبل، ويمكن إستخدام مواهبهم ليس فقط في المنشأة وإنما في المنشأت الأخرى التي قد يلتحقون بها مستقبلاً.

3- تساعد إدارة الموارد البشرية على بناء علاقات ودية بين العاملين والمحافظة عليها في مختلف مستويات المنشاة من جهة، وعلى بناء علاقات أفضل بين الإدارة والنقابات من جهة ثانية. لأن ممارسات إدارة الموارد البشرية الجيدة تساعد إدارة المنشأت على الحفاظ على علاقات جيدة مشتركة مع النقابات التي بدأت تدرك إن إدارة المنشأة هي أيضاً مهتمة بالعاملين ولن تكون هناك أية مشاكل كبيرة لها معهم، ولن يقوموا بأية إجراءات ضدها، على سبيل المثال تقليل من تنظيم الإضرابات العمالية الى حد كبير.

4- دعم العاملين في المنشأة سواء أكانوا أفراداً أو جماعات، إذ تسهم إدارة الموارد البشرية في مساعد الإفراد العاملين على العمل ضمن فرق أو مجموعات. فممارسات إدارة الموارد البشرية الفعالة تعلم الأفراد على العمل الجماعي.

5- تشارك إدارة الموارد البشرية في تحديد الفرد للمستقبل، حيث طالما العاملون يتدربون بشكل مستمر، فإنهم سيكونون أكثر إستعداداً لتلبية متطلبات الوظيفة، كما إن إدارة المنشأة ستكون أيضاً قادرة على تحديد العاملين المحتملين الذين يمكن ترقيتهم في المستقبل لشغل وظائف بمستوى أعلى، أي تهيئة إفراداً كفوئين للمستقبل.

6- إجراءات وسياسات إدارة الموارد البشرية تسهم في وضع الأشخاص المناسبين في الوظائف المخصصة لهم من أجل تحقيق أفضل النتائج. فإذا تم إتباع طرق الاستقطاب والاختيار بالشكل السليم والصحيح وبعيداً عن كل أنواع التدخلات فإن المنشأة وبلا شك ستكون قادرة على اختيار أفضل الأفراد المناسبين للوظائف المناسبة، وعندما يحدث ذلك فإن عدد الإفراد الذين يقررون ترك العمل سوف يقل لإنهم سيكونون راضين عن العمل والمنشأة، وبهذا فإن معدل دوران العمل سوف ينخفض.

7- تحسين الوضع الإقتصادي للمنشأة. إن إتباع ممارسات الموارد البشرية الفعالة سيؤدي الى ربحية عالية وأداء أفضل من قبل المنشأت، مما يؤدي بالتالي الى خلق فرص جديدة للمنشأة في الدخول في إعمال تنافسية جديدة، وتحسين وضعها الإقتصادي وربحيتها نحو الأفضل.

أهداف إدارة الموارد البشرية

تهدف إدارة الموارد البشرية الى مساعدة إدارة المنشأة على تحقيق أهدافها الإستراتيجية من خلال جذب العاملين والمحافظة عليهم، وكذلك إدارتهم بالشكل الجيد والفعال. أي تعمل على التقريب بين الأفراد والمنشأة معاً، لإن النظرة الأكاديمية الأساسية لإدارة الموارد البشرية تفترض إن البشر ليسوا الأت، لذلك تحتاج المنشأت والشركات الى رعاية عامليها في موقع العمل والإهتمام بهم من مختلف المجالات، فهي تعتبر نشاط متعدد التخصصات من خلال إستخدام المعرفة والمدخلات في

دراسة العاملين من عدة نواحي منها على سبيل المثال لا الحصر، مجال علم النفس، الإقتصاد، العلاقات الصناعية، علم الإجتماع...إلخ. ويمكن إيجاز أهم أهداف إدارة الموارد البشرية بالتالي:

1- تساعد المنشأة على بلوغ أهدافها.
2- ضمان الإستخدام الفعال للموارد البشرية وتنميتها وتطويرها بإستمرار.
3- ضمان إحترام الإنسان الفرد، وتحديد وتلبية حاجاته.
4- ضمان التوافق بين أهداف الأفراد العاملين مع أهداف المنشأة.
5- المحافظة على الروح المعنوية العالية للعاملين.
6- تزويد المنشأة بالعاملين المتدربين جيداً وتحفيزهم بإستمرار.
7- زيادة الرضا الوظيفي للعاملين وتحقيق رغباتهم وحاجاتهم.
8- تطوير نوعية العمل والمحافظة عليه.
9- تطوير السمات الشخصية للعاملين.
10- تعزيز قدرات العاملين في أداء أعمالهم الحالية.
11- غرس شعور التعاون وروح الفريق والعمل الحماعي بين العاملين.

إن إدارة الموارد البشرية تعتبر عامليها أمراً ضرورياً لإدائها، كما إن نجاح المنشأة يعتمد كلياً على كيفية إدارتها لتلك الموارد. وفي الواقع، إن وظيفة الموارد البشرية لم تعد وظيفة لقسم واحد فقط بل هي وظيفة جميع المديرين في المنشأة، ويجري تقاسم وظائف الموارد البشرية بين إختصاصي مدير الموارد البشرية والمديرين الأخرين. كما إن أقسام الموارد البشرية اليوم لا تدعم هدف المنشأة الإستراتيجي فقط وإنما بنشاط مستمر هي خطة متكاملة لتعزيز أداء المنشأة. من أجل تحقيق الأهداف أعلاه بأفضل صورة ممكنة فإن على إدارة الموارد البشرية القيام بالعديد من الأنشطة والممارسات والموضحة في الشكل رقم (2)، ومن أهمها:

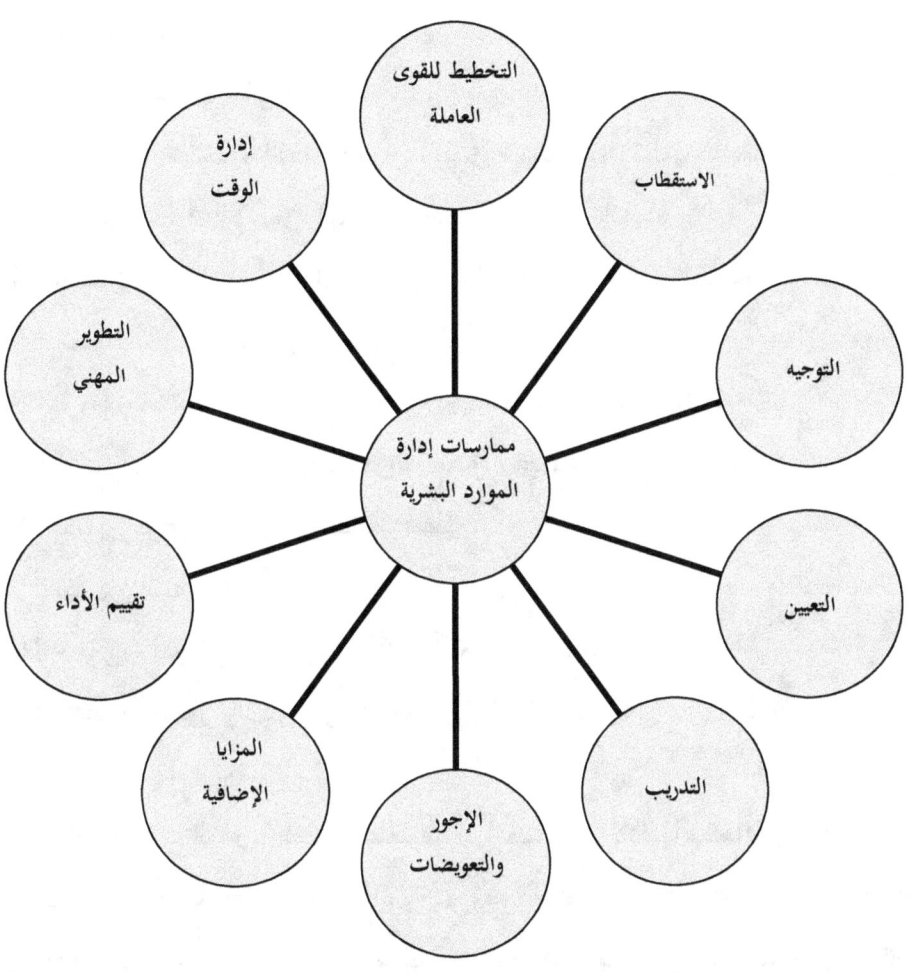

شكل رقم (2)

يوضح أهم ممارسات إدارة الموارد البشرية

1- تخطيط القوى العاملة.

2- استقطاب واختيار وإستبدال العاملين.

3- تدريب وتطوير العاملين.

4- تقييم أداء العاملين.

5- إتخاذ الخطوات التصحيحية مثل نقل العاملين من وظيفة لأخرى.

6- منح الإجور والتعويضات للعاملين.

7- منح العاملين الضمان الإجتماعي والرعاية الإجتماعية.

8- وضع سياسة إدارية للعلاقات التنظيمية.

9- التفاوض على عقود العاملين والتعامل مع شكاواهم.

10- التعيين في المنشأة.

11- المساعدة على التنمية الذاتية للعاملين.

12- المحافظة على تحفيز العاملين من خلال تقديم الحوافز بإستمرار.

13- مراجعة وتدقيق إدارة القوى العاملة في المنشأة بإستمرار.

14- تحليل العمل لشاغلي الوظائف.

15- مراقبة دوران العمل.

16- تطوير نوعية وجودة العمل.

17- إدارة الوقت.

أهم التحديات التي تواجه إدارة الموارد البشرية

إن العالم قد شهد في القرن الحادي والعشرين زيادة كبيرة في حجم الأعمال والتجارة الدولية، وكذلك زيادة في مستويات المنافسة العالمية التي وصلت الى مستويات جادة اليوم. إضافة الى الظروف الإقتصادية التي عصفت بالعالم في السنوات الأخيرة كالتغير في هيكل العمل للقوى العاملة في المنظمات المحلية ومعدل

النمو السريع للعولمة (Globalization) كلها أمور تطلبت ما يسمى بإعادة هندسة المنظمات أو تخفيض حجمها لتتناسب مع التوجهات الحديثة للتطور. كما إن أغلب المنشأت شعرت بإن عليها أن تعمل في نطاق أوسع وأشمل من العمل بالطرق التقليدية في مراقبة التكاليف وكيفية تحقيق الأهداف الإنتاجية، وعلى المدراء في تلك المنشأت التي تسعى الى الدخول في إقتصاد اليوم والتغلغل في المنافسة العالمية أن يعلموا ويدركوا قيمة جهود العاملين في رفع مستوى جودة المنتجات والخدمات التي تعرضها وتقدمها الى السوق والى زبائنها. بالإضافة الى ذلك فإن مدراء الموارد البشرية في مختلف منشأت الأعمال يواجهون اليوم العديد من التحديات ومن أهمها (Nickels, McHugh, & McHugh, 2005, p.331-332):

1- النقص الحاصل في الموارد البشرية المدربة للعمل في مجالات العمل في المستقبل.

2- العدد الكبير من الموارد البشرية المهرة والغير مهرة والعاطلين عن العمل بفعل الأزمة الإقتصادية العالمية.

3- تزايد نسبة العاملين الجدد الغير متعلمين والغير مستعدين للعمل في بيئة الأعمال المعاصرة.

4- التحول في التركيب العمري لقوة العمل، ويشمل ذلك طفرة الولادات، وإرتفاع معدل الأعمار.

5- المجموعة المعقدة من اللوائح والقوانين والأنظمة والتشريعات التي تشمل التوظيف، السلامة، النقابات، والمساواة في الأجر والتي تتطلب تجاوز توجيه الأرباح وأن تكون أكثر عدالة.

6- العدد المتزايد من الأطفال للعائلة الواحدة، مما يتطلب مزيد من الرعاية وتقاسم العمل وإجازة الأمومة، وبرامج خاصة للتطوير الوظيفي للمرأة.

7- التحول في مواقف العامل، حيث أصبح وقت الفراغ أكثر أولوية، وظهور مفاهيم جديدة مثل "الوقت المرن" و "أسبوع عمل أقصر".

8- التسريح المستمر للعاملين والذي كان له المردود السيء على معنويات العاملين، وكذلك زيادة الطلب من قبل أرباب الأعمال على الأيدي العاملة المؤقتة "العاملين بدوام جزئي".

9- تحدي سوق العمل ما وراء البحار، حيث توفر الأيدي العاملة وبأرخص الأجور والتي تخضع للوائح وقوانين أقل تعقيداً. نتج عن ذلك تحول بعض الوظائف الى الخارج.

10- زيادة الطلب على المنافع المصممة للفرد.

11- القلق المتزايد بشأن بعض القضايا مثل الرعاية الصحية ورعاية المسنين ورعاية الأطفال، والفرص المتكافئة لذوي العجز والإعاقات.

12- إنخفاض شعور العامل بالولاء، مما أدى الى زيادة دوران العاملين وزيادة التكاليف من جراء إستبدال الأيدي العاملة الضائعة.

إدارة الموارد البشرية في صناعة الضيافة

ظهرت بدايات إدارة الموارد البشرية في هذه الصناعة في بدايات القرن التاسع عشر عندما كان الخدم يحافظون على نظافة وترتيب بيوت الطبقة العليا والمترفة من الناس والأغنياء، ويقومون بمعظم الأعمال المنزلية كالطهي والغسيل....الخ، وحتى منتصف القرن العشرين حيث بدأ الكثير من عاملي الخدمة يتركون وظائفهم بسبب عدة دوافع منها النقص في الحماية الوظيفية أو بسبب الأجور أو عدم توفر بيئة عمل مناسبة، والى غير ذلك من الأسباب ما جعل قطاع الخدمة أقل جذباً للأيدي العاملة. أما في وقتنا الحاضر فإن صناعة الضيافة هي الصناعة الأضخم في العالم حيث توظف الملايين من الأيدي العاملة سنوياً، ولا توجد صناعة أخرى لها نفس واجهة

الإتصال كما يحدث فيها من حيث الإتصال المباشر بين العاملين والضيوف. كما إن هذه الصناعة تؤمن إحتياجات الكثير من العاملين الذين يتطلبون نسبة عالية من النشاطات الاجتماعية وتغيرات في النشاطات الجسمانية لكي يكونوا سعداء في أعمالهم ووظائفهم.

يرى بعض المراقبين بأن بعض العاملين في هذه الصناعة " مختلفون " عن نظرائهم في الأعمال التجارية الأخرى. فعلى سبيل المثال:

– هم أشخاص شباب.

– هم يبحثون عن " عمل " بدلاً من " مهنة ".

– يدفع لهم أجوراً قليلة بسبب المستوى المنخفض للمعرفة والمهارات المطلوبة.

– في العديد من الحالات، يكونون غير قادرين على إيجاد وظائف " ذات معنى " في مكان أخر.

في السابق كان موضوع تنمية وتطوير الموارد البشرية مهملاً عند التخطيط لمنشأة الضيافة حيث كان من المعتاد عند إكمال بناء أي مشروع فندقي من السهولة إيجاد العاملين له، وبأجراء تدريب مكثف وقصير الأجل يتم تحضير أشخاص معينين لإشغال تلك الوظائف وتقديم الخدمات لمرتادي تلك المنشأت من زبائن وضيوف، إلا أن هذه النظرة برهنت فشلها وخصوصاً في البلدان التي تعاني ندرة أما في الأيدي العاملة أو في المهارات أو في كليهما. إذ كانت تقوم بإرسال الدورات السريعة لتأهيل عدد معين من العاملين لإدارة وتشغيل هذه المشاريع، أو خطت بعض الدول الأخرى إلى إستيراد الأيدي العاملة والمهارات المطلوبة من الخارج والتي كانت دائما غالية الثمن ولها مشاكل كثيرة لا مجال لحصرها، إضافة إلى مردودها السلبي على الصناعة والمجتمع على حد سواء.

أما في الوقت الحاضر فان البحث في مجال تخطيط وتنمية القوى البشرية يعني مدى كفاءة وفعالية جهود وأنشطة إدارة الموارد البشرية في منشأة الضيافة، ومثال على

ذلك تقييم مدى كفاءة عمليات تحليل العمل وتوصيف الوظائف ومدى كفاءة أساليب تخطيط الإحتياجات من القوى البشرية لضمان إن الأشخاص الضروررين والملائمين هم في المكان المناسب من خلال المهارات والمعرفة التي يمتلكونها، ومدى فعالية وكفاءة الأساليب والطرق المتبعة في استقطاب وكسب الأشخاص المؤهلين للعمل في هذا القطاع، إضافة إلى مدى كفاءة أساليب وطرق وبرامج تدريب العاملين والمديرين ونظم تقييمهم ومدى عدالة وكفاءة نظم الأجور والحوافز، والى غير ذلك من أنشطة ومجالات إدارة الموارد البشرية، وهذا ماسيتم مناقشته بالتفصيل في الفصول اللاحقة.

بما إن العاملين الذين يتعاملون مع الزبائن والضيوف بشكل متكرر هم بحاجة الى مهارات خدمة الزبائن، لذا يتم وبإستمرار تدريب أولئك العاملين في منشأت قطاع الضيافة كشركات الطيران والفنادق إرضاءاً للزبائن وللضيوف. فعلى سبيل المثال واظبت سلسلة فنادق ماريوت العالمية (Marriott International Hotels) على توفير تدريب خاص لعامليها على خدمة الزبائن والضيوف، مع تجديد تلك الجلسات بإستمرار بعد الأشهر الأولى والثانية من تعيينهم، ولا يهدف هذا التدريب الى ضمان رضا الزبائن والضيوف فقط، وإنما يوفر للعاملين توجيهاً يجعلهم أكثر راحة" ويزيد من قناعتهم" ويسهل من تعاملهم مع شكاوي الزبائن والضيوف.

إن الرضا الوظيفي للعاملين في هذه الصناعة يعتبر من العوامل المهمة والمؤثرة على الإنتاجية فيها أسوة بالصناعات الأخرى، وما يزيد من أثر الرضا هو إنعكاسه على نوعية الخدمة التي يقدمها العاملون للزبائن والضيوف، إذ يسهم في زيادة بيع الخدمات والمنتجات بأفضل صورة ممكنة. أي إن نجاح قطاعات الضيافة يعتمد على القدرات البشرية أكثر من إعتماده على الامكانات المادية والمالية. فمن السهولة شراء المباني والمعدات والقيام بالتسهيلات الأخرى اللازمة لممارسة الأعمال في هذه القطاعات، ولكن من الصعوبة في المرحلة الراهنة تأمين الموهبة والقدرات البشرية التي تضمن نجاح الأعمال القائمة على المعرفة والخبرة.

إن إدارة الموارد البشرية في منشأت صناعة الضيافة تشمل عملية تقييم لإحتياجات المنشأة من الموارد البشرية، وإيجاد أفراد ملائمين لملىء أو شغل تلك الإحتياجات والحصول على أفضل إنجاز من كل عامل من خلال توفير الحوافز المناسبة وبيئة العمل المناسبة بهدف تحقيق الأهداف التنظيمية للمنشأة، وبنفس الوقت تعاني الكثير من منشأت الضيافة صعوبة كبيرة أو قابلية على توفير عقود مميزة لجذب والإحتفاظ بالعاملين الجيدين.

خصوصية إدارة الموارد البشرية في صناعة الضيافة

لقد إزدادت درجة تعقيد إدارة وتطوير الموارد البشرية في صناعة الضيافة بشكل مضطرد في الأونة الأخيرة عن باقي الصناعات الأخرى بسبب خصوصيتها، وكذلك بسبب عوامل عدة من أهمها:

- **دخول المرأة الى صناعة الضيافة**

كان لدخول المرأة الى هذه الصناعة، وحصولها على مواقع إدارية وإشرافية تاثيراً كبيراً عليها، من خلال الدور الكبير الذي يلعبه العنصر النسوي في رفع العوائد وزيادة الإيرادات فيها وما تواجهه في نفس الوقت من وجود بعض الصعوبات والتمييز في العمل، وخاصة في بعض بلداننا العربية بسبب الثقافة والقيم والتقاليد السائدة فيها والتي أدت إلى عزوف الكثير منهن للعمل في هذه الصناعة.

على بالرغم من إن التكنولوجيا الحديثة قد ساعدت النساء على الدخول إلى المكاتب بابتداع وظائف عمل جديدة لا تكون فيها في منافسة مباشرة مع تلك الخاصة بالرجال، إلا أن ذلك لم يقلل من التمييز الذي يعانوهن، ويعزى البعض في ذلك الى طلباتهن الخاصة فيما يتعلق بالتسهيلات الخاصة بعناية الأطفال وإجازة الأمومة، والإجازات في حالة المرض العائلي والتنقل المتأخر ليلاً، والمرونة في ساعات العمل

التي يجب أن تمنح لهم. كما إن رغبتهن في الدوام المؤقت والعمل بدوام جزئي نابع من عدم توفر عمل دائم بساعات تتناسب مع العناية بالأطفال وبالمسؤوليات العائلية الأخرى التي تقع على كاهلهم. ومن هنا يتضح أثر المنظور الاجتماعي على طبيعة سوق الأيدي العاملة، وما تمارسه بعض الإدارات عن نقص في الوعي من عمليات العزل المهني والذي يتم من خلاله تحديد مساحة عمل العنصر النسوي في هذه الصناعة، وتحديد الوظائف التي تمنح للنساء عن التي تمنح للرجال.

- **العاملين الغير مهرة**

كان لتوظيف العديد من العمال الغير مهرة" غير المهنيين "في وظائف المبتدئين، والذين غالباً ما يكونون بتدريب قليل أو بدون تدريب مشاكل كثيرة لإدارات هذه الصناعة، وعلى الرغم من هذا التعقيد تبقى من مهام إدارة الموارد البشرية الرئيسية في هذا القطاع هي تدريب وتطوير العاملين بشكل مستمر والتركيز على الإحتفاظ بهم من خلال منحهم كل المتطلبات الضرورية والتي تساعد على بقاءهم في المنشأة لأطول فترة ممكنة.

- **التنوع الثقافي**

أصبح التنوع الثقافي في يومنا هذا وخاصة بين العاملين الجدد، قضية تحدي كبيرة في إدارة الموارد البشرية، والذي أصبح منذ فترة ليست بالقصيرة من القضايا المهمة في صناعة الضيافة لا بل يعتبره الكثير من المتخصصين القضية الكبرى لمعظم أرباب العمل في القرن الحادي والعشرين وخاصة في الولايات المتحدة الأمريكية.

من المهم جداً الخوض في هذا المجال لإهميته الكبيرة في هذا القطاع تحديداً، حيث إجريت العديد من الدراسات لمساعدة أرباب الأعمال والمدراء في هذه الصناعة

على إدارة التنوع الثقافي بأفضل صورة ممكنة من خلال إدراك المشاكل المحتملة والصورة النمطية في إدارة التنوع الثقافي لغرض إستكشاف الحلول الممكنة للتعامل مع تلك المشاكل. ويعرف التنوع على إنه الإختلافات بين الناس ويشمل هذا الأبعاد الأساسية للتنوع التي تميزنا كأفراد وجماعات، وتشمل، الثقافة، المجموعة العرقية، الأصل، الجنس، الدين، اللغة، العمر، نوع الجنس.

إن الفشل في فهم وإحترام الخلفيات الثقافية المتنوعة للعاملين والإختلافات فيما بينهم يمكن أن يؤدي الى حالات من التوتر في موقع العمل، ضعف الأداء، تدني معنويات العاملين، زيادة معدلات الغياب ودوران العمل، ومن ناحية ثانية فعندما تحترم تلك الخلفيات الثقافية والإختلافات فإن بيئة العمل ستكون أكثر ثراءاً، وأكثر متعةً، لا بل حتى أكثر إثارة للإهتمام، ويرى بعض الخبراء في صناعة الضيافة إنه يتوجب مواصلة التنوع في هذه الصناعة في أربعة مجالات رئيسية هي:

- ✓ القوى العاملة Workforce
- ✓ الزبائن Customer
- ✓ المجتمع Community
- ✓ المجهزين Suppliers

إضافة إلى شعور منشأت الضيافة اليوم بإنها لم تعد تعمل ضمن نطاق محدود، وعلى المدراء فيها أن يدركوا قيمة جهود العاملين فيها في رفع مستوى جودة منتجاتها وخدماتها لأهميتها الكبيرة في هذه الصناعة، وحيث إن صناعة الضيافة من الصناعات الكبيرة التي تحتاج الى أيدي عاملة مستمرة وكون أغلب منشأتها اليوم أصبح جزءاً من سلاسل عالمية معروفة وخاصة منشأت الضيافة الكبيرة، فقد أصبح التنوع الثقافي فيها أمراً مألوفاً نظراً لكون أغلب المجتمعات اليوم تزداد تنوعاً وتتعدد فيها الثقافات. كما تشترط بعض منشأت الضيافة الكبيرة مثل السلاسل الفندقية العالمية وتطبيقاً لمعاييرها العالمية إنتقال عامليها حول العالم للعمل في فروعها

لغايات أكسابهم المعرفة وتعرفهم على ثقافات تلك الدول. في نفس الوقت تخير بعض إدارات تلك المنشأت والسلاسل الفندقية العاملين الجدد المتقدمين للعمل لديها عند تقديمهم لطلبات التوظيف إذا كان بإمكانهم العمل خارج البلد من عدمه، وهو ما يطلق عليه(Locate). إذ يصر الكثير من الخبراء في هذه الصناعة إن تشجيع التنوع الثقافي هو السبيل الوحيد لجذب وتطوير والإحتفاظ بأفضل العاملين وخاصة الموهوبين منهم.

- **الأقليات والمهاجرين**

كان لدخول الأقليات (Minorities) والمهاجرين وبشكل متزايد الى هذه الصناعة تاثيراً مهماً عليها وخاصة في الولايات المتحدة الأمريكية. حيث في السابق كان الإهتمام بهما محدوداً. أما اليوم فإنهما باتا يشكلان أمراً مهماً ونوعاً أخر من أنواع التنوع الثقافي في هذه الصناعة، ومنها على سبيل المثال المجموعات الأمريكية المنحدرة من أصل أفريقي(African American) والمجموعات المنحدرة من أصل أسباني(Hispanic Origin) والمجموعات الأخرى المنحدرة من الأصل أسيوي (Asian).

اليوم يتطلب من صناعة الضيافة التأقلم وبشكل أكبر من السابق مع تحدي تعدد الثقافات، حيث كلاً من الإدارة والعاملين لديهم خلفيات ثقافية متنوعة ومع هذا الوضع فقد واجهت منشأت الضيافة بعض الأسئلة المهمة منها:

1- كيفية إنصاف العاملين تبعاً لإختلاف خلفياتهم الثقافية.

2- كيفية تعظيم مساهمة ومشاركة كل عامل في فريق التنوع.

3- كيفية جعل القوى العاملة المتنوعة تعمل بإنسجام لتحقيق الأهداف المشتركة.

إن إدارة الموارد البشرية المتمثلة بالمدراء الذين يشرفون على العاملين ذوي الخلفيات الثقافية المتنوعة يواجهون هذا التحدي بشكل مباشر حيث عليهم أن يدركوا

ويفهموا أهمية التنوع الثقافي في هذه الصناعة وأن يحتضنوه ويتضمنوه، ويصممون برامج فعالة لمساعدة المنشأة للإرتقاء بمستوى هذا التحدي. كما تتنافس منشأت الضيافة الكبيرة اليوم على استقطاب أفضل الموهوبين من مدراء الموارد البشرية والذين يستطيعون أن يتعاونوا بنجاح مع الناس من مختلف الثقافات. نتيجة لذلك أصبحت بعض منشأت صناعة الضيافة أكثر تطوراً في إدارة الإختلافات الثقافية ومثال على ذلك هو توفير "التدريب اللغوي" للتغلب على حاجز الإتصالات، حيث وظفت العديد من الشركات في قطاع الضيافة إستراتيجيات محددة للتكيف مع إتجاهات تنوع القوى العاملة. فعلى سبيل المثال أطلقت سلسلة فنادق هيلتون العالمية (Hilton) برنامج استقطاب وتدريب خاص أسمتهُ برنامج "المصعد" (Elevator)، وقد صمم هذا البرنامج في عام (1998) لتطوير مجموعة من الموهوبين المتنقلين دولياً الى وظائف الإدارة العاملة في السلسلة في السوق الدولية، حيث من شروط هذا البرنامج إن يتحدث المتقدمين بلغتين على الأقل، ومن المفضل أن تكون لديهم خلفيات ثقافية متنوعة، وقد تم تطوير هذا البرنامج وهو مستمر لغاية اليوم.

على الرغم من وجود الكثير من القوانين الخاصة بعدم التمييز وتشريعاتها في كثير من البلدان المتقدمة، والتي شجعت الكثير من الأفراد المهاجرين للعمل بهذه الصناعة كسباً للقمة العيش، إضافة الى الكثير من الطلبة الأجانب الدارسين في تلك البلدان ليتمكنوا من إكمال دراستهم، إلا إنه لا زالت هناك الكثير من المنشأت في صناعة الضيافة تواجه صعوبات في إدارة تلك الإختلافات الثقافية بشكل فعال.

▪ سمعة وشهرة منشأة الضيافة

إننا نعيش اليوم في عصر أصبحت فيه ثقة الجمهور في مجال إدارة الأعمال في أدنى مستوى لها على مر التاريخ، ويتوجب على المنشأت الكبيرة منها والصغيرة الحفاظ على سمعة منشأتها وتطويرها من خلال ثقافة غنية بالنزاهة والسلوك

الأخلاقيين وزرع الثقة والسمعة اللذان يؤثران على كيفية شعور الزبائن والضيوف حول المنتجات والخدمات. وفي السنوات الأخيرة هناك الكثير من الأمثلة لشركات قوية وعملاقة مهيبة السمعة شوهت صورتها والى الأبد بسبب سلوكيات غير أخلاقية لقلة من الأفراد العاملين أو حتى من قبل فرد واحد فقط، وعلى سبيل المثال يقول السيد(Warren Buffett) عضو مجلس إدارة شركة كوكا كولا: " إن بناء السمعة يستغرق أعوام ولكن بضعة ثواني فقط كافية لتدميرها " . إن الأمر كله يعود الى العاملين في المنشأة لحماية تلك السمعة لأن نجاحهم وثيق الصلة بسمعتهم، ومن هنا تتضح أهمية التخطيط السليم للموارد البشرية حيث إن التصور الدقيق لرفد الموارد البشرية والطلب عليها يمكن أن يساعد على التقليل من الكثير من المشاكل إضافة الى جعل ديمومة العمل بهذا القطاع مستمرة. كما أن خدمة الضيف وتوفير إحتياجاته الأساسية وإشباع رغباته هي التي تعطي السمعة الجيدة للمنشأة والشهرة له.

إن الإهتمام بالقوى البشرية اليوم يحتاج إلى متخصصين في مجال إدارة الموارد البشرية وتصميم الإستبيانات وتحليل البيانات بما يكفل التشخيص الجيد لمشاكل القوى العاملة والتوصل إلى أنسب الحلول من خلال تطبيق الخبرات التخصصية في هذا المجال، إضافة إلى وجوب توفر الصفات الشخصية والفنية والإدارية المناسبة والتي من الصعوبة إشتراكها جميعاً في العاملين المختارين لهذه الصناعة.

إن سبب نجاح أو أخفاق كثير من منشأت هذه الصناعة يعزى إلى إداراتها العليا المتمثلة بمديريها فَهُم العنصر الأساس في تحديد نجاحها أو إخفاقها، حيث المديرين ومديري الأقسام ومن في حكمهم يحتاجون إلى معلومات ومعارف خاصة بمجالات إدارة الموارد البشرية وذلك لتطوير فعالياتهم الإدارية والمهنية، لأن ذلك يساعدهم على التعاون في فهم الطبيعة البشرية وفهم السلوك البشري في مختلف صوره، مما يعطيهم القدرة على معالجة المشكلات التي قد تواجههم بكل فعالية.

من المهم هنا أيضاً التمييز بين إدارة الموارد البشرية كنشاط إداري رئيسي وبين تطوير الموارد البشرية (Human Resource Development) والتي يرمز لها بـ(HRM)، فبعض المختصين يشملون إدارة الموارد البشرية (HRM) ضمن تطوير الموارد البشرية مبررين بذلك إن تطوير الموارد البشرية يشمل مجموعة أوسع من الأنشطة المطلوبة لتطوير الأفراد داخل المنشأة، وقد يشمل ذلك التطوير الوظيفي، التدريب وتطوير المنشأة..إلخ. والشكل رقم (3) يوضح عملية إدارة وتطوير الموارد البشرية في صناعة الضيافة.

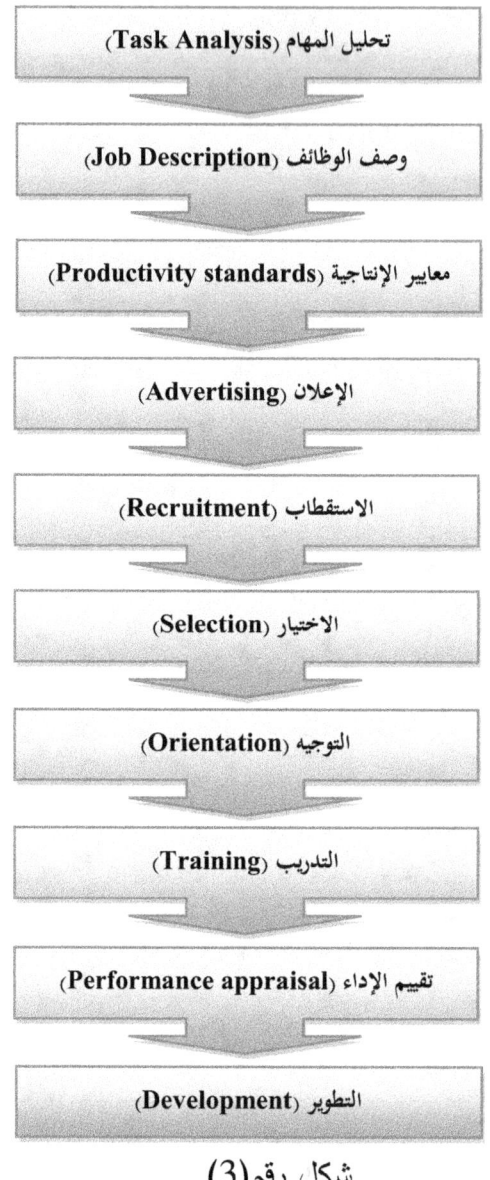

تحليل المهام (Task Analysis)

وصف الوظائف (Job Description)

معايير الإنتاجية (Productivity standards)

الإعلان (Advertising)

الاستقطاب (Recruitment)

الاختيار (Selection)

التوجيه (Orientation)

التدريب (Training)

تقييم الإداء (Performance appraisal)

التطوير (Development)

شكل رقم(3)

يوضح إدارة وتطوير الموارد البشرية في صناعة الضيافة

Source: Walker, J. R. (2010). *Introduction to hospitality management*
(3rd ed.). Upper Saddle River, United States: Pearson Prentice Hall, p.579

الفصل الثالث

تخطيط الموارد البشرية

3 تخطيط الموارد البشرية

قبل الخوض في موضوع تحليل الوظيفة والوصف الوظيفي يجب توضيح أهمية عملية التخطيط للموارد البشرية كونها من الأمور المهمة لإدارة المنشأة، وخاصة في صناعة كصناعة الضيافة، حيث يشمل تخطيط الموارد البشرية عدة مراحل مهمة ويتوجب على إدارة المنشأة أن تكون على دراية كاملة في كيفية تحقيق الموازنة بين هذه المراحل وبشكل مستمر لضمان ديمومة العمل وتحقيق أهدافها من جهة، والحصول على أفضل العناصر الكفوءة حيث الإحتياج المستمر للأيدي العاملة لتضمن أفضل أداء لها ومن ثم الحصول على أحسن مخرجات من جهة ثانية.

إن أهم ما يشغل بال إدارات منشأت الضيافة اليوم هو تقديم أفضل إنتاج مع تقديم أفضل الخدمات لضمان الحصول على قناعة ورضا الضيف وبالتالي تحقيق أفضل الإيرادات. فإذا شعر العاملين بإهتمام وتقدير منشأة الضيافة وحظوا بإنتباهها وعنايتها، فسوف يعاملون الزبائن والضيوف بإهتمام وتقدير أيضاً الأمر الذي سيؤدي بالتالي الى ولاء ورضا الزبائن والضيوف وهذا هو هدف المنشأة الرئيسي. فعند قيام فريق العاملين بالإجراءات الصحيحة والتعامل السليم في كيفية إيصال الخدمة للضيوف والنزلاء فإنهم بذلك يشجعون قيم المنشأة وينفذون وعدهم للضيوف والنزلاء من خلال تحقيق رغباتهم وحاجاتهم وتحقيق بذلك نتائج إيجابية للمنشاة ولإعضاء الفريق في نفس الوقت.

إن مدراء الموارد البشرية اليوم هم بحاجة الى القدرة على تنظيم أنفسهم، والحفاظ على تنظيم الأخرين، وكذلك هم بحاجة أيضاً الى مهارات إتصالات جيدة، سواء

الشفوية منها أو الكتابية. لأن تخطيط الموارد البشرية هو جزء لا يتجزأ من هذه المهمة، إذ ينبغي عليهم أن يكونوا مخططين جيدين، أي قادرين على تخطيط إحتياجات الأيدي العاملة الطويلة والقصيرة الأجل، لأن عليهم أن يتنبؤا بالإتجاهات المستقبلية للموارد البشرية وكيفية التخطيط لها.

أهمية تخطيط الموارد البشرية

تعتبر عملية التخطيط لتحديد إحتياجات منشأة الضيافة من الأيدي العاملة أحد أهم الوظائف الإدارية فيها. إذ يتم من خلال هذه العملية تحديد إحتياجات المنشأة من الموارد البشرية الحالية والمستقبلية، ومن ثم إتخاذ الخطوات اللازمة لضمان تلبية تلك الإحتياجات. كما وتعتبر هذه العملية تحدياً مستمراً في هذه الصناعة بسبب إرتفاع معدل دوران العاملين والمدراء فيها، ولتوضيح أهمية هذه العملية بشكل أكبر في هذه الصناعة، فإن بعض المدراء في قطاع الفنادق يرون إن معدل دوران العاملين السنوي في بعض الفنادق بشكل عام والبالغ (33%) منخفضة، وبعبارة أخرى فإن هذا يعني إنه في العام الواحد يتم إستبدال عامل واحد من كل ثلاثة عاملين في الفندق، وعلى هذا المعدل فإنه يتم إستبدال جميع عاملي الفندق كل ثلاثة سنوات. فعلى سبيل المثال، إذا كان لفندق ما (450) عاملاً ولديه معدل دوران عاملين يبلغ (75%) فان ذلك يعني أن الفندق سوف يعيد توظيف كل العاملين كل (16) شهر، وتقع مسؤولية ذلك على عاتق إدارة الموارد البشرية في المنشأة من خلال توظيف العاملين في محاولة للحد أو التقليل من دورانهم في المنشأة.

تمنح الكثير من منشأت صناعة الضيافة إهتماماً متزايداً لتصميم وخصائص العمل والتي تمنح العامل أكبر قدر ممكن من القناعة والدافع، وإن التصميم الجيد للعمل يجب ان يأخذ بنظر الإعتبار إحتياجات العاملين فضلاً عن متطلبات العمل. فقد يكون أحد أسباب إحتياجات المنشأة للأيدي العاملة هو توسع منشأة الضيافة

نفسها، أو توقع زيادة الطلب على خدماتها لسبب ما. وهذه الإحتياجات يمكن إحتسابها من خلال تقييم إحتياجات النمو. فعلى سبيل المثال إذا توقعت إدارة فندق ما زيادة في الإنتاجية بمقدار 10% " إستجابة لزيادة المبيعات "، فإن على إدارة الموارد البشرية في المنشأة الإستعداد لخلق وإستحداث وظائف جديدة وإشغالها إستعداداً لإنجاز ذلك المستوى المتوقع من الإنتاج. مع ملاحظة إن الوظائف التي تتعامل بالمهام المتعلقة بالأقسام الإدارية كقسم الحسابات والتسويق على سبيل المثال قد لا تتأثر بزيادة مستوى الإنتاج. أما إذا قررت إدارة الفندق تجنب تعيين عاملين جدد خلال فترة الزيادة المتوقعة في الإنتاج لأمور معينة قد يكون أحدها هو تكاليف الأيدي العاملة، فإن عليها إنجاز أهدافها من خلال طرق أخرى، سوف يتم مناقشتها في فصل أخر بالتفصيل.

تنطوي على عملية تحديد إحتياجات الأيدي العاملة وخلق وإستحداث وظائف جديدة عادةً عملية التحليل الوظيفي والوصف الوظيفي والاستقطاب. كما إن أية تغييرات في الإستراتيجية التنظيمية للمنشأة يتبعها بالضرورة تغيير في الهيكل التنظيمي، إذ إن التغيير في الهيكل سوف يؤثر بالتأكيد على الخصائص النوعية والكمية لإحتياجات الموارد البشرية للمنشأة. كما إن تدفق الموارد البشرية على المنشأة يتطلب التخطيط الفعال للموارد البشرية التي تأخذ نهجاً حذراً في تغييرات الأيدي العاملة. كما إن عملية تخطيط الموارد البشرية في صناعة الضيافة تحديداً هي عملية مستمرة بسبب أمور كثيرة من أهمها:

- التسرب الكبير للعاملين في هذه الصناعة ويتضح ذلك من خلال دوران العاملين العالي فيها.

- عدم تناسب الإجور والرواتب الممنوحة مع طبيعة الإداء المقدم في كثير من منشأت الضيافة.

- ضغط العمل العالي وخاصة في أيام الذروة والتشغيل العالي والمواسم.

- كثرة المغريات التي تقدمها المنشأت المنافسة في هذه الصناعة من تعويضات وإمتيازات.

- مزج الوظائف الذي تمارسه بعض منشأت الضيافة وخاصة ذات القطاع الخاص والمنشأت التي تتبع حقوق الإمتياز.

- الأمان الوظيفي الذي يشعر فيه العاملين في منشأت الضيافة التي تطبق المعايير العالمية والتي تهتم بحقوق العاملين.

فعلى سبيل المثال إذا تمكنت إدارة منشأة ما من توقع إحتياجات التعيين من الأيدي العاملة مقدماً، فإنه سيكون لديها وبلا شك الوقت الكافي لتعويض تلك الإحتياجات منها. فبعض هذه الإحتياجات من الموارد البشرية قد تحدث نتيجة تقاعد العاملين أو حصول بعضهم على وظائف أخرى في منشأت منافسة أخرى. فعلى سبيل المثال يمكن التنبؤ بالتقاعد بقدر من الدقة، ولكن التنبؤ متى يحصل العامل على وظيفة أخرى في منشأة أخرى في هذه الصناعة هو صعب للغاية، والشكل رقم (4) يوضح المهام المتنوعة والضرورية لإشغال الوظيفة.

مراحل تخطيط الموارد البشرية

تمتاز صناعة الضيافة بالكثير من الدرجات والتخصصات الوظيفية وكذلك بالكثير من أنواع المنشأت، وأحد تلك المنشأت على سبيل المثال هي الفنادق. حيث إن المالك أو المشغل فيها يكون مسؤولاً عن تسكين الضيوف وخدمة إحتياجاتهم، والإهتمام بالتدبير الفندقي والإعتناء بغرف الضيوف والحفاظ على مباني وممتلكات الفندق والأراضي المحيطة به، وكذلك مسؤولاً عن مغادرة الضيوف. وبالتأكيد هناك الكثير من التوصيات لهذه الطريقة من العمل والإجراءات، ويراها البعض على إنها مكافأة لإمتلاك السيطرة الكاملة على المشروع الفندقي من بدايته الى نهايته ويجدونها محفزة لرؤية نتائج جهودهم. مع ذلك، فعند زيادة الطلب على منتجات أو خدمات

توقعات إحتياجات العمل

✓ توقع إستبدال العامل
✓ توقع تطوير العامل

تحليل العمل

✓ تطوير مواصفات العمل
✓ تطوير الوصف الوظيفي

الاستقطاب

✓ إبلاغ المرشحين المحتملين
✓ مقابلة المرشحين المؤهلين
✓ إتخاذ قرار التعيين

شكل رقم (4)
يوضح المهام المتنوعة والضرورية لإشغال الوظيفة

الفندق كأن يتم إضافة غرف إضافية أو يتم شراء فندق أخر، فإنه يصبح من الصعوبة للمالك أو المشغل القيام بكل تلك الإعمال بشكل جيد، وبالطبع فإن الفائدة الوحيدة من زيادة عبء العمل هي زيادة الإيرادات وتحقيق الأرباح للمنشأة، والتي من شأنها أن تقوم إدارة الفندق بتعيين عاملين جدد سواء لقسم التدبير الفندقي "لتنظيف غرف الضيوف"، أو للمكتب الأمامي "لتسجيل وتسكين ومغادرة الضيوف"، أو لقسم الصيانة "للأهتمام بالبناية وصيانتها والإهتمام بالمساحات المحيطة بالفندق"، عندها تقوم الإدارة في الفندق ومن ضمنها إدارة الموارد البشرية بالتخطيط وتحديد تلك الإحتياجات من الأيدي العاملة اللازمة والمطلوبة، وتشترك في هذه العملية "تخطيط الموارد البشرية" خمسة خطوات رئيسية هي:

1- إعداد قائمة جرد بعاملي منشأة الضيافة. وينبغي أن يشمل هذا الجرد عدة أمور منها التحصيل الدراسي، القدرات، التدريب، المهارات الخاصة، حيث أن مثل هذه المعلومات تعتبر مهمة كونها تكشف عن ما إذا كانت القوى العاملة في منشأة الضيافة متطورة ومؤهلة مهنياً أم لا.

2- إعداد التحليل الوظيفي. إن تحليل الوظائف هو دراسة لما يقوم به العاملين الذين يشغلون عناوين وظيفية مختلفة. كما يعتبر ضرورياً من أجل استقطاب وتدريب العاملين من ذوي المهارات المطلوبة واللازمة للقيام بالمهمات المطلوبة، والتحليل الوظيفي يشمل الوصف الوظيفي ومواصفات الوظيفة.

3- تقييم الطلب المستقبلي على الموارد البشرية، فبسبب التطورات المضطردة بسرعة، يجب أن تبدأ برامج التدريب قبل فترة طويلة من الحاجة إليها بشكل واضح، ومدراء الموارد البشرية الكفوئين يستطيعون أن يتوقعون متطلبات منشأت الضيافة على ضوء التوقعات، متأكدين من أن الأفراد الذين تم تدريبهم متوفرين عند الحاجة لهم.

4- تقييم الإحتياجات في المستقبل. إن القوة العاملة تتغير بإستمرار من خلال تقدمها بالعمر لتصبح أكثر توجهاً من الناحية الفنية والمهنية، لذا من المهم التخطيط للموارد

البشرية لغرض جذب المزيد من الأفراد العاملين ومن العنصر النسوي خاصة، كما من المحتمل أن يكون هناك نقصاً في بعض تخصصات العاملين في المستقبل.

5- وضع خطة إستراتيجية لمعالجة الاستقطاب، الاختيار، التدريب والتطوير، التقييم، التعويض، وجدولة القوى العاملة. لأن الخطوات الأربعة السابقة تؤدي إلى هذه النتيجة.

تحليل الوظيفة (Job Analysis)

يقصد بتحليل الوظيفة هي عملية جمع وتنظيم معلومات مفصلة حول الوظيفة بحيث يمكن للمديرين من فهم أفضل العمليات من خلالها بحيث يكون أداء تلك الوظيفة أكثر فعالية. أو هي عملية جمع المعلومات وتفسيرها حول الواجبات الرئيسية والمهام والمسؤوليات في الوظيفة والتي تعتبر أساس تخطيط الموارد البشرية. وبما أن الكلفة البشرية أو كلفة الأيدي العاملة هي الكلفة الأعلى في الأعمال فقد أصبح من الضروري اليوم تفحص كل مهمة لكل عامل لتحديد مردودها على تجربة الزبون أو الضيف. فعلى سبيل المثال عند التفكير في وظيفة عاملة التدبير الفندقي في الفندق، ماهي المهام التي ينبغي عليها القيام بها لغرض تنظيف وترتيب غرفة الضيف وفق المعايير القياسية المعتمدة؟ ويقصد هنا كيف عليها أن تعمل وبأي ترتيب؟.

عادةً تسعى إدارات الفنادق الى إنجاز غرفة الضيف بأفضل صورة ممكنة، بالإضافة الى أنها تسعى الى تحقيق أقصى قدر من الكفاءة في إستخدام الموارد البشرية، ولهذا وجد تحليل الوظيفة ووصف الوظيفة، فهما ببساطة قوائم بالأعمال المختلفة المطلوبة لتلبية أهداف الوظيفة والقسم. فقبل أن تبادر إدارة منشأة الضيافة بتعيين عاملين جدد لإشغال وظيفة عمل حالية عليها أن تقرر ماهي المهام والمسؤوليات التي سوف تؤدى بتلك الوظيفة وماهي الأوراق الثبوتية المطلوبة لإشغالها، على سبيل المثال "التحصيل الدراسي، الخبرة .....إلخ". فالتحليل المستخدم

لتحديد المهام والأوراق الثبوتية الضرورية والمطلوبة لوظيفة معينة يطلق عليه بتحليل العمل " الوظيفة " ، وهذا التحليل يجب أن يشمل مدخلات من مدير القسم أو مشرف الوظيفة بالإضافة الى عاملين أخرين ذو مهام لها علاقة بالوظيفة.

المرحلة الأولى في تحليل الوظيفة هو تحديد الإحتياجات من المعلومـــات ويشمل " فعاليات العمل، علاقة الوظيفة ببقية الوظائف الأخرى، أهم الإجراءات والسياسات المستخدمة في العمل، السلوكيات المطلوبة في العمل، طبيعة الألأت والأدوات والمعدات المساعدة في أداء المهمة، البيئة المادية للعمل، جدول العمل، التعويضات المحفزة المقدمة، المتطلبات الشخصية المطلوبة كالمهارة، المستوى التعليمي، التدريب، الخبرة، المتطلبات البدنية "، كما إن تحليل الوظيفة يتيح لمدير القسم أو للمشرف على وظيفة العمل تطوير وصف ومواصفات الوظيفة.

مثال على " تحليل مهمة " عند وصول ضيف ما الى الفندق، تقليدياً فإن العامل الأول الذي يلتقيه عادةً هو من يقوم بدور " البواب " حيث يرحب به ويأخذ أمتعتة وحقائبه، وهذا العامل يقوم بتسليم الأمتعة لـ " صبي الجرس " (Bell Boy) الذي بدوره يقوم بنقلها للمكتب الأمامي أو " قسم الاستقبال " ، وبعد أن يتم تسجيل الضيف في الفندق بشكل أصولي ووفق الإجراءات المعتمدة فمن الممكن أن يقوم " صبي جرس " أخر بنقل أمتعة الضيف إلى الغرفة المخصصة له، وهذا لا يعتبر فقط تفاعل ضيف مع ثلاثة أو أربعة أشخاص " عاملين " مختلفين ولكنه أيضاً يزعج الضيف بسبب كمية البقشيش " الإكرامية " الواجب دفعها لهم.

عادةً، تحليل المهمات وتحليل الوظيفة تتضمن فحص المهام اللازمة لإنجاز العمل، وبعد الموافقة عليها وتسجيلها، فإن هذه المهمات تصبح وصفاً وظيفياً. فعلى سـبيل المثال، فإن الوصف الوظيفي لوظيفة "بواب الفندق "، يشمل إسـتقبال المركبة " السيارة " القادمة للفندق، وفتح باب الراكب أو السائق، والترحيب بضيوف الفندق، وعرض نقل أمتعة الضيوف من السيارة إلى مكتب الاستقبال أو الإنتظار بها في

السيارة، ريثما يتم تسجيل الضيف ومن ثم نقل الأمتعة إلى الغرفة المخصصة له مباشرة. بعض الإدارات المبدعة لفنادق السلاسل العالمية دربت عامليها بحيث إن الشخص الذي يرحب ويحيي الضيوف عند قدومهم في مدخل الفندق يسلمهم نماذج التسجيل مع مفاتيح الغرفة حيث تكون الغرفة مخصصة لهم أصلاً، ويقوم بمرافقتهم الى الغرفة مباشرة. وهذا يعني أن الضيوف عندما يأتون للفندق فإنهم سوف يتصلون بشخص واحد أو أثنين فقط من العاملين وقد لاقى هذا البرنامج ترحيباً حاراً من قبل الضيوف.

وصف الوظيفة   Job Description

أغلب منشأت الضيافة تجد أنه من الضروري والمفيد جداً أن يكون هناك وصف وظيفي للوظائف التي لديها ليس فقط لتكون دليلاً للعاملين والمشرفين، وإنما أيضاً لإغراض معايير الجودة والنوعية ولتوقعات الزبائن والضيوف. حيث تمتاز صناعة الضيافة بالتنوع في عامليها حيث يعمل في هذه الصناعة أنواعاً مختلفة من العاملين، ويتعين على الجميع وبمختلف وظائفهم بدءاً بالمنظف، مرتب الغرف، موظفي الإستقبال، رئيس الطباخين، المتدربين، عاملي الصيانة الى الموظفين الإداريين أن يكون لديهم وصفاً وظيفياً. وإلا فإن الإدارة ستواجه صعوبات كبيرة وعقوبات شديدة عند وقوع حوادث ما.

لا حاجة هنا للقول بأن للتوصيف علاقة بالتحليل، حيث إن الوظيفة التي لها وصف وظيفي لها علاقة بوظيفة التحليل، فالكثير من منشأت الضيافة تبدأ بعملية الوصف الوظيفي قبل إن تباشر العمل، وهذا يعني أن وظيفة التوصيف شبيهه بوظيفة التحليل، فهي تبين لا بل تحدد المستلزمات اللازمة لكل وظيفة، من حيث مواصفات الوظيفة، نوع العمل المطلوب تأديته، المسؤوليات والواجبات، ظروف العمل، وعلاقة العمل بالوظائف أخرى. لذلك يُعرف التوصيف على أنه التسجيل المنظم لأبعاد

الوظيفة المدروسة، ومكوناتها والعوامل المحيطة بها في كشف الوظيفة، وواجبات تلك الوظيفة ومسؤولياتها والحد الأدنى من متطلبات التأهيل اللازمة لشغلها. أو هو قائمة بالمهام والواجبات والمسؤوليات التي تنطوي على وظيفة معينة، كما يطلق عليه بالوصف المفصل للنشاطات والنتائج المتوقعة من الشخص الذي يؤدي العمل. ومن الجدير بالذكر إنه لا يمكن بأي حال من الأحوال تجاهل أي وصف وظيفي مكتوب حتى لو كان بسيطاً عند تعيين أي عامل أو مدير، فالعاملين والمدراء هم بحاجة الى فهم ماهي مسؤولياتهم الخاضعة للمساءلة إضافة الى المهارات الأساسية المطلوبة منهم والتي يحتاجونها لأداء واجباتهم بأمان.

يعتبر الوصف الوظيفي أمراً مهماً للغاية لإنه يمكن أن يصبح وثيقة قانونية، فعند إمتلاك المنشأة للوصف الوظيفي لوظائفها مع سلوكيات إدارية ناجحة وكافية فإن ذلك يقلل بالتأكيد من الكثير المشاكل التي قد تنتج عنها غرامات باهظة، بل قد يوفر لمنشأة الضيافة ملايين الدولارات في حالة نشوب خلاف بين العامل وإدارة المنشأة في حالة إصابة العامل أثناء العمل أو تضرره منه، ناهيك عن تكلفة إجراءات التقاضي في المحاكم والتي قد تستمر أحياناً لسنوات طويلة، إضافة الى تكاليف إجراء الاجتماعات والمقابلات وطلب الشهود والضغط على صاحب العمل والى غير ذلك من الأمور الأخرى التي في غير صالح المنشأة وفي غنىً عنها. هذا وقد سجلت بعض منشأت قطاعات الضيافة بعض الحالات التي قدمت إلى المحاكم والتي كان فحواها دعاوى رفعها عاملين تم تسريحهم من العمل لأسباب مختلفة، ضد إدارات تلك المنشأت مدعين أنهم لم يعلموا أو لم يتم إعلامهم جيداً بالواجبات المطلوبة منهم عند بداية تعيينهم.

اليوم، أغلب منشأت صناعة الضيافة وخاصة الفنادق والمطاعم تجعل عامليها يوقعون على وصفهم الوظيفي حال تعيينهم، لتجنب أية إشكالات أو سوء فهم حول الوظيفة ومسؤولياتها وواجباتها يمكن أن تحدث بين العاملين وإدارة المنشأة مستقبلاً.

إضافة الى أنه يمكن أيضاً إستخدام الوصف الوظيفي كأداة لقياس كفاءة الأداء الجيد، والشكل رقم (5) يوضح نموذج لوصف وظيفي لوظيفة رئيس طباخين في أحد فنادق الدرجة الممتازة.

كما وجد في هذه الصناعة أن العديد من العاملين يتركون وظائفهم بسبب الإجهاد في العمل والمشاكل التي قد تنشأ عن النزاعات الشخصية الداخلية سواء بين أو ضمن الأقسام، وأكثر الإشكالات التي تحدث في الأقسام تنشأ عن النزاع على مقدار العمل الذي يجب أن يؤدى و / أو تخصيص مهمات العمل، وأحد أفضل الحلول لهذه المشكلة هو تعديل الوظائف بإستمرار، بحيث يمكن لفرق العمل تأدية الأعمال، فعلى سبيل المثال بدلاً من أن يتم تحديد عامل تدبير فندقي واحد لتنظيف غرفة واحدة من مجموعة غرف، فمن الممكن تخصيص فريق عمل في قسم التدبير الفندقي لتنظيف جميع الغرف.

مواصفات الوظيفة Job Specification

إن معلومات تحليل الوظيفة والوصف الوظيفي تساعد بدورها في تحديد مايمكن أن نسميه مواصفات العمل(Job Specification)، إذ تعتبر مواصفات العمل في بعض الأحيان جزءاً من الوصف الوظيفي وأحياناً أخرى تعتبر وثيقة منفصلة. فمواصفات العمل تحدد المواصفات أو الخصائص المطلوب توفرها في الفرد الذي سيؤدي العمل أو الذي تحتاجة المنشأة للقيام بالمهمة، وتشمل المعارف والمهارات والقابليات وخصائص أخرى والتي تعتبر ضرورية ليكون الفرد قادراً على أداء العمل بنجاح، وبمعنى أخر هو قائمة بالمواصفات المطلوب توفرها بشاغل هذه الوظيفة، ويُعرفها البعض الأخر على إنها ملخص مكتوب للحد الأدنى من المؤهلات المطلوبة من العاملين لأداء العمل المحدد. ويمكن القول هنا بإن الوصف الوظيفي هو بيانات حول العمل، في حين أن مواصفات الوظيفة هي بيانات عن الشخص الذي يقوم

نظرة عامة للوظيفة	يشرف على كل العمليات المتعلقة بالمطبخ. اختيار، إنهاء خدمات، إشراف، تدريب وتقييم كل عاملي تحضير الطعام للتأكد من معايير النظافة والنوعية وإنجازها بثبات. شراء/ طلب مواد الأطعمة والتجهيزات. وهو عضو من فريق تخطيط قائمة الطعام ويدير تكاليف الإنتاج طبقا لمتطلبات الموازنة.
مهمات العمل	1. الإشراف على كافة النشاطات المتعلقة بالمطبخ. 2. اختيار، إنهاء خدمات، الأشراف، تدريب وتقييم عاملي تحضير الطعام للتأكد من معايير النظافة والنوعية وإنجازها بثبات. 3. شراء/ طلب مواد الأطعمة والتجهيزات. 4. التخطيط أو المشاركة في تخطيط قائمة. 5. إدارة تكاليف الإنتاج طبقا لمتطلبات الموازنة. 6. الاتصال مع موظفي الخدمة حول تغييرات قائمة الطعام والأشياء الخاصة. 7. الاجتماع مع العاملين/ الضيوف أو الضيوف المتوقعين بخصوص قائمة الطعام / مواضيع تحضير الطعام / قضايا أخرى.
مواصفات العمل	**التعليم:** خريج دبلوم مهني تخصص طهي فندقي أو مايعادلها. قادر على الإتصال الفعال مع العاملين، يقرأ / ويكتب وصفات الطعام، قوائم الطعام، الجداول، الميزانيات وأدوات التشغيل الأخرى. **الخبرة:** ثلاث سنوات حد أدنى كطباخ أو رئيس طباخين. معرفة أساسية بأجهزة وإجراءات المطبخ، معرفة بتعليمات الشروط الصحية والأمان ومعرفة بتقنيات إنتاج الأطعمة والطعام. **البدنية(الجسمانية):** يجب أن يكون قادراً على العمل في بيئة سريعة لمدة أقصاها ثماني ساعات ويكون قادراً على رفع على الأقل 50 باون.

شكل رقم (5)

نموذج لوصف الوظيفة لرئيس الطباخين التنفيذي في أحد فنادق الدرجة الممتازة

بالعمل. فعلى سبيل المثال تشترط بعض منشأت الضيافة أن يكون لعامل النظافة المطلوب لشغل الوظيفة القدرة على رفع مايقارب (50) باون أثناء عمله، أو أن يكون للطباخ المطلوب للعمل القدرة على عمل وصفة طعام خلال (20) دقيقة فقط، فمن الضروري ملاحظة أن يكون المتقدم للوظيفة له القدرة والمهارة والمواصفات المطلوبة ليكون مؤهلاً لشغل تلك الوظيفة.

إن مواصفات ومهارة العاملين في هذه الصناعة هي أحد أهم مفاتيح نجاحها، لا بل هي من المؤشرات الهامة للحكم على مدة جودة تقديم الخدمة. إذ من الصعب فيها جعل مهارات العاملين والخدمة "نمطية الأسلوب" بسبب إن جودة أداء الخدمة تختلف من فرد لأخر ومن وقت لأخر، بالإضافة الى إن التحديات التي تواجه الصناعة اليوم ومنها الطبيعة التنافسية لهذه الصناعة تحتم على مهنيوا هذه المنشأت أن يهتموا لا بزيادة الحصة السوقية أولاً، وإنما بإشباع حاجات ورغبات النزلاء والضيوف وإرضاءهم والإحتفاظ بهم كنزلاء وضيوف دائميين من خلال تميزها بكوادر من ذوي المؤهلات والمواصفات العالية والتي تحقق جودة عالية في الخدمات التي تقدمها.

على الإدارة في منشأت الضيافة وبشكل دائم ضمان توفير الخدمة المميزة التي يستحقها الضيوف حيث يجب عليها أن تسمح لعاملیها بأن يعرفوا ماذا ترمز إليه ثقافة المنشأة، وكذلك التعرف على الإختلافات بين ما تريده الإدارة من " ثقافة " ، وبين إدراك العاملين " المناخ " ويمكن حل ذلك عن طريق السماح للعاملين معرفة ما هو متوقع منهم. كما إن إعادة تصميم الوظائف بشكل مستمر لتلبية التوقعات المتزايدة للعاملين يعطي الثناء خاصةً عندما يكون عادلاً، ويخلق جو من الثقة حيث يعملان معاً. وسوف تكون النتيجة أكثر مقنعة، أي قوة عمل أكثر إنتاجيةً.

الفصل الرابع

الاستقطاب

4

الاستقطاب

مفهوم الاستقطاب

يعتبر الاستقطاب (Recruitment) أول نشاط من إنشطة التوظيف في منشأت إدارة الأعمال، والعنصر الأول في عملية توظيف العاملين في صناعة الضيافة. وعلى إدارة الموارد البشرية في هذه الصناعة بشكل خاص أن توليه أهمية كبيرة لما له من دور مهم في إختيار أولئك المتقدمين للعمل، والذين يستوفون أفضل إحتياجات المنشأة من ناحية تقديم المنتوج والخدمة المميزة لضيوفها. يُعرف الاستقطاب على إنه مجموعة من الأنشطة المستخدمة للحصول على عدد كاف من الأشخاص المناسبين في الوقت المناسب، ويُعرفه البعض الأخر على أنه العملية التي من خلالها يتم التعرف على الوظائف الشاغرة ويتم إخطار العاملين المحتملين بها. يعتقد الكثيرين إنه مع إستمرار تدفق أفراد جدد الى قوة العمل فإن الاستقطاب سوف يكون سهلاً، لكن الواقع هو عكس ذلك، فقد تكون عملية الاستقطاب صعبة للغاية لأسباب عديدة من أهمها:

1- بعض منشـأت الضيافة لديها سياسات خاصة بها كأن تطلب ترقيات من الداخل " من داخل المنشأة " ، وتعمل بموجب قوانين نقابات العمل أو تقدم أجوراً منخفضة لعامليها مما يجعل عملية توظيف العاملين وإبقائهم صعباً للغاية كما في بعض الأحيان قد تخضع بعض المنشأت لتأثيرات وقيود خارجية.

2- التركيز على ثقافة المنشأة والعمل الجماعي، والإدارة التشاركية يجعل من المهم

توظيف العاملين ليس فقط الذين يتمتعون بمهارات وخبرات، ولكن أيضاً الذين يتناسبون مع ثقافة ونمط قيادة المنشأة.

3- في بعض الأحيان يكون من الصعوبة العثور على أفراد بمهارات ضرورية معينة ففي هذه الحالة، يتم توظيف العاملين ومن ثم تدريبهم داخلياً.

يتضمن الاستقطاب وجود وظائف شاغرة في منشأة الضيافة ومن ثم البحث عن الأفراد الذين يهتمون بتلك الوظائف وتشجيع المؤهلين منهم لشغلها عن طريق تقديم طلبات التوظيف، وذلك عقب الإعلان عن تلك الوظائف الشاغرة وشروط الإلتحاق بها ومواعيد إمتحاناتها أو مقابلاتها. من الجدير بالذكر إن عملية إيجاد كادر من العاملين "المؤهلين والملائمين" والراغبين بالعمل في هذه الصناعة ليس عملاً سهلاً أبداً، إذ أن المقصود بالأفراد الملائمين هم أولئك الذين تم إختيارهم ضمن مواصفات معينة لإشغال الوظائف المطلوبة.

إن عملية اختيار العاملين في هذه الصناعة صعبة للغاية لما لها من دور كبير في إعطاء الإنطباع عن المرفق من خلال المساعدة والصدق والأمانة ومنح الشعور بالرضا والقناعة للضيف. إضافة الى أن هؤلاء الأشخاص العاملين سيكونون بمثابة حلقة الوصل بين الضيوف ومنشأة الضيافة حيث كلما كانت العلاقات قوية بين العاملين والإدارة كلما كانت المشاكل قليلة. كما إنهم "العاملين" يلعبون دوراً مهماً في تحقيق مثل هذه العلاقات إذ يجب أن يكون الجو دائماً مسراً للضيف، ولأن سلوكهم يؤثر على تمشية أمور المنشأة من ناحية، وقدرتهم وكفاءتهم تساعد على الحفاظ على نوعية ومستوى الخدمة من ناحية أخرى. هذا إضافة إلى أنه كلما كان الجو ملائماً للضيف كلما زاد من معدل إنفاقه، وهذا ما تبغيه منشأة الضيافة، إضافة الى أن الناس لا يذهبون إلى المكان الذي لا يشعرون فيه بالترحاب والراحة. والشكل رقم(6) يوضح وصف لعمليات الاستقطاب والاختيار في هذه الصناعة.

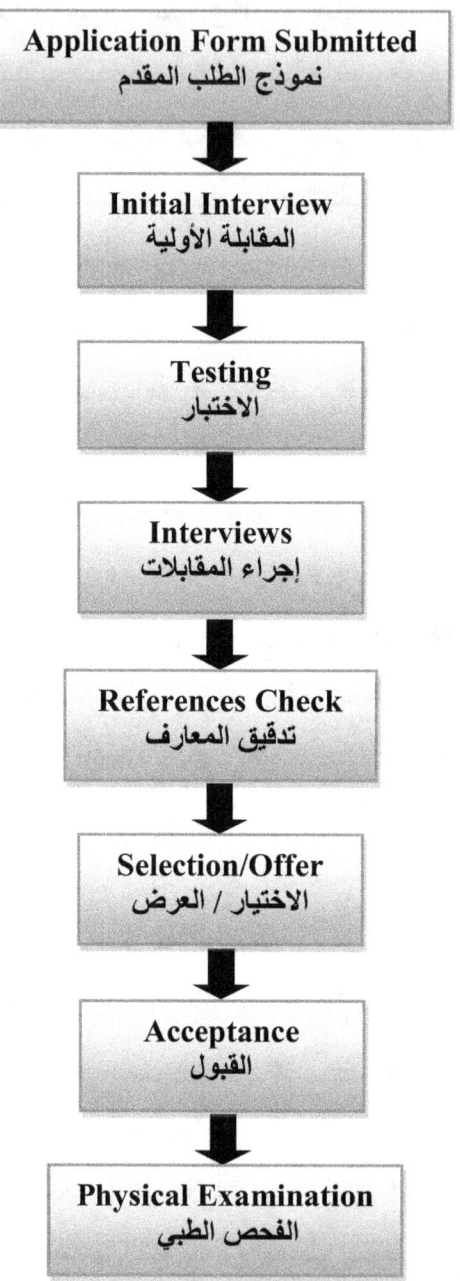

شكل رقم (6) يوضح عمليات الاستقطاب والاختيار

Source: Walker, J. R. (2010). *Introduction to hospitality management* (3rd ed.). Upper Saddle River, United States: Pearson Prentice Hall, p.585

كما إن للإستقطاب أهدافاً تخص الطرفين أي منشأة الضيافة والعامل. فمن ناحية منشأة الضيافة فإنها تهتم بجذب مجموعة معقولة من المتقدمين المؤهلين وتوفير فرص عمل واقعية. في حين أهداف العامل تتلخص بتلبية الأهداف ذات الصلة بالعمل وتلبية أهدافه الشخصية ومن ثم تحقيق إحتياجاته الشخصية. كما على طالبي العمل أن يفهموا الطبيعة الفعلية لفرص العمل المتاحة لهم، ونتيجة لذلك فإن بعض المرشحين سوف ينسحبون، في حين أن أخرين سيختارون الإنضمام للعمل في المنشأة وإن أولئك الذين يبقون عادة ما يكونون أكثر نجاحاً، راضين ومقتنعين بإختيارهم لعملهم وعن المنشأة.

إن الإعلان عن الوظائف في صناعة الضيافة يجب أن يكون متوافقاً مع العاملين المحتملين، وأن له دوراً كبيراً ومهماً في تقديم صورة إيجابية عن المنشأة للعاملين والزبائن والضيوف الحاليين والمستقبلين. إذ إن العاملين يختارون أرباب الأعمال ويتركونهم بنفس الطريقة التي يختار بها الضيوف فنادق معينة وبعد ذلك يقررون إختيار غيرها. حيث أنه من المكلف في هذه الصناعة فقدان كلاً من العاملين والضيوف.

إجراءات تقديم طلبات العمل في صناعة الضيافة

تقليدياً يكون تقديم إستمارة أو طلب التقييم من قبل المتقدم للعمل، ويتم ذلك من خلال إستمارة أو طلب خاص يحصل عليها المتقدم من منشأة الضيافة أو يتم سحبها من الموقع الإلكتروني الخاص بها، ويوضح في إستمارة أو طلب التقديم أهم المعلومات الضرورية لتقييم مقدم الطلب. كما يجب أن تكون هذه الإستمارة واضحة وتراعي القوانين والتعليمات السائدة التي تتعلق بقضايا التوظيف كالتمييز وغيرها، كما يجب مراجعة تلك المعلومات من قبل إدارة المنشأة بين فترة وأخرى خاصةً عندما يتم تطوير وتجديد إستمارة التقديم، وعادةً ما يكون هناك مسودات عديدة من إستمارة أو

طلب التقديم تتم مراجعتها بإستمرار من قبل مدير الموارد البشرية في منشأة الضيافة أو من قبل محامي المنشأة أو من قبل شخص متخصص له تدريب وتجربة قانونية قبل أن تعتمد بشكل رسمي ونهائي كوثيقة.

في يومنا هذا وعلى نحو متزايد فقد بدأت شركات الضيافة الكبيرة وخاصةً السلاسل الفندقية العالمية بوضع قائمة بالوظائف الشاغرة لديها على مواقعها الإلكترونية أو على مواقع التوظيف. إذ باتت تلك المنشأت اليوم تستخدم شبكة الإنترنيت على نطاق واسع في تخطيط مواردها البشرية، وبموجب ذلك تسمح تلك المنشأت للعاملين المحتملين بالبحث عن وظائف معينة على مواقعها الإلكترونية، حيث تعتبر تلك المواقع في الوقت الحاضر من أنسب وأفضل طرق الاستقطاب والتي توفر الوقت والكلفة للطرفين أي للمنشأة وللعامل. حيث إن الكثير من منشأت الضيافة قد طورت مواقعها الإلكترونية لتلبي هذا الغرض. حيث بالإضافة الى عرض المنشأة لكامل خدماتها ومنتوجاتها تقوم في نفس الوقت بتخصيص مساحة على موقعها الإلكتروني لعرض قائمة بأهم الوظائف الشاغرة لديها وموعد غلقها أحياناً، بالإضافة الى تفاصيل كاملة عن كل وظيفة مع متطلباتها من خلال الوصف الوظيفي والمتطلبات الدنيا والخبرة المطلوبة والتحصيل الدراسي المطلوب لها، لا بل وتقدم لهم أحياناً معلومات إضافية أخرى قد تكون مغرية لهم في حالة إشغالهم الوظيفة من جهة، ولزيادة عدد المتقدمين من جهة ثانية، كالمعلومات الخاصة بالأجر المعروض للوظيفة، وأنواع التعويضات والمزايا الإضافية الأخرى المقدمة لهم عن تعيينهم كنوع من الإمتيازات، مثل وجبات الطعام والزي الموحد والغلاء المعيشي والضمان الصحي والإجتماعي والأيام المدفوعة الأجر كالمناسبات والأعياد والعطل الرسمية...إلخ.

على العكس من منشأت الضيافة الصغيرة كالفنادق والموتيلات والمطاعم وغيرها والتي تجبر المتقدمين للعمل بالحضور شخصياً إلى المنشأة أو المكان كالفندق أو المطعم، وتعبئة نموذج التقديم يدوياً وتسليمه باليد الى قسم الموارد البشرية أو مديره.

فإن أغلب منشأت الضيافة والسلاسل الفندقية الكبيرة تشترط أن يقوم المتقدم للعمل بتعبئة أستمارة أو طلب التقديم إلكترونيا عن طريق الإنترنيت مع إلحاق السيرة الذاتية له بطلب التقديم. بعدها يتم سحب وطبع تلك الطلبات من قبل مدير الموارد البشرية في المنشأة وتبويبها ووضعها في ملفات خاصة، ومن ثم مراجعتها تمهيداً لفرزها بغية الدقة وكذلك للتأكد من أن مقدم الطلب مؤهل قانونياً للعمل في منشأة الضيافة. كما ينصح بإجراء فحص مطول عن خلفية العامل المتقدم وفي بعض البلدان ومنها الولايات المتحدة الأمريكية تمنع القوانين السارية أرباب العمل السابقين أن يقدموا لأي سبب كان أيةُ معلومات خاصة عن سبب ترك العامل لوظيفته السابقة وإنما فقط تزويد الجهة الطالبة للبيانات بتواريخ بدء ونهاية عمل ذلك العامل لديها.

تستخدم منشأت الضيافة ومنها الفنادق الكبيرة طرق متنوعة للاستقطاب لضمان مرشحين مؤهلين وكافيين ومناسبين. ففي بعض منشأت الضيافة يقوم مدير الموارد البشرية بمساعدة كل قسم في المنشأة بإستقطاب مرشحين للوظائف المفتوحة أو الشاغرة على أمل جذب أكبر عدد من المرشحين ولتحديد متقدمين محتملين بشكل دقيق للوظيفة قبل إتخاذ قرار التعيين. كما يقوم مدير الموارد البشرية بتدقيق الملفات للمتقدمين حديثاً والذين تقدموا للعمل حتى قبل أن تكون الوظيفة شاغرة، وهذه الملفات عادةً ما تكون موجودة في المنشأة من خلال إرسال المتقدمين لطلباتهم وسيرهم الذاتية إليها بشكل مستمر وخلال الوقت إضافةً الى الملفات التي كان قد جمعها من خلال تقديم المتقدمين لأوراقهم من خلال الإعلانات، وبهذا الشكل يكون عدد طلبات المتقدمين قد إزداد. إضافة الى أن بعض الأفراد قد لا يرغبون بارسال أوراق التقديم ما لم يعرفوا إن المنشأة لديها وظائف شاغرة فعلاً.

أغلب منشأت الضيافة تستلم أعداد كبيرة من الطلبات المؤهلة لكل وظيفة، والعديد من هذه المنشأت يحتفظ بهذه الطلبات لعدة أشهر فقط، لذلك فإن عدد الطلبات لا يمكن أن يصبح كبيراً في حال من الأحوال.

أهم الأمور الواجب مراعاتها عند عملية الاستقطاب

لضمان عملية إستقطاب ناجحة، على مدراء الموارد البشرية في صناعة الضيافة مراعاة ثلاثة أمور مهمة هي:

1- أن يكون الاستقطاب مركزياً: حيث ينبغي أن يتركز الاستقطاب في إدارة واحدة سواء في يد شخص واحد أو مجموعة أشخاص لضمان أن يكون هناك تركيز كاف على هذه العملية، وأن تحقق أفضل النتائج المرجوة منها.

2- المعرفة الواسعة بسوق العمل: حيث ينبغي على منشأة الضيافة أن تدرس طبيعة سوق العمل من حيث نوعية العاملين المرتقبين، أو نظرتهم للعمل، ويظهر ذلك من خلال:

- حدود سوق العمل والمهارات المتاحة: لاشك أن معرفة حدود سوق العمل والمهارات المتاحة يساعد منشأة الضيافة على تقدير حدود السوق للحصول على مؤهلات وأعداد المرشحين للوظائف الشاغرة، ولا سيما إن من مميزات هذه الصناعة إنها تعاني من ندرة بعض التخصصات.
- الظروف الاقتصادية: حيث لها التأثير الكبير على عملية الاستقطاب، من حيث نوعية الوظائف ونظم الأجور والتعويضات المدفوعة في منشأت الضيافة الأخرى المنافسة.

3- تقييم مصادر الاستقطاب: بسبب إن الاستقطاب هو عملية صعبة للغاية، وتنطوي على إيجاد، وتوظيف، وتدريب الأشخاص الذين يعتبرون أكثر ملائمةً للمنشأة من الناحية الفنية والإدارية، فإنه ينبغي وبإستمرار تحليل المصادر التي تم من خلالها إستقطاب العاملين وذلك لغرض الكشف عن وعدد الذين تم إستقطابهم على مدى الفترات الزمنية الماضية وكذلك للكشف عن أفضل مصدر منها. فقد تكون هناك بعض المصادر والتي توفر عدداً كبيراً من المستقطبين ولكنها قد تكون بدون فائدة تذكر لمنشأة الضيافة.

أنواع الاستقطاب

الاستقطاب يمكن أن يكون داخلياً أو خارجياً.

الاستقطاب الداخلي **Internal Recruiting**

يقصد به السعي لإشغال الوظائف الشاغرة بمنشأة الضيافة بأفراد هم أصلاً عاملين في نفس المنشأة. حيث تطرح المنشأة أو الفندق الوظائف المفتوحة" الشاغرة " أمام عامليها الحاليين لغرض أن يطلعوا عليها، فقد يكون هناك من هو مهتم بها. فبعض العاملين قد يرغبون بوظيفة معينة أكثر من وظيفتهم التي يشغلونها حالياً، وذلك بهدف تطوير وضعهم المهني أو المعيشي.

يرى البعض من المختصين إن مفهوم الاستقطاب الداخلي هو نشاط إستخدام العاملين الموجودين حالياً للمساعدة على شغل مناصب الوظائف الشاغرة. فعلى سبيل المثال قد يمنح لبعض العاملين ترقيات داخلية لشغل وظائف أعلى، أي " مهام لمستوى أعلى مع مسؤوليات ومزايا وتعويضات أكثر " مع تغيير لمهام أكثر مرغوبة أو قد تقوم إدارات بعض المنشأت أو الفنادق بنقل (Transfer) العاملين لديها خاصة إن الإعلان عن الكثير من الشواغر يكون من خلال نشرة أو مذكرة أو توصية إشرافية، أي المشرفين يقدمون توصيات للمدراء عن عامليهم.

إن الاستقطاب الداخلي قد يكون مفيداً لإدارة منشأة الضيافة وذلك بسبب أنه يزيد من الدافع لدى العاملين ويحافظ على المعرفة والثقافة من التسرب، إضافة الى أن العاملين الحاليين أنفسهم يعرفون المنشأة وسياستها جيداً، كما أنهم قد أثبتوا كفاءتهم في عملهم وأنهم يعرفون مهامهم جيداً، وأن إدارة منشأة الضيافة على دراية بهم كونهم قد قضوا فترة زمنية لديها ويمكنها من إجراء تقييم شامل لشخصيتهم ولقدراتهم ومحدداتهم في العمل.

إن الميزة الرئيسية للإستقطاب الداخلي هو قدرته على خلق ثقافة الولاء والأمن الوظيفي بين العاملين في المنشأة، والذي من الصعب تحقيقه في كثير من الحالات.

كما إنه يوفر الوقت المستغرق في عملية الإعلان عن الوظائف، إضافة الى تقليص خطر التعرض لاختيار العامل غير المناسب في حال تعيين شخص جديد من خارج المنشأة. كما يسهم هذا النوع من الاستقطاب بشكل كبير في تخفيض دوران العمل في منشأة الضيافة من خلال توفر الحافز للعاملين لترقي السلم الوظيفي ومن ثم زيادة فعاليتهم وتحسين إنتاجيتهم وبالتالي تقليل تكاليف التعيين والتدريب للعاملين الجدد.

على الرغم من مميزات الاستقطاب الداخلي، فلهذا النوع من الاستقطاب العديد من المساوئ أيضاً، من أهمها صعوبة الاختيار بسبب العرض المحدود من المتقدمين المرشحين للوظيفة الشاغرة. يرى بعض المختصين إن الاستقطاب الداخلي يعتبر مشكلة لبعض المنشأت من حيث التباطؤ والنقص في التأثيرات الجديدة، والإفتقار الى الأفكار الحديثة وبأنه يحد من فرص التطور والتقدم للمنشأة، وثمة عيب أخر لهذا النوع من الاستقطاب وهو عندما تكون منشأة الضيافة أو الفندق قادرة على إشغال الوظائف داخلياً فإن الوظائف السابقة التي كان يشغلها أو يعمل بها العاملين السابقين سوف تصبح مفتوحة أيضاً "شاغرة" ويجب عليها أن تستقطب عاملين جدد لها.

هناك جانباً أخراً للإستقطاب الداخلي هو إن بعض العاملين يشعرون بأنه على المنشأة أن تختارهم بسبب خبرتهم في العمل على الرغم من أنهم قد يكونون غير مؤهلين بشكل كافي للوظيفة الشاغرة، ويمكن ملاحظة هذه الظاهرة بشكل جلي في أيامنا الحالية بسبب حالة الركود الإقتصادي التي تعيشها الكثير من البلدان. إذ ترغب أغلب المنشأت ومنها منشأت الضيافة في الحفاظ على عامليها لأطول فترة ممكنة فتضطر عند حصول الشواغر لديها الى الاستقطاب الداخلي ونقل العاملين الى وظائف أخرى قد يكونون هم أصلاً غير مؤهلين لها.

كثير من منشأت الضيافة والفنادق وخاصة السلاسل الفندقية الكبيرة تلجأ الى الاستقطاب الداخلي أكثر من الاستقطاب الخارجي خاصة تلك التي دربت عامليها على مهام متعددة ومسوؤليات وظائف متقدمة. إذ ترى من الضروري إعداد العاملين

وزجهم بإستمرار في وظائف أخرى للتقليل من إمكانية الملل لديهم. في حين يرى بعض المتخصصين في الموارد البشرية أن هذه الإستراتيجية قد تتعارض مع التخصص الوظيفي، بسبب إنها تعرض العاملين الى مهام متنوعة أكثر. ومن أهم مصادر الاستقطاب الداخلي هي:

– الترقية الداخلية.

– إرسال العاملين.

– التنقلات ضمن نفس منشأة الضيافة أو نفس السلسلة الفندقية.

– توصيات العاملين.

– إعادة تدريب العاملين.

الاستقطاب الخارجي   External Recruiting

يقصد به الجهد المبذول لإشغال الوظائف الشاغرة بعاملين متقدمين من خارج منشأة الضيافة. ومن أهم ميزاته إنه يوفر للمنشأة وبدون أية حدود أعداداً كبيرة من المرشحين المتقدمين للوظيفة الشاغرة، كما يمكنها إختيار عاملين من جميع أنحاء العالم.

بعض منشأت الضيافة والفنادق قد تستقطب متقدمين مؤهلين أكثر عندما تستخدم الاستقطاب الخارجي خاصة لبعض الوظائف المحددة، ويرى الكثير من المختصين إن هذا المصدر يتيح فرصاً كبيرة لرفد المنشأة بالخبرات والأفكار الجديدة والمعارف والطاقات الشابة. كما يسمح الاستقطاب الخارجي للمنشأة بتقييم محددات وقابليات المتقدم المحتمل إضافة إلى أن هذا النوع من الاستقطاب لا يوفر لمدير الموارد البشرية القدر الكافي من المعلومات عن المتقدم الجديد كما هو الحال في المتقدم الداخلي، فغالباً ما تبين السيرة الذاتية للمتقدم للوظيفة قائمة بأهم الوظائف المؤداة من قبله سابقاً مع وصف لأهم مسؤولياتها ولكنها لا توضح ولا تشير الى كيفية إستجابتة

للأوامر الصادرة من إدارته أو من مديره أو مشرفة المباشر أو كيفية تفاعله مع زملائه العاملين في بيئة العمل، خاصة في بيئة تتطلب جهداً وضغطاً عاليين في العمل كصناعة الضيافة. حيث إن هذا النوع من المعلومات مفيد بل مهم جداً لمنشأة الضيافة وخاصة في بعض الوظائف أكثر من غيرها.

يرى كلاً من (Duggan & Cory,2004) إن مشكلة الاستقطاب الخارجي في بعض الأحيان هي صعوبة وضع الكلمات المناسبة لبعض المهارات المطلوبة للوظيفة الشاغرة، وقد يؤدي هذا الى مشكلة لمنشأة الضيافة ألا وهي تعيين عاملين قد لا يصلحون للوظيفة الشاغرة. في حين يرى البعض الأخر إن من أهم مساوئ الاستقطاب الخارجي لمنشأة الضيافة هي إنه يكلفها تكاليف أكثر من الاستقطاب الداخلي، كما إنه يقلل ويقوض من جهود العاملين الحاليين بسبب قلة فرص الترقية.
ومن أهم مصادر الاستقطاب الخارجي هي:

- طلبات التقديم الخاصة.
- ملفات المتقدمين.
- الإعلان في الجرائد والمجلات.
- الموقع الإلكتروني الخاص بالمنشأة.
- مواقع إلكترونية خاصة بالتوظيف.
- خريجي الكليات والجامعات الجدد.
- العاملين السابقين.
- طالبي العمل بدوام جزئي "مؤقت".
- نقابات العمل.
- خدمات التوظيف الخاصة ومكاتب التشغيل العامة.
- المنشأت المتنافسة.

يرى البعض إن عملية المزج بين نوعي الاستقطاب الداخلي والخارجي ليس أمراً خاطئاً، ولا يولد لمنشأة الضيافة أية مشكلة، بل على العكس فقد يوفر لها ميزة من حيث أن الاستقطاب الخارجي يعزز الدافع للعاملين الحاليين بسبب الخوف من التوظيف الخارجي.

أصدقاء وأقارب الموظفين الحاليين   Friends/Relatives Of Current Employees

تعتمد بعض منشأت الضيافة هذا النوع من الاستقطاب أو التوظيف، وله العديد من المزايا والمساوئ في أن واحد، إذ من مزاياه هو إن العاملين أو الموظفين الحاليين يفهمون تماماً متطلبات العمل وكيفية إجراءات ونظام العمل لدى منشأة الضيافة أو الفندق. كما إن وجود عاملين جيدين فأن هذا يعني جلب أصدقاء وأقارب لهم بنفس القدر من الأخلاص والكفاءة والتفاني في العمل والأمانة وهذا ما تبغيه إدارة المنشأة.

أما من مساوئ هذا النوع من التوظيف في منشأت الضيافة، فإنه في حالة وجود عدة أصدقاء أو أفراد من عائلة واحدة في العمل، فإن ذلك سيؤثر سلباً على العمل خاصة عند تأثر أحدهم بظرف طارئ أو مشكلة ما. حيث إن الجميع سيتأثر بذلك الظرف مما يؤثر سلباً على سير العمل وخصوصاً إن العمل في قطاعات هذه الصناعة يتطلب الأمانة والإخلاص والدقة في العمل وإحترام المواعيد وظروف العمل. فعلى سبيل المثال في حالة توقيف أحد العاملين عن العمل بسبب خطأ شخصي أو ما شابه ذلك أو تم إتخاذ إجراء أو عقوبة ما بحقه من قبل إدارة المنشأة بخصوص موضوع معين، فإن الأخرين سوف يتصرفون بطريقة سلبية تؤثر على سير العمل ونظامه تضامناً مع زميلهم.

أهم الوسائل المساعدة في عملية الاستقطاب

بشكل عام يمكن إعتبار عملية الاستقطاب ناجحة وفعالة إذا كانت هناك مجموعة معقولة من المتقدمين المؤهلين ومن ذوي المهارات المطلوبة، وإذا تم تنفيذ عملية

الاستقطاب بتكلفة منخفضة نسبياً. كما على مدير الموارد البشرية في هذه الصناعة أن يستخدم وسائل مهمة في جهود إستقطابه. ومن الأمثلة على ذلك تتضمن:

- التعريف والإعلان عن أفضل ميزات العمل ومنشأة الضيافة في أن واحد.
- إستخدام عناوين عمل تعكس الوظيفة بشكل ملائم عند الإعلان عنها، على سبيل المثال، وظيفة "غسال الصحون" يقابلها عامل نظافة (Steward).
- إستخدام المعلومات المكتسبة من المتقدمين المحتملين أثناء عملية الاستقطاب لتقييم مدى ملائمتهم للعمل مع منشأة الضيافة.
- إستخدام رزمة إستقطاب شاملة والتي تشمل وصف الوظيفة الحالية ومواصفاتها وأهم مسؤولياتها وواجباتها، وكذلك أهم المزايا والتعويضات المقدمة لشاغلي تلك الوظيفة.
- التأكد من أن برنامج التعويض الكلي الذي يشمل التعويضـات والمـزايا الإضـافية "المنافع" هو تنافسي وبأن مقدمي الطلبات على علم ودراية به.
- التأكد من أن مقدمي طلبات العمل يعرفون طبيعة هذه الصناعة وبيئة العمل فيها وكيفية الموازنة بين العمل والحياة الشخصية، مع درايتهم بأهم فرص التطوير المهني المتوفرة فيها.
- مكافئة العاملين الحاليين حسب حالاتهم.
- إستخدام إعلانات توظيف واضحة وبارزة. على سبيل المثال يتم إستخدام عبارات مفهومة وبسيطة مثل:
  - نحتاج عاملين لوظائف شاغرة.
  - لدينا وظائف بدوام كامل أو جزئي.
  - دوام بساعات مرنة.
  - ظروف عمل وأجر جيد.
  - كونوا أعضاء في فريق عملنا.

- وضع قسم خاص للتوظيف على الموقع الإلكتروني الخاص بمنشأة الضيافة يوضح فيه أهم الوظائف الشاغرة مع تفاصيلها.
- يفضل أن تكون الأولوية للإستقطاب الداخلي.
- دعوة الطلبة والمتدربين الى جولات داخل منشأة الضيافة.

بدائل عملية الاستقطاب في صناعة الضيافة

نظراً لتميز منشأت صناعة الضيافة في أنها تتبابن في إحتياجاتها من الأيدي العاملة من ساعة لأخرى، ومن يوم لأخر، ومن موسم لأخر، فقد يلجأ مدراء الموارد البشرية فيها الى العديد من البدائل لعملية الاستقطاب خاصة عندما تكون هناك حاجة متزايدة من قبل المنشأة للعاملين لمواجهة ظرف ما. فبدلاً من توظيف عاملين جدد بدوام كامل مكلفين بذلك إدارة المنشأة مزيداً من التكاليف والنفقات، فإنهم يلجأون الى توظيف مايسمى بالعاملين الطارئيين (Hiring Contingent Workers)، حيث تلجأ بعض منشأت هذه الصناعة الى هذا الخيار عند مغادرة بعض عامليها للعمل بسبب ما. قد يكون التمتع بإجازة الأمومة على سبيل المثال، أو عندما يكون هناك طلب عالي على الأيدي العاملة، أي تشغيل عالي في العمل أو ماشابه ذلك. وأدناه أهم أنواع البدائل المستخدمة على نطاق واسع في منشأت الضيافة والموضحة في الشكل رقم (7):

1- منح العاملين الحاليين ساعات إضافية من العمل، وهي الطريقة الأكثر شيوعاً خاصة إذا كانت ميزانية المنشأة أو الفندق تسمح بذلك. ففي بعض البلدان هناك حدود معينة لمنح الساعات الإضافية للعاملين وفي ظروف معينة فقط يحددها مدير القسم حصراً ووفق الميزانية المخصصة له، وقد تكلفه أحياناً وظيفته إذا ما تجاوز الميزانية المحددة له من قبل إدارة منشأة الضيافة بهذا الخصوص.

2- تعيين عاملين مؤقتين، أي يكون التعيين بموجب عقد معين ولفترة زمنية معينة.

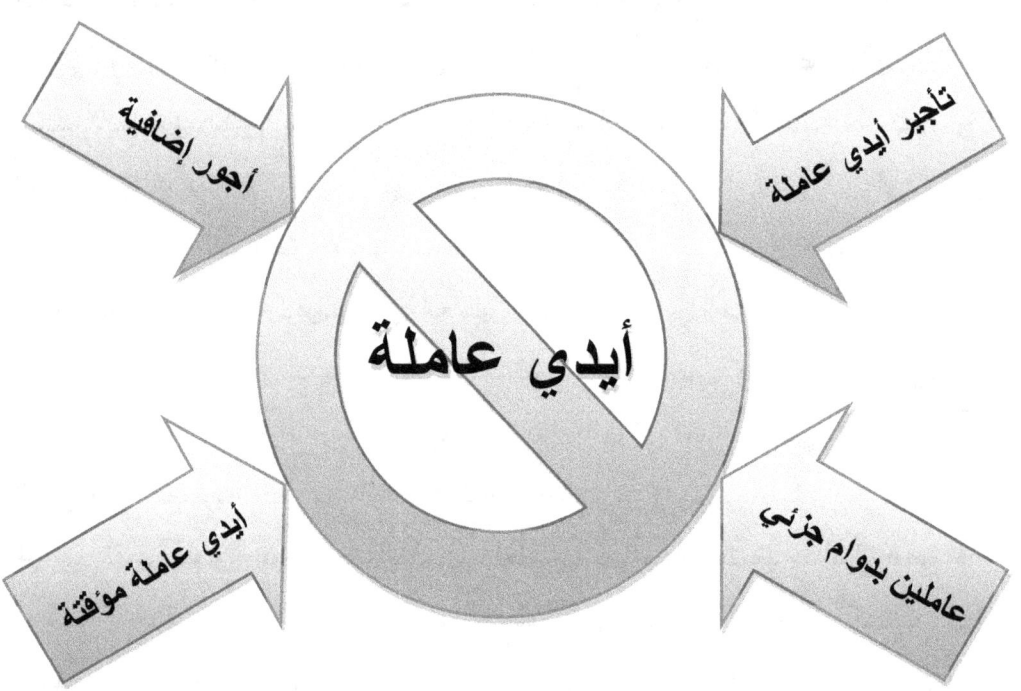

الشكل رقم(7)

يوضح أهم البدائل لعملية الاستقطاب

وفي الغالب يكون ذلك في أيام الذروة أو التشغيل العالي لمواجهة الطلب على السلع والخدمات المقدمة في منشأة الضيافة، ولا سيما أن من مميزات هذه الصناعة هي الموسمية، وفي الغالب أولئك هم العاملين الذين يدفع لهم من قبل وكالات التوظيف المؤقتة، والعمال الموسميين، والمتعاقدين المستقلين.

3- قد يقوم مدير الموارد البشرية بتعيين عاملين بدوام مؤقت أو ما يطلق عليه بالدوام الجزئي (Part time)، ويقصد به في الولايات المتحدة الأمريكية على سبيل المثال أولئك العاملين الذين يعملون أقل من (40) ساعة أسبوعياً(حسب مايعتمده رب العمل)، وذلك لمعالجة الطلب في نقص الأيدي العاملة وبما لا يؤثر على ميزانية منشأة الضيافة. كما تنص التعليمات في بعض البلدان عدم شمول هؤلاء بالأمتيازات والتعويضات الممنوحة لأقرانهم من العاملين الذين هم على الملاك الدائم. إضافة الى أن هؤلاء العاملين ليس لديهم أي توقع بأن يحظوا بدوام عمل كامل، وعلى الرغم من ذلك فإن كثير من الأفراد يرون أن العمل بالدوام الجزئي بالنسبة لهم يوفر الكثير من المرونة بل يفضلونه أكثر من الوظيفة الدائمة بسبب ظروفهم الخاصة.

4- قد تقوم بعض المؤسسات بتأجير العاملين لمواجهة التشغيل العالي في فترة موسمية معينة. إذ تلجأ بعض منشأت الضيافة الى ذلك الإجراء لغرض تجنب تعيين عاملين جدد وتحملها لنفقات إضافية، طالما سيتم الإستغناء عن خدماتهم وتسريحهم من العمل بعد فترة قصيرة. من الجدير بالذكر إن أي تسريح لأي نوع من العاملين من العمل لايوثر فقط على العاملين الذين سيتم تسريحهم ولكن أيضاً سوف يرعب ويصيب الهلع العاملين الذين لا يزالون يعملون في المنشأة، إضافة الى أن المنشأة ستصبح سيئة السمعة وستكون إدارتها أقل قدرة على استقطاب عاملين جددد لشغل وظائف جديدة مستقبلاً.

الفصل الخامس

فرز المتقدمين والاختيار

5 فرز المتقدمين والاختيار

تعتبر عملية فرز المتقدمين والاختيار (Screening Applicants & Selection) من الأمور المهمة جداً في هذه الصناعة. حيث يتحتم على إدارة منشأة الضيافة أن تختار وتوظف أفضل الأفراد العاملين لتظل لها القدرة على المنافسة والبقاء في الطليعة، وكمدراء في هذه الصناعة فإن من مسؤولياتهم توظيف العاملين المهرة والمميزين لإن توظيف الشخص الخطأ أو الغير مناسب لشغل الوظيفة يكلف المنشأة الوقت الثمين والمال معاً. حيث يعتبر هذا تحدياً كبيراً بالنسبة لهم وخاصةً في يومنا هذا بسبب سوق العمل. إذ إن حقل المتقدمين المؤهلين في كثير من الحالات هو في إنحسار دائم.

مفهوم الاختيار

بعد أن يتم إستقطاب مقدمي الطلبات، يجب أن يتم تقييمهم من خلال عدة مراحل كجزء من عملية اختيار رسمية، ولا بد من توضيح مفهوم الاختيار قبل الخوض في تلك المراحل وتفاصيلها. فالاختيار يُعرفه البعض على أنه العملية التي يتم فيها تقييم المرشحون المحتملون للوظيفة لمعرفة مدى ملائمتهم للتوظيف في المنشأة، بإفتراض أن المرشحين لديهم متطلبات الحد الأدنى من المواصفات المذكورة في وصف الوظيفة، أي اختيار المتقدم الأفضل تأهيلاً من بين مجموع المتقدمين المؤهلين للوظيفة الشاغرة. كما إن عملية الاختيار تكون أسهل كلما تم الحصول على معلومات نوعية وكافية من المرشحين في وقت إستقطابهم. لذا فإن عملية الاختيار تشمل جمع

المعلومات وتحديد من الذي يتوجب تعيينه في إطار المبادئ التوجيهية والقانونية، من أجل مصلحة الفرد والمنشأة. أو يمكن القول إنها عملية تحديد الأشخاص المؤهلين بالخبرات والمهارات والمعارف المطلوبة لوظيفة معينة من بين مجموع المستقطبين، ومن الذين أظهروا طاقات وقابليات إدائية عالية لشغل الوظيفة الشاغرة.

لقد أضحت عملية اختيار العاملين مكلفة للغاية في بعض المنشأت، وتعتبر عنصراً مهماً في أي برنامج موارد بشرية وغالباً ما تكون هذه العملية طويلة وصعبة، إذ يشترك فيها وقت المقابلة، الفحص الطبي، تكاليف التدريب، وهلم جرا، ولكن الأمر يستحق الجهد المبذول لاختيار العاملين الجدد بدقة وبعناية نظراً للتكلفة العالية لإستبدال العاملين في هذه الصناعة. كما إن هذه العملية تساعد على ضمان إن العاملين الجدد سيلبون المتطلبات الضرورية ذات الصلة في جميع المجالات بما في ذلك مهارات الإتصال والتعليم والمهارات التقنية والخبرة والسمات الشخصية. ومن أهم مسؤوليات الاختيار هي:

1- تعيين عاملين جدد لمنشأة الضيافة، وهي مسؤولية مشتركة لكلاً من مدير الموارد البشرية ومدير القسم في المنشأة.

2- إدارات الموارد البشرية تصمم وتدير نظام الاختيار وجمع البيانات الأساسية حول اختيار المتقدمين.

3- مدراء الأقسام يقابلون المتقدمين ويتخذون القرارات بخصوص ملائمتهم للمنشأة ولسياساتها.

4- قد تتم مقابلة زملاء العمل وأعضاء الفريق ويتم عمل توصيات حول المتقدمين.
أما أهم معايير الاختيار الأساسية فتشمل:

1- التحصيل الدراسي: ويشير الى التدريب في الفصول الدراسية الرسمية في الأوساط الأكاديمية وقد يكون التعليم عام أو محدد، ويفترض أن تكون العلامات والشهادات مؤشراً للتدريب أو للمستوى التعليمي.

2- الكفاءة: ويقصد بها القدرات التي يتمتع بها المتقدم للعمل والتي تعتبر ضرورية لإداء المهمة بصورة فعالة.

3- الخبرة: هي مقدار الوقت الذي قضاه العامل في العمل ومدى إكتسابه الخبرة اللازمة، سواءاً بشكل عام أو في حقل معين.

4- المهارات والقدرات: ويقصد بها كل ما يتعلق بالمؤهلات المحددة وقدرات الفرد لإداء العمل بنجاح.

5- الخصائص الشخصية: وتعكس شخصية الفرد، وهي مهمة للنجاح في العمل.

6- إحتواء المهارات: إذ تختلف الأراء بين مدراء الموارد البشرية بخصوص إذا ما ينبغي توظيف أفراد ذوي أفضل المهارات للعمل بدلاً من هؤلاء الذين هم أفضل الملائمين للمنشأة.

من المهم الإستفسار عن المعلومات الشخصية للمتقدم والتي لها علاقة وتأثير على مدى ملائمتها للوظيفة، ومثال على ذلك " الأسم، الخلفية التعليمية، الأهداف الوظيفية، الخبرة "، وعدم الإستفسار عن أمور أخرى غير مهمة ولا صلة لها بالعمل. إذ من الممكن للخصائص الشخصية أن تكون بمثابة مؤشرات تعكس مستويات محددة من العوامل كالتعليم والخبرة المتعلقة بأداء العمل بشكل فعال. حيث يمكن لمدير الموارد البشرية أن يستخدم تلك المعلومات لتقييم المتقدمين للعمل وتوقع أدائهم في المستقبل.

إن من شروط الاختيار السليم لمن سيشغل الوظيفة الشاغرة أن يتم وفق ما يسمى بمبدأ "الجدارة"، ويعتمد هذا المبدأ على حقيقتين رئيستين هما:

- إن الوظيفة ثابتة والموظف يتغير، وبالتالي فلا بد من البدء بتحليل الوظائف وتحديد مواصفات ومؤهلات من يشغل الوظيفة الشاغرة. أي إن الفرد وجد للوظيفة وليست الوظيفة موجودة للفرد.

- أن يتقدم عدد كبير من الأشخاص الذين تتوفر فيهم الشروط المبدئية وتتم بينهم المفاضلة أو الاختيار، ويتم الاختيار بناءاً على النتائج فقط أي دون تدخل للعلاقات والإعتبارات الشخصية أي على سبيل المثال " درجة القرابة، الواسطات الشخصية، العلاقة مع شخص ما في المنشأة ...إلخ " ، وبذلك يتم اختيار الأفضل والأنسب لشغل الوظيفة.

فرز المتقدمين للعمل

يرى بعض المتخصصين في هذه الصناعة إن عملية الفرز المستخدمة لمسح المتقدمين للوظيفة بشكل عام ومبسط تشترك بها عدة خطوات تنتهي بعملية الاختيار والتعيين كما موضحة في الشكل رقم (8). إذ يوضح الشكل إنخفاض عدد المتقدمين الذين يمكن أن يكونوا مؤهلين للوظيفة الشاغرة في كل مرحلة من مراحل فرز المتقدمين وصولاً الى عملية الاختيار والتعيين. فبعد الحصول على إستمارات الطلب كاملة والتي تساعد مدير الموارد البشرية على إكتشاف خلفية كل متقدم ومؤهلاته الأخرى ذات الصلة المباشرة بمتطلبات العمل يقوم بتقييم كل متقدم على حدة لإستبعاد المتقدمين غير المؤهلين للوظيفة، وعلى الرغم من إن المعلومات المتوفرة في طلب التقديم قد تكون محدودة نوعاً ما، إلا إنها عادةً ما تكون كافية لتقدير ما إذا كان للمتقدم الخلفية الدنيا، المستوى التعليمي، والخبرة الضرورية التي تؤهله لإشغال الوظيفة الشاغرة.

لقد أصبح للتكنولوجيا اليوم دوراً كبيراً في عملية فرز المتقدمين واختيارهم، حيث ساعدت برامج الكومبيوتر الخاصة بالاستقطاب والتوظيف بشكل كبير على تحديد إحتياجات قسم الموارد البشرية وقراءة وتصنيف كل سيرة ذاتية مستلمة. حيث في الماضي كان على مدير الموارد البشرية البحث في العديد من السير الذاتية لإكتشاف تطابق محتمل للوظيفة الشاغرة وفرز الطلبات غير المتطابقة مع الوظيفة والتخلص

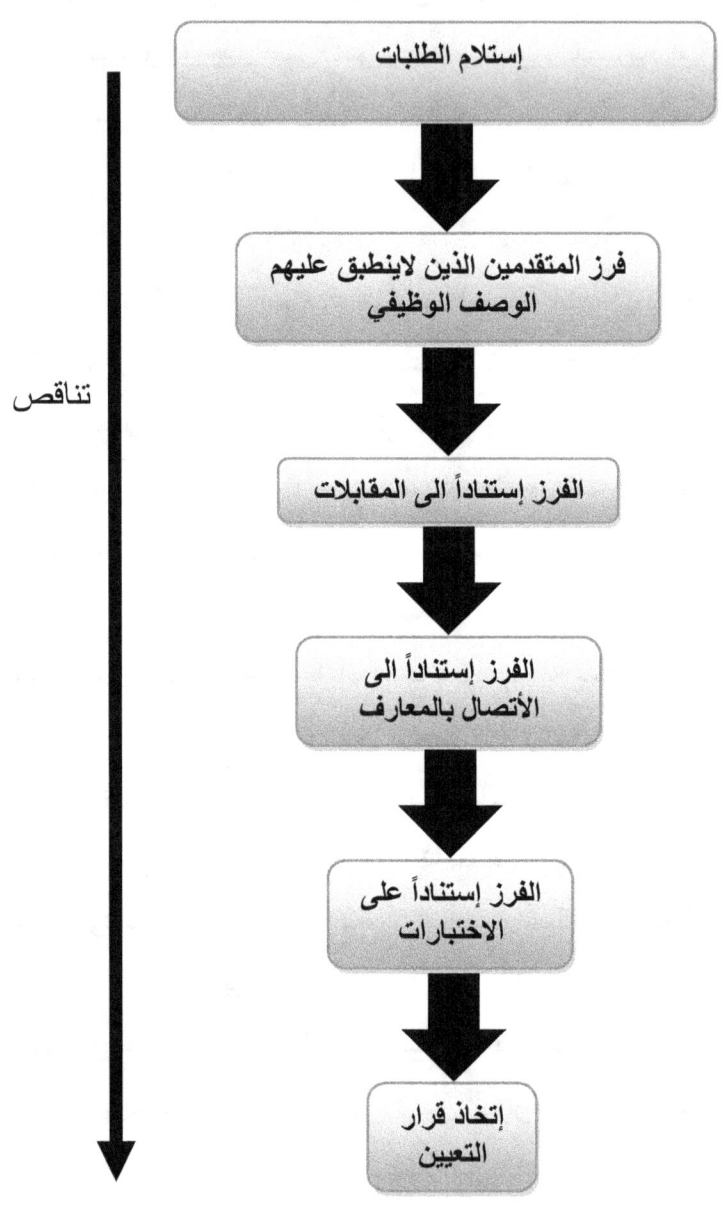

شكل رقم (8)
يوضح مراحل فرز المتقدمين للعمل

من السير الذاتية التي ليست متطابقة بشكل متناسب مع الوظيفة بعد فترة زمنية معينة. أما في يومنا هذا فعلى مدراء أقسام الموارد البشرية أو مدراء التوظيف في منشأت الضيافة أن يستخدموا إمكانيات البحث من خلال برامج الكومبيوتر المتوفرة لديهم ومسح السير الذاتية المستلمة الكترونياً لتصنيف العاملين المتقدمين للعمل والتعرف على مهاراتهم وخبراتهم.

لقد ساهم وبشكل كبير إستخدام منشأت الضيافة لتلك البرامج على تخفيض الكثير من التكاليف، وفي نفس الوقت ساعد تلك المنشأت على أنشاء قاعدة بيانات خاصة بالمتقدمين للعمل وعلى بناء نظام أكثر كفاءة وفعالية للموارد البشرية. إضافة إلى أن هذه التقنية تتيح لإختصاصي الموارد البشرية قضاء وقت أكثر لإجراء المقابلات وبقية المهام المهمة الأخرى بدلاً من إضاعة الجهد والوقت في تصنيف وتبويب ووضع السير الذاتية في ملفات كما هو الحال سابقاً.

على سبيل المثال بعض منشأت صناعة الضيافة كالفنادق الكبيرة جعلت عمليات التطبيق أكثر فعالية وكفاءة وذلك من خلال إستخدام برنامج ذكي يطلق عليه (Smart Assessment) أي برنامج "التقييم الذكي ". حيث يطلب من المتقدم للعمل بأن يجلس على جهاز الكمبيوتر لمدة نصف ساعة للإجابة على أسئلة حول شخصيته وأوقات العمل المفضلة له وعن تجربة عمله السابقة إضافة الى العديد من الأسئلة الأخرى التي تبين كيفية تصرفه في حال تعرضه لمواقف معينة مع الزبائن والضيوف، وبعد الإنتهاء من الإجابة على جميع تلك الأسئلة يتم إرسال تقرير بتلك المعلومات الى منشأة الضيافة أو الى مدير الموارد البشرية مباشرةً، وهذا التقرير يبلغ المدير ما إذا هناك حاجة لمقابلة المتقدم من عدمه وفقاً للمعلومات التي أدلى بها المتقدم، وفي حال أوصى التقرير بالمقابلة فإن التقرير أيضاً سوف يقترح أسئلة للمدير لتمكنه من اختيار أفضل متقدم للوظيفة الشاغرة.

المقابلات وإنواعها

الخطوة التالية هي إجراء المقابلات الأولية ومتابعتها، وقبل الخوض في هذا الموضوع من المهم على الموظف المسؤول في إدارة الموارد البشرية أن يتحضر بشكل جيد للمقابلة لتجنب أية قرارت تعيين سلبية قد تؤدي الى أثار سلبية على المنشأة مستقبلاً، وتقسم المقابلات الى مقابلات مهيكلة (Structured Interviews) والمقصود بها المقابلات الرسمية التي يتم التحضير لها مسبقاً من خلال إستمارات معدة بشكل مسبق ومدروسة بعناية، ومقابلات غير مهيكلة (Unstructured Interviews) أي مقابلات غير رسمية "عفوية" حيث لا يتم التحضير والإعداد لها مسبقاً، وتركز على ردود فعل المرشحين ومعرفة سلوكهم بالحوار وقدراتهم على التفاهم مع الأخرين (العامري والغالبي،2008، ص657).كما ويستخدم مدراء الموارد البشرية في بعض منشأت الضيافة كما هو الحال في بعض الفنادق إستبيان خاص معد لهذا الغرض عند إجراء المقابلات مع العاملين الجدد وكما هو موضح في الشكل رقم (9).

من الجدير بالذكر أن بعض منشأت الضيافة قد تجري مقابلات أولية للمتقدمين إذا كانوا من طلاب الجامعات في مراكز التدريب المهني أو في نفس جامعاتهم، وبعضها الأخر قد تشترط إجراء المقابلات في مواقعها "داخل منشأة الضيافة كالفندق مثلاً" . إذ يستخدم مدير الموارد البشرية المقابلة الشخصية للتعرف على المتقدم وتقييمه، فالمقابلة العامة هي للتأكد من أن المتقدم مناسب للتوظيف "بشكل عام" ، حيث تتاح معلومات لكلاً من المتقدم والمنشأة من خلال التركيز على الخصائص المظهرية والسلوكية للمرشحين أي كشف وجود الخصائص والسلوكيات المطلوبة لشغل الوظيفة. كما إن مدراء التوظيف ينظرون إلى المتقدم من خلال المقابلة الى هيئته، ملابسه، وأسلوبه، وإنتباهه، فطنته، سلوكه، مواقفه، وإهتماماته، وفي صناعة الضيافة تحديداً على مدير التوظيف أن يعلم جيداً إن أفضل توقع عن أداء العامل المستقبلي هو أداءه السابق في نفس الموقف حيث يوفر حقائق أكثر موضوعية من

أسم مقدم الطلب: ________________________

الوظيفة المطلوب إشغالها: ____________________

تاريخ المقابلة: _______________________

ت	السؤال	أوافق بشدة	أوافق	غير متأكد	لا أوافق	لا أوافق بشدة
-1	إمتلاك المتقدم المهارات الضرورية لإدار المهام المطلوبة.					
-2	المتقدم سوف يعمل بشكل جيد ومرضي مع الأخرين.					
-3	المتقدم سوف يكون حريص على تعلم مهارات جديدة.					
-4	المتقدم يمتلك مهارات إتصال جيدة.					
-5	المتقدم سوف يقبل المسؤولية.					
-6	هل أكتشفت أي خلل في المتقدم ؟ اذا كان الأمر كذلك، ماهي صفها.					
-7	هل توصي بتعيين متقدم الطلب؟ لماذا، أو لماذا لا؟					

التوقيع
عضو المقابلة

التوقيع
عضو المقابلة

التوقيع
مدير الموارد البشرية

شكل رقم (9)

يوضح إستبيان خاص يستخدم عند إجراء المقابلة

أي طريقة مقابلة أخرى، كما يسأل مدير الموارد البشرية أسئلة تشجع المتقدم على أن يجيب مع بعض التفاصيل التي قد تفيد في معرفة تفاصيل أكثر عنه وهذا يتطلب طرح أسئلة مفتوحة النهاية مثل:

- ما هو أكثر وأقل ما أحببته من عملك السابق؟ وغيرها من الأسئلة التي تشجع المتقدم على الإنفتاح بشكل أكبر. كما إن تبادل المعلومات بهذا الشكل " بالإتجاه الثنائي " يسمح ويتيح للمتقدم للعمل بأن يسأل أو يتعلم بشكل أكبر عن الوظيفة والمنشأة.

غالباً مايقوم مدير الموارد البشرية بفرز الطلبات من المقابلة الأولى ولكنها لا تعني بالضرورة إنها ستؤدي الى اختيار، وبإفتراض أن المتقدم أعطى إنطباعاً إيجابياً وجيداً وربما يصلح للوظيفة الشاغرة فسيتم دعوته لمقابلة ثانية مع رئيس القسم المختص أو المشرف المباشر، وسيتم من خلال المقابلة تقييم مدى قدرة المتقدم على تنفيذ العمل والقدرة على الملائمة الشخصية للإنضمام لفريق العمل داخل القسم المعني. والمقابلة الثانية أو حتى الثالثة قد تكون ضرورية، وقد يشترك في هذه المقابلات أحياناً عاملين أو موظفين أخرين في منشأة الضيافة والذين يمتلكون بعض التفاعل مع الوظيفة ذات العلاقة وتفاصيل أكثر عنها، وقد يكون لمداخلات هؤلاء الموظفين في كثير من الأحيان تأثيراً كبيراً على قرار التعيين.

إن الفائدة من تلك المقابلات هي الحصول على معلومات تفصيلية إضافية غير موجودة في طلب التقديم، قد تكون مهمة للإدارة في حال توظيف المتقدم، وعلى وجه التحديد يمكن التعرف من خلال المقابلة على سلوك وخبرة المتقدم السابقة، ومهارات الإتصال ومدى إلتزام المتقدم بمواعيد العمل كالعمل ساعات إضافية أو العمل أثناء العطل الرسمية والأعياد التي تعتبر أحد مميزات العمل في هذه الصناعة.

أهم المقترحات لإجراء مقابلة توظيف ناجحة

إن المقابلة مهمة للطرفين أي لمدير الموارد البشرية وللمتقدم، ونوع وطبيعة المقابلة يعطي الإنطباع عن المنشأة وعامليها، فمدير الموارد البشرية المستعجل عند إجراء المقابلات مع المتقدمين أو الذي يرد على الهاتف أثناء إجراءه للمقابلات أو الذي يترك المقابلة لفترة زمنية ثم يعود بعدها ليكملها، لا يعطي الأنطباع الجيد للمتقدم عن المنشأة وطبيعة الإدارة فيها. وأدناه أهم المقترحات لمدير الموارد البشرية لإجراء مقابلة توظيف فعالة وناجحة:

- الإستعداد للمقابلة. وتتم مراجعة إستمارة طلب التعيين لمقدم الطلب، والإطلاع بشكل جيد على المعلومات الواردة فيها، ومن ثم إعداد مجموعة من الأسئلة التي ستساعد على الحكم على تطابق مؤهلات مقدم الطلب مع متطلبات الوظيفة، ومدى إستحقاق مقدم الطلب لها. كما يجب أن تكون المقابلات بعيدة عن الأخرين وتدخلاتهم قدر الإمكان، والتأكد من إنه لن تكون هناك أية مداخلات أو تطفلات أثناء إجراء المقابلات.

- إجراء المقابلة. يحتمل أن يكون مقدم الطلب مشدود الإعصاب أو متوتراً أثناء موعد إجراء المقابلة ويجب جعله يشعر بالراحة، وعلى مدير الموارد البشرية الإستماع لمقدم الطلب " حيث عليه أن يصغي أكثر من أن يتكلم " وأن يكون متابعاً للأسئلة ذات العلاقة بقدرة مقدم الطلب لتأدية مهام العمل المطلوبة بالوظيفة، والأسئلة التي ليست ملائمة يجب أن لا يلاحظها مقدم الطلب مثل التي تتعلق بمحل الولادة أو العطل الدينية....إلخ. من أمثلة الأسئلة الملائمة للمقابلة تلك التي تتعلق بأهلية المتقدم للعمل، السن القانوني للعمل حيث يجب أن يكون قد تجاوز " الثامنة عشر عاماً " والإلتزام بقوانين العمل وما إذا كان مقدم الطلب محكوماً بأية جنحة أو موقوف أو لديه سجل لدى الشرطة أو الدوائر الحكومية وما شابه ذلك.

- قد تكون هناك أخطاء عند إجراء المقابلات ويمكن التخلص منها أو على الأقل

تقليلها قدر الأمكان عن طريق التدريب المناسب لجعلها أكثر قبولاً وبعيدة عن السلوكيات الشخصية والتحيزات التي من الممكن أن تؤثر على تقييمات المتقدمين.

تدقيق خلفية المتقدمين للعمل

الخطوة التالية التي تلي عملية إجراء المقابلات، هي تدقيق خلفية أو ماضي المتقدم لشغل الوظيفة (Background)، حيث للأسف تشير المعلومات الى أن نسبة كبيرة من السير الذاتية وطلبات التعيين المقدمة من قبل طالبي العمل تتضمن بعض المعلومات الغير صحيحة، ومدراء الموارد البشرية قلقون بشكل دائم بهذا الشأن، وفي بعض الأحيان يقومون بالتقصي من خلال إجراء التحقيقات والإتصالات للتأكد من بعض الأمور خاصة ذات العلاقة بالتحصيل الدراسي والتدريب هي سليمة وصحيحة. كما تنص التعليمات في كثير من منشأت الضيافة بأنه على مقدمي طلبات العمل أن يوقعوا على نموذج موافقة أو تخويل بإجراء تحقيق عن الخلفية أو الموافقة الأمنية بخصوصهم عند تعينهم.

اليوم وبشكل أكثر من السابق بدأت الكثير من منشأت الضيافة وخاصة في الدول المتقدمة، التحقق في سجل المتقدم للعمل وفي سجله المدرسي وتاريخ بطاقته الإئتمانية. حيث إن التحري أو التقصي يساعد رب العمل على تحديد أي المرشحين هو الأكثر إحتمالاً للنجاح في الوظيفة التي ستمنح له.

الإتصال بالمعارف أو المراجع

المرحلة التالية بعد عملية تدقيق خلفية المتقدمين للعمل هي عملية الإتصال بالمعارف(Reference) أو تدقيق مراجع مقدمي الطلبات، وغالباً ما تكون المعلومات التي يتم الحصول عليها من تدقيق المعارف هي محدودة، لا بل تفتقر أحياناً للمصداقية، ويعود السبب في ذلك لعدة أسباب من أهمها:

- المسؤولية القانونية، حيث أن أرباب الأعمال السابقين والأخرين يخافون من المقاضاة في حال كون المعلومات التي يقدمونها تؤدي إلى عدم قبول المتقدم أو تأهله للوظيفة الشاغرة.

- تردد بعض المنشأت أو أرباب الأعمال السابقين من تقديم بيانات أو معلومات بخصوص التقييم الذاتي لعامليهم السابقين للجهات الطالبة لها، وتقتصر معلوماتها فقط على العوامل الموضوعية ومثال على ذلك "تاريخ التوظيف، تاريخ سجل الراتب، العنوان أو المسمى الوظيفي...إلخ".

- إن أغلب مقدمي الطلب عادة ما يضعون قائمة بالمعارف والأشخاص الذين من المرجح أن يقدموا توصية قوية لصالحهم.

إجراء الاختبارات وأنواعها

تلي عملية الإتصال بالمعارف عملية إجراء الاختبارات، إذ تعتبر من المتطلبات المهمة لإتمام عملية التعيين بشكل سليم في منشأت الضيافة، حيث تولي لهذا الأمر أهمية بالغة لغرض مهمين هما:

1- إن منشأت الضيافة تلجأ الى إجراء الاختبارات التنافسية والتي قد تكون مهنية أو إدارية أحياناً، وذلك لغرض المفاضلة بين المتقدمين ولإكتشاف قدراتهم ومهاراتهم، والتعرف على مؤهلات وقابليات المرشحين للعمل، وكذلك لقياس الكفاءات البسيطة في مهارات عمل محددة.

2- للتعرف على المتقدمين وتقييم شخصيتهم وإهتماماتهم. إذ أن هناك فوائد واضحة من توظيف الأفراد الأصحاء عقلياً وجسدياً في هذا النوع من المنشأت. ومع ذلك، فإن الفحص الطبي مثلاً لا يمكن أن يعطى لمجرد غربلة المتقدمين. فعلى سبيل المثال في بعض الولايات الأمريكية يشترط أن يعطى الاختبار البدني فقط بعد قبول عرض العمل. في حين بعض الولايات الأخرى تشترط باجراء الاختبار البدني بشكل مسبق،

وبشكل عام فإن الاختبار يجب أن يعطى لكل شخص يتقدم لنفس الوظيفة.

من الجدير بالذكر إن بعض أنواع الاختبارات مصممة لتقييم مهارات معينة لدى بعض العاملين لتقرير أهليتهم للعمل خاصة إن هذه الصناعة تحتاج الى الأيدي العاملة الماهرة في كثير من التخصصات سواء الإدارية أو المهنية. فعلى سبيل المثال، مقدم الطلب يذكر في طلب التقديم بأن له تجربة سابقة بأنه عمل بصفة طباخ، فربما قد يسأل أسئلة محددة بخصوص وصفات أطعمة معينة أو أسئلة بخصوص مكونات طبق ما أو طريقة التحضير لصلصة ما...إلخ. أما مقدمي الطلبات لوظائف أمين الصندوق " الكاشير " مثلاً فيمكن أن يتم إختبارهم بأمور معينة تخص القضايا الحسابية البسيطة والتي تتعلق بعمل قوائم الضيوف أو إضافة الحسابات أو عمل تحويل أو إحتساب الضرائب.

بشكل عام يجب أن تلبي تلك الاختبارات بأنواعها المتطلبات القانونية، كما يجب أن تمتاز بالموثوقية والصدق. فالموثوقية تعني أي أن الاختبار المعتمد مستقر ويعطي نفس النتائج إذا ما أعيد إستخدامه مرة أخرى وفق نفس الظروف والشروط أي أن يعطي نفس النتائج. أما الصدق فتعني أن الاختبار يكون قادراً على قياس ما يفترض قياسه وأن يكون له علاقة بالأداء المستقبلي للوظيفة (العامري والغالبي،2008، ص659). كما تساعد تلك الاختبارات إدارة المنشأة على جعل عمليات الاختيار أكثر فعالية، إضافة الى الاختبارات التي تم التطرق اليها هناك إختبارات أو فحوصات أخرى مكملة لها ومهمة لأغراض إتمام عملية التوظيف بشكل سليم، ومن أهم تلك الاختبارات:

- **الفحص البدني Physical Examinations**

في بعض الأحيان يتطلب من المرشحين إجراء الفحص البدني لغرض تعيينهم، وهذا الاختبار يحدد ما إذا كان الفرد قادراً بدنياً على أداء المهام المطلوبة أم لا. حيث

يستخدم هذا النوع من الفحص للتأكد من أن مقدم الطلب هو صحي جسدياً بما يكفي لإداءه المهمة بالشكل الصحيح والمطلوب، وكذلك للتأكد من خلوه من أية أمراض معدية خطيرة لها علاقة بالعمل كالفحص الخاص بمرض السل الرئوي أو أي مرض جلدي أخر ويعتبر هذا الأمر مهماً للغاية ولابد منه في هذه الصناعة، خاصةً أن جزء من العاملين في منشأت الضيافة كالفنادق والمطاعم يعملون بإحتكاك مع إنتاج وتقديم الطعام. ويمكن القول إن فائدة الفحص البدني هو ضمان إن الشخص المتقدم للعمل لديه القدرة الكاملة على التحمل والتكيف مع بيئة العمل الجديدة.

من الضروري لمدير الموارد البشرية معرفة وإتباع كل القوانين الصحية المحلية الخاصة بفحص العامل الإلزامي أو الطوعي الذي يتقدم للعمل. حيث القوانين والتشريعات الخاصة بالصحة تختلف من بلد لأخر، إضافة الى ذلك هو الاختبار البدني يمكن أن يوثق أية مشاكل طبية موجودة يعاني منها المتقدم للعمل قبل أن يتم توظيفه من قبل المنشأة. حيث من المهم إستخدام تلك الاختبارات وخاصة تلك التي لها علاقة مباشرة بالعمل بالشكل الصحيح، وإلا قد تكون نتائج التوظيف ذات مضار كبيرة على المنشأة وقد يستغلها البعض ليقاضيها.

كما يتوجب على مدراء الموارد البشرية في منشأت الضيافة أيضاً بأن لا يمنعون توظيف العاملين بشكل غير عادل ومنصف في العمل في منشأتهم، خاصة الذين لديهم حالات عجز طبيعي، وأن عجزهم لا يؤثر على أداء عملهم بشكل سلبي، وفي بعض البلدان المتقدمة هناك قوانين خاصة بهذه الأمر.

• فحص المخدرات   Drug Testing

بجانب الفحص البدني أصبح إختبار أو فحص المخدرات في كثير من بلدان العالم شرطاً أساسياً لأغراض التوظيف. بل أصبح لزاماً على الإدارات في كثير من المنشأت كما هو الحال في أوروبا والولايات المتحدة الأمريكية خضوع عامليها الجدد

الى إجراء فحص المخدرات بالرغم من وجود بعض الجدل حول هذا الموضوع، واليوم فإن أكثر من (70%) من الشركات الأمريكية ومنها منشأت الضيافة والفنادق تحديداً تشترط إجراء إختبار تعاطي المخدرات على عامليها " الحاليين " والمحتملين، كما يشترط أن يتم هذا النوع من الفحص في ظل ظروف خاضعة لرقابة صارمة والنتائج يجب أن تكون إيجابية ويمكن التحقق منها.

تختلف الفحوصات الخاصة بالمخدرات من بلد لأخر، وعندما يتعاطى العاملين في هذه الصناعة المخدرات أو الكحول بطريقة غير مشروعة فإنها بذلك تتأثر سلبياً من ناحيتين، الأولى إنها تتكبد تكاليف الرعاية الصحية لهم، والثانية إن أداء هؤلاء العاملين من المرجح أن يكون ضعيفاً بل وربما يكون له التأثير السلبي على أدائهم مع الزبائن والضيوف من جهة، ومع زملائهم في العمل من جهة ثانية. حيث على الأرجح يكون لهؤلاء العاملين حوادث ومشاكل داخل وخارج العمل، وعلى الأكثر تكون لديهم مدد طويلة من الغيابات مما يؤثر بشكل كبير على طبيعة العمل في المنشأة. ويشمل غالباً هذا النوع من الاختبارات، الفحص الخاص بالمخدرات والكحول، والذي يعرف على إنه أي إختبار كحول إيجابي يشير الى مستوى كحول نسبته لا تتجاوز (0.02) في الدم، وكذلك الفحص الخاص للكشف عن حاملي الفيروس المسبب لمرض نقص المناعة " الايدز ".

يعتبر هذا النوع من الاختبارات عاملاً وقائياً لكلا الطرفين، أي لمنشأة الضيافة وللعامل. حيث تطلب إدارات منشأت الضيافة اليوم من جميع العاملين المتقدمين للوظيفة الشاغرة القراءة والتوقيع على الموافقة على إجراء فحص المخدرات والكحول قبل إتمام عملية التوظيف، ولإدارة المنشأة الحق في إلغاء عملية التوظيف في حال ثبت تعاطي العامل للكحول أو المخدرات بعد إجراءه للفحص، حتى لو تم اختيار المتقدم من بين أفضل المتقدمين للوظيفة. إضافة الى ذلك تمنع منشأت الضيافة منعاً باتاً عامليها من إستهلاك الكحول خلال وقت العمل، أو أوقات الإستراحة، أو أثناء

تناول وجبات الطعام، فيما عدا في المناسبات والإحتفالات الخاصة بالبلد أو بالمنشأة كما هو الحال في بعض البلدان، والتي كذلك تشترط إداراتها عدم عودة العاملين الى العمل بعد تلك المناسبات حيث يكونون فيها تحت تأثير الكحول.

بشكل دائمي تراقب إدارة المنشأة متمثلة بالمدير أو رئيس القسم أو المشرف المباشر العاملين الذين تحوم حولهم الشكوك بأنهم تحت تأثير الكحول أو المواد المخدرة من خلال رصد وملاحظة سلوكياتهم، وكذلك ملاحظة تصرفات أولئك العاملين مع الضيوف ومع زملائهم في العمل على الدوام، وأن يتم توثيقها في سجل خاص لدى إدارة قسم الموارد البشرية وفي سجل العامل، ومن أهم ما يمكن ملاحظته من تلك التصرفات والسلوكيات هي:

- ملاحظة الذين يتعاطون الكحول أو المواد المخدرة أثناء ساعات العمل.
- الضعف الظاهري في الحالة البدنية للعامل.
- الشرود الذهني للعامل.
- كثرة غيابات العامل، أو الإعتذار عن الحضور للعمل بإعذار مختلفة وبشكل متكرر.
- عدم إستقرار الحالة النفسية.
- تغيرات ملحوظة وغير مبررة في سلوك العامل.
- تدهور أداء العمل.
- حصول بعض الحوادث التي تؤكد أن العامل تحت تأثير الكحول.
- ورود معلومات للأدارة من أكثر من مصدر بخصوص إن العامل تحت تأثير الكحول.

بشكل عام يمكن القول أن الاختبارات على جميع أنواعها تعتبر من أهم المعايير الأساسية والموضوعية في عملية اختيار العاملين والتي تهدف إلى تحقيق الأهداف التالية:

1- إكتشاف صفات ومواهب لا يمكن التعرف عليها أو كشفها من خلال تدقيق الشهادات الدراسية أو شهادات الخبرة أو من الخدمة السابقة.

2- إستبعاد أي تحيز من جانب الموظفين الإداريين الذين تكون بيدهم إتخاذ قرارات التعيين.

إن المرحلتين من الفحص أعلاه تساعد بالتأكيد على خفض عدد المتقدمين للوظيفة، ويستطيع بذلك مدير الموارد البشرية أن يخصص وقتاً أكثر لتقييم متقدمين أخرين.

إتخاذ قرار التعيين   Make the Hiring Decision

في الوقت الذي يتم الإنتهاء من الخطوات السابقة وعلى فرض أن تدقيق المعلومات وخلفية المتقدم ونتائج الاختبارات كانت كلها سليمة وإيجابية وفي صالح المتقدم للوظيفة، فإن على منشأة الضيافة أو الفندق أن تأخذ عملية التوظيف على محمل الجد لأنها تدرك أن أدائها في المستقبل سوف يعتمد أعتماداً كبيراً على هؤلاء العاملين الذين تم اختيارهم بشكل دقيق. بعدها يتم كتابة عرض رسمي للمتقدم ويتم تبليغه بإتخاذ إدارة الموارد البشرية قرارها باختياره من بين المتقدمين لتلك الوظيفة الشاغرة، أي بإعتباره ذلك الشخص المناسب والذي تتوفر به كل المؤهلات والمهارات والمتطلبات الضرورية الأخرى لقيامه بأداء العمل بالشكل المطلوب.

إن أفضل شيء لعرض العمل هو جعله مكتوباً على شكل وثيقة ويجب أن يحتوي على شروط وظروف ومواصفات التوظيف ويثبت به كذلك تاريخ قبول العرض، ويطلق على تلك الوثيقة أحياناً " إتفاقية التوظيف " وتمثل الحدود والتوقعات لعلاقة العمل. كما وتعتبر وثيقة مهمة وحاسمة لحماية الطرفين ويجب أن تتضمن إتفاقية التوظيف إستحقاقات العاملين وواجباتهم ومسؤولياتهم، وإذا حصل إن المرشح للوظيفة لم يقبل عرض العمل لسبب ما فيتم عرض العمل على المرشح الثاني البديل والذي

لديه نفس المؤهلات التي تنطبق على مواصفات الوظيفة. كما يمكن عندها جعل مقدم الطلب الأولي ليكون أكثر مؤهلاً في البقاء في بركة مقدمي الطلبات للوظائف التي يمكن أن تكون شاغرة مستقبلاً. أما في حالة لم يكن هناك أي مقدمي طلبات أخرين مؤهلين لتلك الوظيفة، فعلى مدير الموارد البشرية هنا أن يبدأ عملية الاختيار ثانية من البداية وكما موضحة في الشكل رقم (8).

حالما يتم إصدار أمر تعيين رسمي بضم العامل أو المرشح الجديد للعمل في منشأة الضيافة فانه يكون مشمولاً بموجب القانون بكل إمتيازات تلك الوظيفة، حيث يتم تبليغه بخطط الأمتيازات والرعاية الصحية الخاصة بالمنشأة وبأية تفاصيل إضافية عن العمل بعد إجتيازه لفترة من العمل إضافة الى تحمله أداء كل واجبات الوظيفة ومسؤلياتها أمام مديره المباشرة والمنشأة، وفي الواقع إن عملية الاختيار في هذه الصناعة هي مستمرة دائماً بسبب دوران العاملين العالي فيها والذي يخلق وظائف شاغرة بإستمرار.

الفصل السادس

التوجيـه

6 التوجيه

تسعى صناعة الضيافة وبإستمرار الى إستقطاب المواهب المتوفرة من مجموعة متنوعة من المصادر من أجل تقديم خدمات مرضية ومميزة للنزلاء والضيوف. اليوم أصبحت هذه المهمة أكثر تحدياً من قبل خاصة مع شركات ومنشأت توسعت أعمالها بشكل كبير في أسواق متنوعة الثقافات مع زبائن وضيوف أكثر تنوعاً.

مفهوم التوجيه

تشير الإحصائيات الى أن دوران العمل في هذه الصناعة له معدلات عالية، وتشمل هذه المعدلات أيضاً دوران العاملين العالي خلال الأشهر الأولى من عملهم في وظيفتهم الجديدة، إضافةً الى تناقص إجور العاملين من خلال تقليل ساعات عملهم.

يرى كثير من المختصين إن من أهم أسباب إستقالة أغلب العاملين الجدد من عملهم خلال الأشهر الأولى من بداية تعيينهم هو البداية الضعيفة لهم في منشأة الضيافة. حيث يكون عندها ضغط العمل عليهم كبيراً بسبب إن غالبيتهم يواجهون في الأيام الأولى من عملهم في الوظيفة الجديدة محيط جديد، تعليمات العمل، مسؤوليات، مدراء، وزملاء عمل. فالعامل الجديد دائماً يتحسس من اليوم الأول له في العمل حتى لو كان قد أدى نفس العمل في منشأة ضيافة أخرى أو في فندق أخر سابقاً. حيث ينتابه الخشية أو القلق وعدم اليقين، فاليوم الأول قد يعني له بأنه سيواجه مالا يتوقعه، وفي أفضل الأحوال فإن هذا الخليط من الأشياء الجديدة يجعل العاملين يشعرون بعدم

الأمان وفي أسوأ الأحوال فإنه يثير القلق بأن العامل قد لا يستطيع أن يكمل مشواره في العمل، وبالتالي قد يؤدي به الأمر الى الإستقالة من العمل أو تركه، ومع هذا النوع من دوران العمل فإن كل الوقت والمال الذي تم إنفاقه من قبل منشأة الضيافة لإيجاد، استقطاب، اختيار، تعيين ذلك العامل قد ذهبت سدىً. لذلك وتخفيضاً لتلك النفقات فإن أغلب منشأت الضيافة تصمم اليوم برامج خاصة تسمى برامج التوجيه (Orientation Programs) يكون الغرض منها تخفيض الضغط الذي يشعر به العاملون الجدد عند بدأهم لمشوارهم الجديد في المنشأة. حيث تحتوي تلك البرامج على كم من المعلومات المتعلقة بفلسفة الإدارة، تاريخ المنشأة، السياسات والإجراءات، ونظرياً فإن تلك المعلومات تعتبر مهمة ومفيدة للغاية وتقدم للعاملين الجدد لأنهم يحتاجونها ليكونوا ناجحين في وظائفهم الجديدة، وعملياً فإن ضخ تلك المعلومات للعامل خلال فترة وجيزة يمكن أن تزيد من قلقه خاصة إذا لم تكن معدة بشكل جيد وبعناية مسبقاً.

بشكل عام يقصد بالتوجيه هو تقديم العاملين الجدد الى منشأة الضيافة. كما تعرف برامج التوجيه على إنها وسيلة لتعريف العاملين الجدد، ومساعدتهم على التعرف بوظيفتهم وعلى زملائهم في العمل وبوحدة عملهم أو قسمهم، وبمنشأة الضيافة بشكل عام وعلى أكمل وجه، وذلك لغرض الحد من المشاكل والإشكالات التي من الممكن أن تواجه أو تحدث للعامل الجديد قدر المستطاع. كذلك لتكون له القدرة على أن يقدم أقصى مساهمة في العمل، وبنفس الوقت يحقق الرضا والقناعة الشخصية لنفسه.

يمكن القول بأن عملية التوجيه تساعد العاملين الجدد على أن يحظوا في الحصول على بداية جيدة وإيجابية في وظائفهم الجديدة. وغالباً ما يقوم بهذه العملية في منشأت الضيافة أو السلاسل الفندقية الكبيرة مدير الموارد البشرية، في حين يقوم بها في المنشأت أو الفنادق الصغيرة المدير العام.

اليوم وأكثر من أي وقت مضى تسعى كثير من الإدارات في منشأت الضيافة الى إشراك عامليها في برامج التوجيه بهدف أن يكون العاملين الجدد من الكوادر المؤهلة والتي يعتمد عليها. حيث من أولوياتها أن يؤدي عامليها الجدد أعمالهم بالطريقة الصحيحة وضمن المعايير المطلوبة خاصة عند تقديم الخدمة للزبائن والضيوف.

من ناحية أخرى وللأسف لازال هناك في هذه الصناعة بعض المدراء الذين يقللون من أهمية عملية التوجيه ولا يأخذونها على محمل الجد، لا بل البعض الأخر منهم لا يعير لها أي إهتمام كافي مما يؤثر سلباً على العاملين وأدائهم مستقبلاً، وفي بعض الأحيان يقوم العديد من المدراء في بعض منشأت الضيافة بتحويل مسؤوليات التوجيه وتفويض أحد العاملين المقربين لهم بتقديم برنامج التوجيه للعاملين الجدد. هذه العملية غير المنظمة لها أثار سلبية كثيرة، ويمكن أن تكون مدمرة على المدى الطويل لمنشأة الضيافة ليس فقط بسبب أنه غير مخطط لها وإنما بسبب أنها مضللة، فبدلاً من أعطاء هذه الفرصة الثمينة للعاملين الجدد لبدء بداية جيدة فإن المدراء يفقدون بذلك أحد أفضل فرص التأثير المباشر على سلوك وتصرفات العاملين.

يعتبر التوجيه إمتداداً لعملية التوظيف والاختيار، وإن عملية اختيار العامل الجديد وتوظيفه في منشأة الضيافة لا تعني بالضرورة أنه يعلم ماهو المطلوب منه للقيام به وبالشكل الصحيح وإن تصرفه سيكون على مايرام مع الزبائن والضيوف ومع زملائه في موقع العمل. فبرنامج التوجيه الفعال هو ذلك البرنامج الذي يتم التخطيط له بعناية، ويأتي عبر العاملين الجدد كجهد تعاوني حيث يتوجب على القائمين به جعل تجربة أول يوم للعامل مسرة وخاصة للعاملين الجدد، وإن مزيداً من الوقت والجهد المستثمر في مساعدتهم سيجعلهم يشعرون بأنهم موضع ترحاب وكأنهم في المنزل مع بعضهم البعض في بيئة العمل الجديدة، وعلى الأرجح سيكونون أكثر ولائاً وأعضاءاً في فريق عمل فعال على المدى الطويل في منشأة الضيافة، وذلك من خلال دمجهم ضمن مجموعة العمل، إضافة الى أنه يلعب دوراً حاسماً في تقليل دوران العمل.

لقد أضحت عملية التوجيه اليوم مهمة لدرجة كبيرة، وذلك ليس لأنها ضرورية فقط للعاملين الجدد، وإنما أيضاً لمنشأت الضيافة والفنادق وخاصة السلاسل الفندقية الكبيرة والتي تخضع لتغييرات عديدة في هياكلها التنظيمية أو في سياسياتها، تبعاً للظروف الإقتصادية المحيطة بها، خاصة في حالات الإتفاق على عمليات الأندماج (Merger) أو عمليات الإستملاك الأستحواذ(Acquisition)، وخاصة عندما تستحدث أمور معينة أو عند تطبيق سياسات أو إجراءات جديدة تخص السلسلة الأم أو منشأة الضيافة، حيث يتطلب ذلك توجهاً خاصاً ليشعر العاملين في منشأت الضيافة بأنهم جزءاً من الشركة أو السلسلة الأم. إذ يتم عندها توضيح أخر التطورات والمعلومات للعاملين والتي تخص الصناعة والتي تسهم في زيادة رضا الزبائن والضيوف وتزيد من الحصة السوقية للمنشأة. إضافة الى ذلك فإن عملية التوجيه تشمل أي عامل داخل نفس المنشأة عندما يبدأ العمل في وظيفة جديدة، أو عندما يتم تكليفه بمهمات ومسؤوليات جديدة داخل نفس المنشأة التي يعمل بها.

أهداف التوجيه

يقع على عاتق منشأت الضيافة اليوم أن تصمم وتطور برامج التوجيه بشكل جيد ومستمر، وأن تجيب تلك البرامج قدر الأمكان على كل الأسئلة التي في ذهن العامل والمتعلقة بالمنشأة وبالوظيفة الجديدة، وعادة ما تصب تلك المعلومات في ثلاثة فئات رئيسية هي:

1- المعلومات المتعلقة بقضايا تخص العمل. مثل المعايير المعتمدة من قبل منشأة الضيافة، توقعات الإدارة من العاملين، وأهم السياسات والإجراءات التنظيمية المتبعة والخاصة بالمنشأة مثل، ساعات العمل، التعويضات، جداول الإجازات، نظرة عامة ومقدمة للعمل، قواعد وتعليمات العمل، الإجراءات التأديبية ونظام العقوبات في المنشأة.

2- المعلومات التي تخص قضايا الثقافة. مثل معايير السلوك المقبولة، وكذلك أهم التعريفات للسلوك الغير منضبط والغير مقبول في المنشأة وفلسفة الإدارة والتقاليد والمعتقدات.

3- المعلومات المتعلقة بمسؤوليات الوظيفة المحددة وأهم جوانبها المهنية. فعلى سبيل المثال ماذا تحتوي الوظيفة في الوصف الوظيفي، وماهي أهم المعدات المطلوبة لأدائها بشكل سليم، وكيف يتم تقييم الأداء فيها.

كما إن من أهداف عملية التوجيه أيضاً إعطاء العاملين الجدد معلومات شافية لجعلهم ناجحين خلال الأشهر الأولى القليلة من التوظيف، وبرامج التوجيه هذه قد تختلف من حيث المدة والمحتوى طبقاً للوظيفة التي يتم تعيين العامل لها، ولكن بشكل عام يجب أن تكون تلك البرامج شاملة بما فيه الكفاية لتمكن العامل من العمل بشكل جيد وفعال كعضو في فريق عمل منشأة الضيافة. فعندما يقبل العامل بعرض العمل من مدير الموارد البشرية فإنه بالتأكيد سيبحث عن التعزيز والدعم الذي يشير الى أن قرار التوظيف كان قراراً صائباً، وإن الإنطباعات الأولى لدى العامل الجديد حول منشأة الضيافة أو الفندق ستتشكل عند بدء عملية التوجيه.

تخطر ببال العامل عادةً عند بدء مشواره في عمله الجديد الكثير من الأسئلة بخصوص كلاً من منشأة الضيافة والوظيفة الجديدة التي سيعمل بها، وغالباً ما يود أن يكون هناك شخص ما مسؤول أو مختص له القدرة على الإجابة على أسئلته بسرعة وكفاءة، والشكل رقم(10) يبين قائمة ببعض أهم الأسئلة التي يمكن أن يسألها العامل الجديد في بداية عمله في وظيفته الجديدة.

إن التخطيط السليم لبرنامج التوجيه يجب أن يتضمن كل المواضيع ذات الصلة وبدون إزدواجية، وغالباً ما تبدأ عملية التوجيه قبل أن يبدأ العامل عمله بوظيفته أو في الأيام القليلة الأولى من العمل حيث يتم الطلب من جميع العاملين الجدد الحضور إلى جلسة أو محاضرة توجيه في يوم محدد يتم تحديده مسبقاً ويتم إعلامهم به

- لماذا وجدت المنشأة أو الفندق؟
- ماهي بالضبط رسالة المنشأة أو الفندق؟
- ماهي أهم واجباتي ومسؤولياتي في الوظيفة الجديدة في المنشاة أو الفندق؟
- ماهي أهم حقوقي كعامل في المنشأة أو الفندق؟
- ماهي حدودي في العمل داخل المنشأة أو الفندق بدون أخذ موافقات معينة؟
- ماهي الوظائف التي من الممكن أن أترقى اليها مستقبلاً في المنشأة أو الفندق؟
- ماهي معايير الأداء المطلوبة مني لأنجح في وظيفتي الجديدة، وفي المنشأة؟
- كيف أستطيع أن أتلائم مع المنشأة أو الفندق؟
- ماهي أهم المزايا والتعويضات العامة والخاصة التي أستحقها؟
- مع من سأعمل؟
- كيف سأتلائم مع زملاء العمل داخل المنشأة أو الفندق.
- مالذي يمكنني أن أفعله لبناء علاقات متينة مع زملائي في العمل؟
- أي نوع سأتلقى من أنواع التدريب؟ الأن وفيما بعد؟ ليساعدني مستقبلاً للتدرج الى وظائف أخرى داخل المنشأة.

شكل رقم(10)

أهم الأسئلة التي يسألها العاملون الجدد خلال برامج التوجيه

بموجب إعلان خاص بذلك، حيث يحدد لهم المكان والزمان بشكل دقيق. حيث يعقد مدير القسم أو مدير الموارد البشرية أو أحد مساعديه، إجتماع مع العاملين الجدد للترحيب بهم ولشرح كل الأمور التي تهمهم أثناء عملهم الجديد، بعد أن يقدم نفسه لهم متمنياً لهم الموفقية والنجاح في عملهم الجديد، وأحياناً يقوم بعض رؤساء الأقسام والمدير العام بتقديم أنفسهم كذلك للعاملين الجدد، ويتعلم العاملين الجدد من خلال عملية التوجيه تفاصيل عن تاريخ منشأة الضيافة وبيئة عملهم الجديدة وماهية هذه الصناعة وأهمية وفلسفة الخدمة فيها مع شرح مختصر لفلسفة إدارة المنشأة. كذلك يتم التطرق الى أهم الأمور التي تخص المنشأة والعامل، وبشكل مختصر فإن التوجيه يشمل كل شيء من المحادثات غير الرسمية إلى الأنشطة الرسمية وقد تستمر عملية التوجيه ليوم واحد أو أكثر.

أهم الأمور التي يتضمنها برنامج التوجيه

لبرامج التوجيه في صناعة الضيافة خصوصية نظراً لتميز هذه الصناعة عن باقي الصناعات الأخرى من ناحية الخدمة. إذ في الغالب وفي أكثر برامج التوجيه التي تقيمها منشأت الضيافة يتم عرض أفلام تخص العمل في المنشأة أو الفندق، والتي تبين وتوضح أسلوب العمل فيها ودور كل عامل فيها. كما يتم تسليم العاملين نشرات أو كتيبات عن المنشأة حيث تتم مناقشة أمور العمل وبضمنها على سبيل المثال تلك المتعلقة بساعات العمل، والأجور " الرواتب "، وأوقات الإستراحة، والى غير ذلك من الأمور الأخرى التي تخص العاملين وعملهم اليومي. بعدها يتم تقديم العاملين الجدد إلى نظائرهم " أقرانهم " في العمل والذين سيعملون معهم أو بالقرب منهم، وبعد هذا يبدأ التكييف الخاص من خلال مناقشة العمل مع العاملين الجدد وإحداث إنطباع جيد عند العاملين وإفهامهم طبيعة عمل هذه الصناعة وطبيعة الخدمات التي تقدمها، ومدى إتصال كل وظيفة مع الوظائف الأخرى، كذلك يتم عمل زيارة الى محطات العمل

الفرعية والتعرف على الأجهزة والمعدات والأدوات المستخدمة في العمل وكيفية إستعمالها وصيانتها، والإجابة على إستفساراتهم وأسئلتهم. كما يتم أيضاً زيارة مناطق معينة أخرى في موقع العمل لها علاقة بالعاملين كأماكن التجهيز والإستلام الخاصة بالمنشأة. من جانب أخر من المهم جداً شرح مواضيع عامة لجميع العاملين الجدد والمشمولين بعملية التوجبه بغض النظر عن القسم الذي سيعملون فيه، ويتضمن هذا الأمر شرح لطبيعة وأهمية الخدمات المقدمة وأسلوب التعامل مع الزبائن والضيوف، وأهمية تلبية حاجات ورغبات الزبائن والضيوف وأهمية ذلك للإدارة، والتقليل قدر الإمكان من الشكاوي والحوادث، وكذلك دور المنشأة في المجتمع.

يرى كثير من الخبراء في هذه الصناعة إن برنامج التوجيه المنظم بشكل جيد وفعال سوف يحقق الفائدة المرجوة منه، كما سيسهم بالتأكيد في تقليل خشية وقلق العاملين الجدد، وسيحقق بذلك الخطوة المهمة الأولى في زيادة الروح المعنوية لديهم ومن ثم تخفيض دوران العمل ومن ثم تحسين أدائهم. كما تتضمن محاضرة التوجيه في كثير من الأحيان شرح وتوضيح لأمور أخرى قد تكون لها علاقة ويحتاجها العامل في عمله، مثل شرح لأهم وسائل الأمان في منشأة الضيافة وكذلك شرح لأهم الإجراءات التي يجب أن تتبع لمواجهة الحالات الإضطرارية التي من الممكن أن تحدث في المنشأة لغرض تجاوزها أو تقليلها قدر الأمكان بجهود الإدارة وعامليها، كإندلاع الحرائق وطرق مكافحتها أو حدوث الكوارث الطبيعية أو حالات السرقة.

الخطوة النهائية لبرنامج التوجيه والذي تتبعه الكثير من منشأت الضيافة هو عمل جولة كاملة في منشأة الضيافة للتعرف على كل الأقسام والمرافق العامة الخاصة بالزبائن والضيوف وكيفية سير العمل فيها، وكذلك للتعرف على أهم المعدات والأجهزة المستخدمة وفي بعض الأحيان تقدم بعض منشأت الضيافة وخاصة فنادق السلاسل الفندقية الكبيرة للعاملين ضمن برنامج التوجيه وجبة طعام مجانية "ضيافة" أو مايطلق عليها (Complementary) أو مصطلح (On-the House).

أهم المبادئ الأساسية لنجاح عملية التوجيه في منشأت الضيافة

إن المدراء المنظمين جيداً يسعون الى تحضير مفردات التوجيه بشكل مسبق، والشكل رقم (11) يوضح قائمة بأهم المفردات التي يتضمنها برنامج التوجيه الناجح. حيث بإستطاعة العاملين الجدد أخذها للبيت، وبهذه الطريقة فإنهم يستطيعون مراجعة المفردات التي تم مناقشتها خلال اليوم ومشاركة المعلومات مع عوائلهم وأصدقائهم، حيث يكون اليوم الأول من التوجيه مليئاً بالمعلومات. إضافة الى ذلك فإن مفردات التوجيه التي بحوزة العاملين الجدد تعطيهم الفرصة للتفكير بخصوص الأسئلة التي يريدون أن يسألونها لمدير قسم إدارة الموارد البشرية أو للقائم بعملية التوجيه في اليوم التالي، وأدناه أهم الإعتبارات التي يجب الإنتباه اليها عند التخطيط لعملية التوجيه ناجحة من قبل القائمين عليه:

- أهداف البرنامج.

- المواضيع التي سيتم التطرق اليها.

- توقيت ومدة جلسة التوجيه. حيث كلما تضمن برنامج التوجيه مواداً أكثر، كلما طالت فترة التوجيه، ويعتمد ذلك سواء تم إستخدام فترة توجيه واحدة، أو فترة أولية مع جلسة متابعة في موعد لاحق.

- مواضيع تخص منشأة الضيافة أو الفندق، وأهم المواضيع المتعلقة بالوظيفة والعمل.

- تحديد التدريب المطلوب، والذي يشرف عليه قسم الموارد البشرية.

- تحديد التدريب المطلوب، والذي يشرف عليه المدراء والمشرفين.

- الإهتمام بالجوانب المهنية والإجتماعية للتوجيه.

- تشجيع العاملين الجدد من خلال المناقشات في الجلسة والتغذية العكسية.

- التدريب المطلوب من قبل ممثل الموارد البشرية قبل برنامج التوجيه.

- التدريب المطلوب للمدراء والمشرفين قبل برنامج التوجيه.

- مراجعة وتحديث كتيب العاملين (Handbook).

+ الهيكل التنظيمي الحالي لمنشأة الضيافة.

+ الهيكل التنظيمي المقترح.

+ خريطة منشأة الضيافة.

+ أهم المصطلحات المميزة والمستخدمة في الصناعة، المنشأة، والعمل.

+ نسخة من كتيب العمل.

+ نسخة من عقد نقابات العمال (إذا كان متوفراً).

+ نسخة من أهداف العمل المحددة ووصفها.

+ قائمة بالعطل الرسمية والأعياد التي تشمل العاملين في منشأة الضيافة.

+ قائمة بأهم المزايا الإضافية التي تقدمها منشأة الضيافة لعامليها.

+ نسخ من نماذج تقييم الأداء، وأوقاته، وإجراءاته.

+ نسخ من الإستمارات الأخرى المطلوبة في العمل (كطلبات منح الإجازة التعويضية، الإجازة المرضية، طلب نقل...إلخ).

+ قائمة بفرص التدريب المتوفرة في موقع العمل.

+ مصادر المعلومات.

+ بيانات تفصيلية عن إجراءات الطوارئ ومنع الحوادث.

+ عينة أو نموذج لكل منشور أو إصدار مهم لمنشأة الضيافة.

+ قائمة بأرقام هواتف ووظائف العاملين المهمين والأقسام.

+ نسخ من خطط التأمين الصحي.

شكل رقم (11)

قائمة بأهم المفردات التي يتضمنها برنامج التوجيه الناجح

- قائمة جرد بأهم المواضيع للتأكد من متابعة قسم الموارد البشرية والمدراء.
- مرونة البرنامج ليتلائم مع إختلافات العاملين من حيث الثقافة والذكاء وخبرة العمل.
- اختيار من الذي سيتولى القيام بالتوجيه، فقد يكون مدير الموارد البشرية أو أحد مساعديه أو مدير القسم أو أحياناً أحد موظفي النقابات أو أحد العاملين المتقاعدين.

على أية حال، أدناه بعض المبادئ الأساسية المهمة لنجاح عملية التوجيه في منشأت الضيافة:

1- يجب أن يتم التخطيط لعملية التوجيه بشكل جيد. حيث يجب أن تكون هناك خطة أو جدول معين لهذا الغرض، كما موضح في الشكل رقم(12)، ولا يجوز أن يكون التوجيه تلقائياً أو عملية سريعة. حيث كثير من المنشأت تفشل في الإحتفاظ بعامليها لفترة زمنية طويلة بسبب إفتقار تلك المنشأت الى برنامج التوجيه الصحيح الذي يعزز من الروح المعنوية للعاملين الجدد في بداية عملهم، حيث يجب العمل بالتوجيه حينما يسمح الوقت بذلك.

2- من الضروري جداً شرح أهم الإجراءات وسياسات التشغيل وتوقعات الأداء وكذلك القوانين الخاصة بمنشأة الضيافة أو الفندق للعاملين الجدد، والتي سبق التطرق اليها، كما يمنح في الغالب العامل الجديد كتيب التوجيه الخاص به (Handbook)، وهذا الكتيب هو عبارة عن توضيح لجميع السياسات والإجراءات والتعليمات التي تخص منشأة الضيافة بتفاصيلها الدقيقة وذات العلاقة بعملية التوظيف، كما يقدم هذا الكتيب عرضاً لأهم النصائح التي يجب أن يلتزم بها العاملين كجزء من توجيههم، وذلك لتجنب أكبر قد ممكن من الأخطاء التي قد يرتكبها العامل الجديد بسبب عدم درايته بسياسة وتعليمات المنشأة. كما قد يتطلب التوجيه في بعض الأحيان قراءة هذا الكتيب على العاملين أثناء جلسة التوجيه، حيث يعتبر بمثابة عنصر مساعد للعامل الجديد في بداية مشواره العملي والمهني. كما يتضمن هذا الكتيب العديد من التعليمات والإجراءات الخاصة بمنشأة الضيافة، ومن أهم تلك الإجراءات هي:

برنامج التوجيه الخاص بالعاملين الجدد لفندق _____   التاريخ: _____

الوقت	الفعالية
09:00 صباحاً	الترحيب بالعاملين ونظرة عامة عن الشركة
09:30 صباحاً	مقدمة للشركة
10:00 صباحاً	نظرة عامة على علاقات العمل وتشمل: • سياسات الأجور والرواتب • جداول العمل. • وقوف السيارات. • فرص التدريب. • سياسات تقييم الأداء. • إجراءات الإنضباط. • إجراءات التظلم.
11:00 صباحاً	نظرة عامة لخيارات التعويضات والمنافع التي يقدمها الفندق.
12:00 ظهراً	وجبة الغداء.
01:00 ظهراً	كيفية التقديم للتعويضات والمنافع.
02:00 ظهراً	جولة في المنشأة ومرافقها.
03:00 ظهراً	مقدمة من قبل المشرف وزملاء العمل.

شكل رقم (12)

يوضح نموذج لجدول توجيه خاص بالعاملين الجدد لأحد الفنادق

- توضيح سياسة العمل في المنشأة من خلال الإلتزام بأوقات الدوام الرسمي في المنشأة.

- الإجراءات التأديبية الخاصة بالعاملين في حال الإخلال بالإنظمة والقواعد الخاصة بالمنشأة، كالإجراءات الخاصة بالتأخر أو بالغياب أو التهرب من العمل.

- التعليمات الخاصة بمنح التعويضات والمزايا الإضافية للعاملين بأنواعها للعاملين.

- سياسة منشأة الضيافة بخصوص الإجازات الممنوحة للعاملين بأنواعها، كالإجازات السنوية أو المرضية وغيرها.

- تعليمات المنشأة بشأن إرتداء الزي المهني لكلا الجنسين وإجراءاته.

- الإلتزام بأهم المبادئ التوجيهية الخاصة بالعاملين.

- الإلتزام بجميع قواعد السلوك المهني الخاصة بمنشأة الضيافة، بما يضمن بيئة عمل سليمة.

- الحافظ على ممتلكات المنشأة، وإستعمالها بالشكل السليم وبما يخدم مصلحة منشأة الضيافة، وعدم إستعمالها لتحقيق المنفعة الشخصية أو منفعة أي شخص أخر.

- إستخدام التفكير السليم عند العمل، فعلى سبيل المثال إن الإتصال الهاتفي العرضي أو إستخدام البريد الإلكتروني من موقع العمل مقبول، ولكن الإفراط في ذلك يعتبر سوء إستعمال وإستغلال لممتلكاتها.

- سياسة المنشأة الخاصة بالسماح لعامليها بالإستعمال الشخصي الإضافي لبعض ممتلكاتها، مثل إستخدام سيارات المنشأة أو وسائل الإتصال اللاسلكي أو إستخدام بعض مرافقها. حيث من الضروري دائماً التأكد من السياسات ذات العلاقة الصادرة من الإدارة بهذا الخصوص.

- عواقب التلاعب أو سرقة ممتلكات المنشأة، سواء أكانت تلك السرقات مادية مثل أخذ منتجات أو معدات معينة تابعة للمنشأة بدون تصريح، أو التلاعب بالمعلومات والبيانات المالية الخاصة بالشركة، أو السرقة عن طريق الإختلاس.....إلخ. وفي

الغالب ينتج عن تلك التصرفات إنهاء خدمة العامل من العمل والملاحقة القانونية له أحياناً.

بعض إدارات منشأت الضيافة تتعامل مع سرقة ممتلكات العاملين لديها، بنفس الأسلوب في حالة تعاملها مع سرقة أملاكها. كما ينبغي معرفة أمر مهم وهو إن إستخدام ممتلكات المنشأة خارج دائرة مسؤوليات العامل في المنشأة، مثل إستعماله لمنتجات معينة في عمل خارجي أو إستعماله لمواد المنشأة أو معداتها للمساعدة في مصالح شخصية يتطلب موافقة خطية مسبقة من المدير أو الشخص المسوؤل. ويقصد هنا بممتلكات المنشأة هي "أموال المنشأة، منتجات أو خدمات المنشأة، أوقات العاملين في العمل، أنظمة وبرامج الكمبيوتر، الهواتف، أجهزة الإتصالات اللاسلكية، ألات النسخ، بطاقات الحفلات الموسيقية أو الأحداث الرياضية أو بطاقات دخول المدن السياحية والمتنزهات التي تمنح للعاملين، سيارات المنشأة...إلخ".

- عدم المشاركة في أنشطة شخصية أثناء ساعات العمل والتي تتداخل أو تمنع تأدية مسؤوليات العمل.

- عدم إستعمال أجهزة الحاسوب العائدة للمنشأة ومعداتها لأعمال لاعلاقة لها بالعمل، أو إستعمالها لإغراض غير قانونية أو لا أخلاقية مثل المقامرة، أو الدخول الى المواقع الأخرى المسيئة.

- عدم إستغلال المركز الوظيفي في المنشأة لتحقيق ربح مالي خاص من خلال إستخدام ممتلكات المنشأة أو معلوماتها.

في الأونة الأخيرة كثير من منشأت الخدمات ومنها منشأت الضيافة وخاصة إدارات السلاسل الفندقية الكبيرة على وجه الخصوص تقوم بتقسيم برامج التوجيه لديها الى قسمين، وعندما يحدث ذلك فإن القسم الأول منه يركز على **التوجيه العام** لمنشاة الضيافة أو الفندق بشكل عام، في حين القسم الثاني منه يختص **بالتوجيه الخاص** بالعمل.

يبدأ **توجيه المنشأة العام** حالما تطأ قدم العامل باب منشأة الضيافة أو الفندق ويضع العامل أولى خطواته داخلها، وعادة ما يغطي هذا النوع من التوجيه عدة مواضيع أهمها رسالة ومهمة منشأة الضيافة وفلسفة الإدارة فيها، دور العاملين في تحقيق أهداف منشأة الضيافة، السياسات العامة والإجراءات، المزايا والتعويضات، علاقات الضيوف والعاملين، ولهذا النوع من التوجيه العديد من المزايا من أهمها:

مزايا تخص منشأة الضيافة أو الفندق

- تناغم البرنامج، أي كل العاملين يستلمون نفس النظرة العامة.
- مساعدة العاملين الجدد بان يشعروا بأنهم يعملون لمنشأة معروفة وبارزة.
- الحفاظ على وضع المنشأة التنافسي وبأستمرار.
- السماح للإدارة العليا بان تكون مرئية للعاملين.
- ترك الأنطباع الجيد، حيث برنامج التوجيه المنظم جيداً يمكن أن يبني قاعدة متينة لقيم المنشأة وفلسفتها.
- تحسين فهم العاملين لأهداف منشأة الضيافة وأولوياتها.
- البداية السريعة في بناء فريق عمل قوي لكل مستوى من مستويات المنشأة.
- دوران عمل منخفض.

مزايا تخص المشرف:

- ضمان إن العاملين الجدد قد تم تبليغهم بالسياسات والإجراءات الخاصة بالمنشأة أو الفندق.
- ضمان إن العاملين الجدد أدركوا واجبات عملهم.
- التوجيه يدعم دور المشرف.
- يمكن أن يستفاد المشرفين أنفسهم من عملية التوجيه من خلال إعادة المشاركة وعلى أسس متباعدة.

- برنامج التوجيه الناجح يبني حافز للعامل.

- دوران عمل منخفض.

مزايا تخص العامل:

- إدراك وفهم جيد لتوقعات المنشأة من قبل العاملين وتحسين لأدائهم في العمل.

- يساعد العاملين على فهم قيمة وظائفهم للمنشأة ويساعد على بناء حب الذات.

- أدراك العاملين على أنهم مهمين للعملية، حيث لا يصلح أياً كان للعمل بنجاح في صناعة الضيافة.

- يستفاد من التوجيه في إعطاء وفي قت مبكر، نهج منظم للتعلم بخصوص المنشأة والوظيفة على حد سواء.

- بناء إلتزام مبكر ليكون العامل عضواً فعالاً في فريق العمل.

- بناء قاعدة قوية لتحفيز العامل.

أما **توجيه العمل الخاص**، فيكون التركيز فيه من قبل المنشأة والقسم على المواضيع التي لها علاقة مباشرة بأداء الوظيفة نفسها. فيتم تقديم عرض للعاملين بالمسؤوليات الموجزة في الوصف الوظيفي للوظيفة، وموقع المعدات، بيئة العمل، علاقة القسم بالأقسام الأخرى، وسائل قياس كفاءة الأداء المستخدمة، وبقية الأمور الأخرى ذات العلاقة والمذكورة في كتيب العمل ذات العلاقة بالعمل.

بعدها يقوم العاملين الجدد بجولة في المنشاة أو الفندق والقسم، ويتم تقديمهم الى العاملين الذين سيعملون ويتفاعلون معهم، ويتم مناقشة وبشكل موجز أهم تفاصيل إجراءات العمل، والتي سبق وتم التطرق اليها. كما يشترك المدراء والمشرفين في برنامج التوجيه الخاص موضحين للعاملين أهم فرص التقدم الوظيفي، وبهذه الحالة فإن العاملين الجدد سيعرفون ماهي فرصهم المستقبلية وحدودها. إضافة الى ذلك فإن من أهم مزايا هذا النوع من التوجيه هي:

مزايا تخص القسم:

- إستمرارية تدريب العاملين وتطويرهم.
- يجب أن تكون الموارد متوفرة دائماً.
- مساعدة العاملين لضمان الخدمة النوعية وتحقيق توقعات الزبائن والضيوف.
- التأكد من أن المعايير المطلوبة محافظ عليها.

مزايا تخص المشرف:

- التدريب الجيد للعاملين.
- إستمرارية التميز في أداء العاملين.
- إدراك قابليات العاملين.
- المساعدة عند تقييم أداء العاملين.
- مساعدة القسم على العمل بسلاسة.

مزايا تخص العاملين:

- يتعلم العاملين كيف يؤدوا العمل بصورة صحيحة.
- بناء حب الذات بسبب الشعور بالإنجاز.
- بناء معنويات عالية.
- خلق فريق مودة وألفة وتعاون في العمل.
- مساعدة العاملين على أن يكونوا أكثر إنتاجية.

الفصل السابع

التدريب

7

التدريب

إن أهم ما يتذكره العامل دائماً، هو أول يوم من أيام عمله في منشأة الضيافة لأول مرة، حيث يبدأ العامل عمله بكل نشاط وقوة محاولاً بذلك إعطاء صورة جيدة عن قدراته وكفاءته في أدائه محاولاً كسب رضا مديره أو مسؤوله المباشر والإدارة، ورغم كل ذلك الحماس من قبل العامل فقد يكون يومهُ الأول مليئاً بالأخطاء مما يؤدي به إلى الشعور بالكآبة والضيق والملل، وقد يحدث عادةً أن يترك العامل عمله خلال الأشهر الأولى من إلتحاقه بالعمل في المنشأة، وهذا يعني أن العامل الجديد يعاني من أحد ثلاثة أمور مهمة هي:

- ضعف التكييف في المنشأة.
- ضعف برامج التدريب (Training).
- ضعف أو خلل في عملية التوظيف. أو جميعها سويةً.

إن ضعف التكيف وضعف برامج التدريب تجعل من العامل يعتقد أن الإدارة غير مهتمة به وأنها لم تختار له المكان المناسب للعمل، ومن الضروري الإنتباه هنا أن بدأ عملية التكييف تبدأ بتكييف عام مع المنشأة، وهذا ماتطرقنا اليه في مرحلة (التوجيه).

إن المشكلة في الكثير من المنشأت في أنها تعتبر إن التدريب أمراً غير مهماً بل يراه البعض الأخر على إنه ترفاً، وإنه ليس ضرورياً، إذ لا يوجد لدى الكثير من تلك المنشأت نظم خاصة أو برامج أو خطط إستراتيجية لعملية التدريب لا بل لا توجد لديها قناعات بأن التدريب الناجح سيحقق ميزة تنافسية للمنشأة.

أهمية التدريب في صناعة الضيافة

لقد أدركت الكثير من شركات الضيافة إن نوعية وجودة الخدمة التي تقدمها المنشأة لضيوفها تعتمد جزئياً على عامليها، حيث لهم الأثر الكبير على إدراك الضيوف لنوعية الخدمة المقدمة لهم، وبالتالي على مستوى رضاهم عن تلك الخدمات. كما أن جميع العاملين في منشأة الضيافة يلعبون دوراً مهماً في عملية تقديم الخدمة، ولهم تأثير على الزبائن والضيوف سواء بطريقة مباشرة أو غير مباشرة.

بشكل عام، تفضل بعض المؤسسات التقليدية أن تركز على الربحية بدلاً من التركيز على الأداء وكذلك تفضل الإستثمار في مصنع حقيقي بدلاً من الإستثمار في الموارد البشرية. وإن حدث هذا الشيء في منشأت صناعة الضيافة فإنها سوف تعاني بالتأكيد من قلة الإبتكار والإبداع، وكثرة شكاوي الضيوف. إضافة الى ذلك إن درجة تعقيد إدارة وتطوير الموارد البشرية في هذه الصناعة قد إزدادت بشكل مضطرد في الأونة الأخيرة لعدة أسباب من أهمها توظيف العديد من العمال الغير مهرة " غير المهنيين" في مناصب المبتدئين، وغالباً ما يكونون هؤلاء بتدريب قليل أو بدون تدريب أحياناً، مما سبب في الكثير من الإشكالات لإدارات قطاعات هذه الصناعة.

غالباً ما يشغل التدريب بال إدارات منشأت هذه الصناعة لما له من دور كبير ومهم في نجاحها، إضافة الى دوره في إستقرار العاملين والمحافظة على سمعة المنشأة وزيادة إيراداتها، فعندما توفر منشأت الضيافة برامج التدريب لعامليها، فعادة يكون الغرض أو الهدف منها هو تزويدهم بالمعرفة والمهارات الضرورية لأداء عملهم بالشكل الصحيح، أو صقل أو تغيير مهاراتهم ومعارفهم وسلوكياتهم نحو الأفضل، وكذلك مساعدتهم على إنجاز مهامهم الحالية وتحسين أدائهم بدلاً من تطوير مهارات جديدة. كما يساعد التدريب على إيجاد نوع من الإستقرار والثبات في حياه العاملين وزيادة رغبتهم في مزاولة عملهم.

إن من واجبات القائمين على التدريب في منشأت الضيافة هي تدريب العاملين

بالشكل المطلوب، وغالباً ما يقوم بهذا النشاط قسم الموارد البشرية أو قسم التدريب أو مدير التدريب أو الإدارة العليا، وفي بعض الأحيان قد يكونون أفراداً تم إختيارهم بشكل خاص ضمن كل قسم، وقد تستعين بعض منشأت الضيافة والفنادق أحياناً بمدربين متخصصين أو موظفين ماهرين من خارج المنشأة. لذا فمدراء الموارد البشرية الكفؤين يشتركون في التدريب لكلاً من العاملين والمدراء ويسعون بإستمرار إلى إعلام الجميع بفرص التدريب المتوفرة لهم في المنشأة.

إن الخطوة الأولى لوضع برنامج تدريبي ناجح هو التعرف على إحتياجات التدريب ومن ثم وضع أهداف للتدريب المطلوب، وبما أن التدريب يجب أن يوجه نحو تلبية حاجات وتوقعات الضيوف والزبائن لذلك فهو يركز عادةً على المناطق التي يوجد بها نقص في الخدمات مقارنة بتوقعات الضيوف، وبما إن العاملين في هذه الصناعة هم بحاجة لمعرفة كيفية التعامل وخدمةَ الضيوف والزبائن من جهة ومع المعدات والأجهزة من جهة ثانية فإن منشأت الضيافة بحاجة وبشكل مستمر لإن تقدم برامج تدريبية متطورة. إن التدريب المناسب والفعال للعاملين يشكل العنصر الأساسي لقطاعات الضيافة في المستقبل، كما هو أيضاً مفتاح لنجاح منشأتها، وما يحدث اليوم في منشأت الضيافة في البلدان المتقدمة خير دليل على ذلك حيث تعتبر تلك المنشأت عامليها بالغين ولهم القدرة على التصرف وحل مشاكل الزبائن والضيوف، خاصة أولئك العاملين من ذوي الخبرة والمهارة والذين لديهم إحتكاك مباشر معهم والذين يقفون في المواجهة مع الضيوف والزبائن حيث تنظر اليهم إداراتهم ومديريهم على أنهم الأجدر في معرفة الأمور والأقدر على الإبداع والتطوير خاصة إذا ماتم فسح المجال لهم. أما العاملين الذين ليس لديهم أي علاقة مباشرة أو تماس مباشر مع الضيوف فإنهم يؤثرون بشكل غير مباشر على مقدار رضا الضيوف والزبائن من خلال دعم العاملين الأخرين الذين لديهم علاقة مباشرة بالضيوف وخدمتهم، لذلك ولضمان مستوى عالي مستمر للخدمة وبجودة عالية من المهم أن

تدار الموارد البشرية في منشأة الضيافة بشكل جيد من خلال إستقطاب العناصر الكفوءة وتدريبها بالشكل الجيد.

إن التدريب هو ظاهرة طبيعية ومستمرة بحكم التطور والتغير السريع الحاصل في بيئة المنظمة الداخلية والخارجية. لذا نرى الكثير من المنشأت تضع البرامج التدريبية وتنفق عليها الكثير من الأموال، وينطبق هذا الحال بشكل خاص على منشأت الضيافة التي تعتبر أن التدريب هو أحد أهم المزايا المهمة الممنوحة لعامليها، وإضافة الى كون التدريب مهم جداً بالنسبة للعاملين وخاصة للذين ليس لديهم أي خبرة سابقة، فهو يعد أيضاً أمراً مهماً لنظرائهم من العاملين الذين لديهم خبرة سابقة في منشأت أخرى وذلك لأن بعض منشأت الضيافة لديها معايير وسياسات وإجراءات مميزة خاصة بها وتسعى لتحقيقها والتي يجب أن يتعلمها كل أعضاء العاملين.

فوائد التدريب

يعتبر التدريب اليوم أمراً لازماً في منشأت الضيافة خاصة وذلك لغرض لزيادة قدرات ومهارات ومعارف العاملين في المستويات التنفيذية، كذلك الحال فإنه لازماً أيضاً لتنمية قدرات المدراء والروؤساء التنفيذيين في مختلف المستويات الإدارية في المنشأة، إلى جانب تهيئة مدراء المستقبل وتسليحهم بالمهارات الإدارية التي تمكنهم من شغل المناصب الإدارية العليا في المنشأة. من هذا المنطلق دأبت منشأة الضيافة الإهتمام بالتدريب وزج الكوادر في دورات تأهيلية تدريبية مهنية وإدارية داخل البلد وخارجه، كما تتحمل إدارات المنشأت الخدمية اليوم نفقات عالية لغرض توفير الكوادر المؤهلة لغرض إشغال وإدارة مرافقها، وكذلك تسهم العديد من شركات الضيافة الكبيرة في فتح جامعات ومعاهد فندقية متخصصة بغية تهيئة جيل مهني متمرس قادر على العمل في هذه الصناعة.

إن للتدريب في هذه الصناعة فوائد عدة تشمل كلاً من العاملين والضيوف ومنشأة الضيافة على حد سواء. فالتدريب الجيد يمنح العامل الجديد الثقة بالنفس ويجعله قادراً على إتخاذ قرارات مناسبة لحل المشاكل التي تواجهه أثناء العمل، كما تساعده على زيادة مهارات الإتصال بينه وبين العاملين والضيوف. أما بالنسبة للضيوف فأنهم سوف يتلقون خدمة جيدة (نوعية وكمية)، مما يشجعهم لتكرار الزيارة مرة أخرى لمنشأة الضيافة أو الفندق. إضافة الى أنه سيشجعهم على إخبار ضيوف أخرين عن الخدمة الجيدة التي حصلوا عليها مما يرفع من سمعة المنشأة أو الفندق ويكسبهما ضيوف جدد أخرين مستقبلاً.

أما بخصوص منشأة الضيافة فإن التدريب سيعود عليها بمنافع عدة، من أهمها إنه سوف يقلل من التكاليف ويزيد من المبيعات والأرباح ويبني سمعة وصورة جيدة للمنشأة، إضافة إلى أنه سوف يرفع من الروح المعنوية للعاملين ويقلل من نسبة تركهم للعمل من خلال زيادة قناعتهم ورضاهم عن العمل، مما يؤدي بالتالي إلى إنخفاض معدل الدوران للعاملين (Employee's Turnover) ويزرع نوع من الأمان "الأمان الوظيفي" لديهم، ويسهم في بناء مزيداً من الثقة المتواصلة بين العاملين والإدارة، وكذلك يزيد من التقدير والإحترام للإدارة العليا، مما سينعكس بالتالي على تطور منشأة الضيافة أو الفندق.

إن إنفاق المال على التدريب وبرامجه من قبل أرباب العمل في منشأت الضيافة الفنادق غالباً ما يكون جيداً ومفيداً في نفس الوقت. حيث إن التدريب والتطوير يشمل جميع المحاولات الرامية إلى زيادة الإنتاج وتحسين نوعيته من خلال إتقان العاملين لعملهم عن طريق زيادة قدرة العامل على الأداء، كما تعتبره الكثير من منشأت الضيافة هو تحسين للقدرات التنافسية بين منشأت نفس القطاع.

إضافة إلى المنافع المكتسبة مباشرة من التدريب، فمن المهم الإعتراف بأن التقصير في تدريب العاملين سيكون مكلفاً، وإن من نتائج التدريب الغير الكافي أن

العامل قد يصبح أحياناً عنصر إعاقة لمنشأة الضيافة. فإذا تُرك العاملين يتعلموا المهنة بالتجربة والخطأ فسيترتب على ذلك الكثير من الأخطاء والمشاكل في نوعية الخدمة المقدمة وعدم رضا وقناعة الضيوف والعاملين في أن واحد، وتشير الأبحاث الحديثة التي قامت بها مؤسسة (Hospitality Training Foundation) الى أن من أهم فوائد التدريب الفعال في منشأت الضيافة هي:

Improved Service Quality	تحسين نوعية الخدمات المقدمة
Improved Customer Satisfaction	تحسين قناعة ورضا الضيوف
Improved Employees Satisfaction	زيادة قناعة ورضا العاملين
Improvements in Productivity	تحسين الإنتاجية
Improved Sales Per transaction	تحسين المبيعات
Lower Levels of Employee Turnover	تدني مستوى دوران العاملين
Increased Employee Flexibility	زيادة مرونة العاملين
Reduced Wastage	تخفيض الخسائر والتلفيات

ويمكن توضيح أثر التدريب في صناعة الضيافة من خلال الفقرات التالية:

أولاً: زيادة المبيعات

إن كادر العمل المؤهل بالخبرة اللازمة سيكون له بالتأكيد القدرة على بيع خدمات أو إنتاج أكثر من الكادر الغير مؤهل أو الذي لا يمتلك الخبرة. حيث أن القدرة على زيادة المبيعات تأتي من خلال إقناع الزبائن والضيوف بشراء الخدمات المتوفرة والترويج لها، كشراء غرفة في فندق أو شراء كمية طعام أو شراب أكثر أو وجبة طعام إضافية. إضافة إلى إن الإبداع والتميز يؤدي الى زيادة المبيعات وبالتالي زيادة الربحية كالإبداع في الخدمة والإنتاج، وهذا ماتسعى له منشأة الضيافة.

ثانياً: إنخفاض دوران العاملين

يقصد بدوران العمل (Employee's Turnover) هو حركة العاملين دخولاً للمنشأة "أي حالات التوظيف الجديدة"، وخروجاً منها "أي حالات الفصل والتقاعد والإستقالة والوفاة والى غير ذلك"، ويتوجب الإنتباه دائماً إلى أن حركة خروج العاملين الزائدة كما هو الحال في قطاع الضيافة هي ظاهرة غير مرغوبة بها ومكلفة في نفس الوقت، فعندما يترك العامل منشأة الضيافة، فيعني ذلك تحمل المنشأة لأعباء إضافية من أهمها تكلفة إستخدام عامل جديد وما يرافقه من تكلفة إضافية.

إن العلاقة بين دوران العاملين والتدريب هي علاقة معقدة وليست عملية بسيطة، إذ أن التدريب يعطي العاملين سبباً للبقاء في المنشأة. وعلى أية حال فالمنشأت التي تعاني من معدلات دوران عاملين عالية، يمكن أن يكون لديها عدد قليل من العاملين المتدربين وذلك لان العاملين الأخرين لا يستمرون طويلاً كي تتاح لهم فرصة التدريب. كما إن عملية البحث عن العاملين ومشاكل التوظيف والمنافسة يمكن أن تخلق صعوبات تؤثر على الإحتفاظ بالأيدي العاملة، وبشكل عام فإنه يتوجب السيطرة على دوران العاملين، ومن هذه الناحية فإن التدريب المستمر والمنظم يساعد على:

– تفهم العاملين الجدد ماذا ينتظر منهم.

– يزيد ثقة العاملين في وظيفتهم.

– يشعر العاملين بأنهم يؤدون أعمالهم بشكل فعال.

– يؤكد إن العاملين مهمين ويستحقون الأستثمار.

– يرون أمامهم فرصاً جديدة وأفاقاً مفتوحة.

– خلق بيئة تعليمية متطورة.

إن الأمور أعلاه تجعل العاملين يفضلون العمل والإستمرار في المنشأة، وهي أفضل حالاً من المنشأت التي يسود فيها مناخ من قلة الثقة والشعور المتولد لديهم بقلة تقدير الإدارة لهم من مما يؤدي إلى تركهم للعمل.

ثالثاً:التقليل من الخسائر والتلف

إن الكثير من منشأت أعمال الضيافة والفنادق تستند على التكاليف لضمان السيطرة على النفقات وزيادة إيراداتها. فعلى سبيل المثال فإن كلفة الطعام والشراب في منشأت خدمة الأطعمة تشكل مابين (30%-39%) من إجمالي الإيرادات، في حين كلفة المشروبات تتراوح ما بين (22%-27%)، وبالطبع فإن لهذه الأرقام أهمية بالغة في هذه الصناعة لما لها من مردود كبير في السيطرة على تكاليف الطعام والشراب، وللتدريب دور كبير في زيادة أو إنخفاض معدلاتها وبالتالي تأثيراتها على منشأة الضيافة أو الفندق بشكل عام من ناحية الإيرادات. كما أن الخسائر والهدر والتلفيات وإستبدال الأدوات التي يراها الضيوف غير مقنعة، كلها تضاف إلى التكاليف الإجمالية، مما يعني أن المشكلات الناتجة عن قلة تدريب العاملين ستكون أكبر وأسوأ.

إن العاملين المتدربين يرتكبون أيضاً أخطاءاً خلال عمليات الإنتاج ولكن بنسبة أقل من غيرهم الغير متدربين وهذا يقلل من الخسائر. فعلى سبيل المثال يعتقد بعض الخبراء في هذه الصناعة إن التدريب يمكن إن يقلل من حالات السرقة للمواد الإستهلاكية والمخزون من جهة، وللنقد من جهة ثانية واللذان يتعامل معهما العاملين في هذه الصناعة، وذلك بسبب التأثير الإيجابي للتدريب على سلوكهم وعلى شعورهم بالإنتماء والولاء للمنشأة التي يعملون فيها. وعلى النقيض من ذلك ففي حالة غياب التدريب فإن ذلك سيؤثر سلباً على السلوك المهني للعاملين وضعف شعورهم بالإنتماء والولاء للمنشأة وبالتالي إحتمالية زيادة حالات السرقة وسوء التصرف بالمواد.

رابعاً: تحسين النوعية

إن إدارة النوعية هي تحدي كبير ومهم في صناعة الضيافة، خاصة إذا ما سعت إدارات منشأت الضيافة أن تتنافس فيما بينها. حيث إن أداء العاملين له التأثير الكبير

والمباشر على نوعية الخدمة المقدمة. وإن تدريب العاملين يجب أن نحو تقديم العاملين للخدمة الصحيحة من أول مرة. وكذلك تدريبهم على كيفية التصرف في حالة وقوع خطأ ما ذات أهمية، حيث إن معظم الدراسات تشير الى إن التعامل المباشر والسريع مع الشكاوى والأخطاء يجعل الضيوف والزبائن متواصلين مع المنشأة ويخلق إنطباع جيد تجاه إدارتها. حيث إن التقليل من شكاوى الضيوف وزيادة قناعتهم بالخدمة المقدمة هما عنصران مهمان وضروريان للاحتفاظ بالضيوف والزبائن معاً، لأن عملية جذب ضيوف وزبائن جدد في صناعة الضيافة هي أكثر جهداً وتكلفةً من الإحتفاظ بالزبائن والضيوف الحاليين.

خامساً: الولاء للمنشأة

يمكن لإدارات منشأت الضيافة قياس ولاء عامليها من خلال القيام بأستطلاعات ومسوحات منتظمة لأراء العاملين للتعرف على مدى رضاهم وقناعتهم عن المنشأة. إن هذا الولاء لا يمكن تقديره مادياً ولكنه يمثل إحدى مزايا التدريب. فعلى سبيل المثال إن ولاء العاملين في مطاعم الفنادق ينعكس على إلتزامهم بقيم الخدمة سواء أكانت تلك الخدمة مقدمة للضيوف المقيمين في الفندق أو لضيوف الفندق الخارجيين، حيث يتوجب أن تكون الخدمة المقدمة بأعلى مستوياتها ووفق المعايير القياسية المعتمدة من قبل منشاة الضيافة.

سادساً: مرونة أكبر

إن المرونة الكبيرة للعامل تقود إلى منافع كبيرة لمنشأة الضيافة، وذلك بسبب أن المدراء سيتمكنون من تكليف نفس العاملين للقيام بعدة مهمات أو أعمال، وهذا يعني أن العاملين المتدربين جيداً لهم القدرة على الأبداع في مهام وظيفية أخرى. حيث إن التدريب الإضافي على المهام الأخرى يعني أن العاملين سيكونوا:

- ذو قدرة على إتخاذ بعض القرارات التي تقع ضمن مسؤوليات مدرائهم بعد تخويلهم بها.
- أكثر مرونة للقيام بمهام أخرى.
- ذو كلفة أقل للمنشأة بسبب إستخدامهم في أداء أكثر من مهمة بدلاً من إستخدام عاملين جدد.

سابعاً: قدرة أفضل على القبول بالتكييف

يتضح من المرونة الوظيفية أن الأستثمار في التدريب يمكن أن يعطي فوائد جمة عن مدى إستعداد العاملين للقبول بالتغيير، والأستثمار في تدريب العاملين على عدد من المهارات أو في تنمية الحاجات الخاصة للتغيير يمكن أن يقلل من مقاومتهم لهذا التغيير كما سيساعدهم على الإنتقال من شكل لأخر. فعلى سبيل المثال عند دراسة المبادرات التي يخول العاملين للقيام بها ستتبين أن ما يميز نجاح المبادرة هو إستعداد العاملين لتحمل تلك المسؤوليات الجديدة وشعورهم بالسلطة.

بعض المبادئ الرئيسية في التدريب

يرفض العديد من العاملين وخاصة البالغين وكبار السن في الكثير من منشأت الضيافة والفنادق طرق التدريب المألوفة، فعلى سبيل المثال فإن الأفراد العاملين من كبار السن ليس لديهم وقتاً كافياً للإستماع إلى محاضرات تدريبية والتي قد تستمر أياماً أو أسابيع، مما تعتبره بعض إدارات منشأت هذه الصناعة مشكلة كبيرة لها.

إن من أهداف التعلم هو تطوير وتنفيذ برنامج التدريب، أي أهداف تنص على النتائج المرجوة من التدريب ويجب أن تكون تلك الأهداف محددة وقابلة للتحقيق والقياس. فهي مهمة بشكل متساوي لكلا الطرفين حيث على المدرب والمتدربين أن يفهموا بشكل واضح أهداف كل برنامج تدريبي، ومن الضروري أيضاً للمدرب أن يقنع

المتدربين بالمنافع الشخصية التي سوف يكتسبونها نتيجة برنامج التدريب وهذا مايطلق عليه بـ(WIFM) ويقصد به(?What's in it for me) أي"ماذا سأستفاد أنا منه؟"، ويعتبر هذا هو الجانب الحاسم لتقديم التدريب للمتدربين البالغين وكبار السن. إضافة الى ذلك هناك ثلاثة مفاتيح مهمة لتوفير تدريب على المهارات بشكل فعال وهي: (قل، أعرض، وأعمل)، أي إبلاغ المتعلمين (المتدربين) بكيفية تنفيذ المهمة. ثم العرض على المتدربين كيفية تنفيذ هذه المهمة وبعدها السماح لهم (المتدربين) القيام بالمهمة لغرض الممارسة.

على إدارات الموارد البشرية أو إدارات التدريب في منشأت الضيافة فهم المبادىء التالية للمساعدة في تدريب وتعليم البالغين من عامليها:

1-الرغبة في التعلم. أن العامل البالغ لا يتعلم إلا إذا تولدت لديه الرغبة في ذلك. لذا لابد من إفهامه أهمية إكتساب معلومات ومهارات جديدة، وعليهم أن يدركوا إن في التدريب فائدة كبيرة وتحدي جديد لهم.

2-الحاجة للتعلم. فإذا كانت الفائدة سريعة الحصول، زادت سرعة التعلم. لهذا يحتاج البالغون إلى دروس سريعة وشرح مبسط وواضح حول كيفية أداء الأعمال، دون الرجوع إلى الأساليب أو النظريات التقليدية القديمة وإلا فمن المحتمل أن يتركوا التدريب.

3-التعلم خلال المشاركة بالعمل. حيث يتعلم البالغون بشكل أفضل من خلال ممارسة العمل نفسه بأنفسهم. فالتطبيق العملي هو المهم لديهم فهم لا يفضلون مراقبة شخص يؤدي العمل عنهم أو الإستماع إلى المحاضرات.

4-التركيز الواقعي. حيث تزداد القابلية على التعلم وبسرعة عندما يعتمد المتدرب على معالجة مشاكل واقعية وليست خيالية. لأنها تكون ذات جدوى أفضل إذ لا يحب المتدرب البالغ العمل في مهمة نظرية فقط.

5- ربط التعلم بالخبرة. من المحتمل إن المتدرب يرفض المعلومات التي يعتقد أنها لا

تلائمه ولا تتناسب مع حجم المعرفة التي لديه سابقاً أو التي يعتقد إنه يعرفها. لذا فالخبرة السابقة للمتدرب ربما تمنعه من تقبل معلومات جديدة. هذا يعني أن على المدرب أن يعطي فرصة للشباب المتدربين ليكونوا فاعلين ومندمجين في العملية التدريبية ليترك لهم الفرصة في أن يقاطعوا أو يسألوا، أو يعترضوا. فمن خلال ذلك سيتعرف المدرب على خبرات المتدربين السابقة وبالتالي يستطيع المدرب تحديد ما هي المعلومات الجديدة التي ستزيد من معارف وخبرة الشباب وبالتالي زيادة تقبلهم وإحترامهم للتدريب.

6- الجو(البيئة) الغير رسمي. يجب على المدرب أن يجعل الجو غير رسمياً، ويعامل البالغين بكل سلاسة وبكل طبيعية ويتحدث معهم على قيد المساواة، ويفضل أن يكون الدرس بشكل مجموعة مكونة من خمسة أفراد وذلك لغرض تشجيع الإتصال والحوار. إضافة إلى أن المدربين سيحققون النجاح والراحة في عملية التعليم إذا قاموا بمعاملة المتدربين كأنهم زملاء مهنة متخصصون، لان ذلك سيجعلهم يواجهون التدريب وأهداف منشأة الضيافة بإحترام.

7- الإرشاد وليس العلامات. يرفض البالغ عادة موضوع إختباره بالإمتحان ولكنه يريد أن يعرف مدى تقدمه بالتدريب الذي شارك به، وهل هو يتعلم بصورة صحيحة أم لا؟ كما أن البالغ يضطرب ويفقد أعصابه عندما يرتكب خطأ ما. لذا على المدرب أن يثني بإستمرار على عمل البالغ ويرشده بلطف إلى موقع خطأه وبصورة شخصية. إذ أن الهدف الأساسي للمدرب هنا هو جعل كل دورة تدريبية تجربة ممتعة للمتعلمين، ويؤكد العديد من الباحثين أن الكبار يتعلمون ما يحتاجون إلى معرفته ويفضلون تقنيات التدريب التجريبي. كما يجب الأخذ بنظر الإعتبار عند تنفيذ التدريب عنصر المشاركة. حيث ينبغي على المدربين محاولة الحصول على شكل من أشكال المشاركة في وقت مبكر من جلسة التدريب أو من الدورة التدريبية. حيث على المدرب أن يسعى الى بعض أشكال الإستجابة من المتدربين

في غضون الدقائق الخمسة دقائق الأولى من التدريب، حتى لو كان الرد بسيطاً من خلال الطلب من الأفراد أن يرفعوا أيديهم.

أنواع التدريب

إن الهدف من التدريب هو نقل المعرفة والمهارات للعامل. كما إن أساليب التدريب الفعال لها تأثير كبير على الأفراد من خلال المعارف والمهارات والسلوكيات. كما من السهل نسبياً تعديل المعرفة والمهارات والسلوكيات إذا ما قورنت بمهمة تغيير سلوك الأفراد حيث ليس الغرض من التدريب تغيير السلوك، لذلك لا ينبغي إعتباره حلاً لمشاكل سلوك الأفراد. في الواقع يجب أن يعتبر التدريب هو الحل هو عندما تكون مشكلة التدريب موجودة، على سبيل المثال عند تعيين عاملين جدد بدون مستويات مناسبة من المهارات الفنية، وتعرف مشكلة التدريب على أنها فجوة سلبية بين الأداء الفعلي ومعايير الأداء بسبب معرفة ومهارات العامل. فالمحلل يبحث عن فجوة بين المعرفة والمهارة من ناحية ومعايير الأداء من ناحية أخرى، وهذا ما يطلق عليه بفجوة الكفاءة (Competency gap) أو يطلق عليه البعض الأخر من المتخصصين بفجوة التعلم (Learning gap) فإذا تم تحديد فجوة الكفاءة فان مشكلة التدريب لا زالت موجودة، وحالما تم التحقق من مشكلة التدريب تبدأ عملية وضع المتدربين، وتطوير، وتنفيذ، وتقييم، ودعم وتعزيز برنامج التدريب، وتعرف من خلال عملية تعرف بإسم تحليل الاحتياجات أو تقييم الاحتياجات.

تستخدم كثير من منشأت الضيافة طرق متنوعة لتوصيل التدريب للعاملين، كما إن طبيعة التدريب المطلوب وطبيعة مخرجات التعليم لبرنامج التدريب يحددان هذه الطرق. إذ تتطلب عمليات الضيافة تحديداً أنواعاً مختلفة من طرق التدريب فهناك التدريب الجماعي الذي يستلزم تدريب مجموعة من العاملين في وقت واحد، وهناك التدريب الفردي والتدريب أثناء العمل، ولكل منها مزاياه الخاصة.

أولاً: التدريب الجماعي   Group Training

من المفيد لمنشأة الضيافة تزويد العاملين بنفس المهارات الأدائية والمعلومات، وهناك بعض الطرق المستخدمة في عمليات الضيافة وبعضها يتضمن محاضرات وتطبيقات عملية مما يسهل عملية التعلم، وبعضها يتضمن تدريبات مرهقة من أجل الوصول لأداء جيد وهناك تدريبات أخرى تتضمن (لعب أدوار الضيوف) والوصول إلى رغباتهم وكذلك وسائل أخرى للتدريب الجماعي كما هو الحال عند عقد الندوات والمؤتمرات والحلقات النقاشية وغيرها.

ثانياً: التدريب الفردي (المستقل) Individual Training

الكثير من العاملين في قطاع الضيافة يكونون في الغالب مهتمين برفع مستواهم الذاتي والمهني، ويستطيع العامل تحقيق ذلك من خلال الحصول على تدريب خاص في منشأة الضيافة نفسها التي يعمل بها، أو أن يحصل على شهادة مهنية من المؤسسات والمنظمات المهتمة بصناعة الضيافة بعد إجتيازه لدورة تدريبية في مجال ما .

عادةً تمنح الشهادة الخارجية عندما يحضر العامل دورات موجهة نحو مسمى وظيفي معين، فهناك العديد من برامج التدريب المتاحة في المؤسسات المهنية المرتبطة بقطاع الضيافة، وغالباً ما يتم ذلك من خلال حضور المتدربين محاضرات ودروس وإجتياز الإختبارات النظرية والعملية الخاصة بتلك الدورة، ويطلق أحياناً على هذا النوع من التدريب بـ(Certification) حيث يسمح للأفراد بالحصول على شهادة مهنية بعد إجتيازه للإختبارات المقررة. كما إن هذه الإمتحانات عادة ما تكون مخصصة لعمل ما وتساعد في تحفيز العاملين ليتطوروا في أسلوب الإحتراف لعمل ما. كما تعتبر منح الشهادة بحد ذاتها أسلوباً ممتازاً لتطوير العامل، لأنها تعطي مصداقية لقدرة شخص ما على القيام بعمل ممتاز وبأكثر حرفية. كما يمكن أن تكون

الشهادة داخلية أو خارجية. حيث تمنح الشهادة الداخلية عند حضور العاملين لدورات أو برامج تدريبية معينة داخل منشاة الضيافة نفسها، حيث تنص تعليمات منشأة الضيافة أو الفندق على إشراك عامليها في تلك الدورات وحصولهم على الشهادات المطلوبة لتحقيق معايير محددة ومرتبطة بالمنصب.

أما فيما يخص التدريب الفردي فإن منشأة الضيافة لا تتحمل أجوره، وإنما يتحملها الشخص المتدرب. ولهذا فإن الشخص الحاصل على تدريب فردي سيتميز عن أقرانه في المنشأة، ويتمكن من شق طريقه بسرعة من خلال تطبيق معلوماته الجديدة في عمله. فعلى سبيل المثال تقدم شركة (T.G.I. Friday's) شهادات مهنية في كل محطة من محطات المطبخ يطلق عليها تسمية (ServSafe) وهي شهادات مشهورة وتستخدم بشكل واسع في عمليات خدمة الأطعمة وتشكل تحدياً كبيراً بالنسبة للطباخين ليحصلوا عليها حيث يشعرون بالإنجاز الهائل عند حصولهم على تلك الشهادة.

هناك نوع أخر من البرامج التدريبية التي تمنح الشهادة والمتوفرة على شبكة الإنترنيت وهي متاحة للجميع وللمهتمين بالعمل في هذه الصناعة، ويطلق عليها البعض بالتدريب من خلال الإنترنت (Online Training) وهو يقدم مثالاً لكيفية أن التكنولوجيا تحسن من كفاءة الأفراد، وأحد الأمثلة على هذا النوع من التدريب هو حضور المتدرب دروس عبر الإنترنت من خلال أجهزة الحاسوب، وعند إنتهاء الفترة التدريبية وإجتيازه الأختبار المقرر الخاص بها يمنح الشهادة عبر الأنترنيت أيضاً.

هناك نوع أخر من التدريب تختص به العديد من الكليات والجامعات، حيث تقدم مجموعة واسعة من المحاضرات التدريبية عن بعد، ومثل هذه البرامج يطلق عليها أحياناً التعلم عن بعد (Distance Learning) بسبب أن الطلاب معزولين من خلال المسافة عن المعلم أو مصدر المحتوى، وتقدم تلك البرامج أو الدورات تدريب وافي مع إجراء إمتحانات في نهاية كل فصل تدريبي أو كورس، ويمنح بعدها المتدرب شهادة تدريبية بذلك البرنامج.

أما التدريب حسب متطلبات الشركة (Corporate-required) فإنه يتضمن العديد من حلقات العمل والحلقات الدراسية حول الكثير من المواضيع المهمة والتي تهم العامل من أهمها، السلامة العامة، القيم في موقع العمل، الأخلاق، التحرش بأنواعه، دعم الخدمة الممتازة، أساسيات الخدمة...إلخ.

حالياً توفر الكثير من المنشأت في هذا القطاع وخاصة سلاسل الفنادق العالمية العديد من البرامج لعامليها حيث يستطيعون الإنخراط بها مجاناً لغرض تحسين مداركهم وزيادة مهاراتهم في العمل من ناحية، ولزيادة ولائهم للمنشأة كونها تهتم بهم من ناحية ثانية. لا بل لجأت الكثير من تلك المنشأت بإستحداث جامعات خاصة بها، وخير مثال على ذلك سلسلة فنادق هيلتون العالمية التي لها جامعة خاصة بها تحت عنوان (Hilton Worldwide University) ومختصرها (HWU) التي تقدم الكثير من الدورات التدريبية في تخصص الضيافة وإدارة الفنادق، بعضها بشكل مجاني، وبعضها الأخر مقابل رسوم متفاوتة، ويستطيع منتسبي هذه السلسلة الفندقية حول العالم من عاملين ومدراء الإنخراط بتلك الدورات والتزود بشهادات تدريبية في الكثير من المواد التخصصية في قطاع الضيافة والفنادق، وفي بعض الأحيان تتحمل إدارة المنشأة أو الفندق تكاليف أجور بعض تلك الدورات التدريبية في حال كانت ضرورية لبعض العاملين أو المدراء في منشأة الضيافة، وخاصة في بعض الوظائف ذات التخصص الدقيق كنوع من الدعم لهم.

ثالثاً: التدريب أثناء العمل On the Job Training

يعتبر التدريب أثناء العمل من أبسط أنواع التدريب، وهو يسمح للمدرب بأن يحدد ويستجيب للإختلافات الفردية. ويتلخص هذا النوع من التدريب بأن الشخص المتدرب يعمل داخل المكان الذي يتدرب فيه، أي المقصود بأن العامل يجري تدريبه على العمل فوراً ويبدأ مهماته ويتعلم عن طريق العمل، أو يشاهد الأخرين لفترة من الوقت

ومن ثم يقلدهم في مكان العمل، وتحت إشراف خبراء أو مدربين مهرة وذو خبرة في مجال إختصاصهم يقومون بتقديم النصح والمشورة له في مكان العمل. يساعد هذا النوع من التدريب على الحفاظ على المعايير وتطبيق أساسيات العمل بشكل صحيح، حيث أن المتدرب يتعلم من خلال المراقبة والمشاركة والحديث والمناقشة مع المدربين وكذلك مع العاملين معه في المكان نفسه، فهو يتدرب في (مكان واقعي تماماً) أي عملياً يتمكن من الحصول على خبرة كافية وواسعة في وقت واحد من خلال هذه المشاركة المباشرة. كما يستطيع المتدرب حل المشاكل حال وقوعها، والتعرف على طرق معالجة كل موقف قد يمر به ويصادفه أثناء عمله، وهذا النوع من التدريب يسمح للمتدرب بالتعلم السريع لأفضل طريقة لأداء العمل بناءاً على خبرة التجربة والخطأ. فعلى سبيل المثال يسمح لمرتب الغرف في الفندق بالعمل لبضعة أيام مع عامل ذو خبرة، وذلك بقصد التعرف على الطريقة المفضلة لترتيب غرفة الضيف.

بطبيعة الحال، يمكن القول إن هذا النوع من التدريب إما أن يكون فعالاً جدا أو قد يكون كارثياً، إعتماداً على مهارات وعادات الشخص المتدرب. كما يعتبر أسهل أنواع التدريب خاصة عندما تكون المهمة أو الوظيفة بسيطة نسبياً، أو عندما تكون المهمة أو الوظيفة متكررة. أما في الوظائف الأكثر طلباً أو المعقدة فإنها بالتأكيد تتطلب جهود تدريب أكثر كثافة. ولكن تظهر من خلال هذا النوع من التدريب مشكلتان رئيسيتان مهمتان هما:

- بما أن المتدرب يعمل في نفس الموقع، فأحياناً يتصور المتدرب بأنه قد حصل على التجربة الكافية، وأنه قد مر بكافة أنواع المشاكل التي ممكن أن تحدث، وهذا بالطبع غير ممكن، وخاصة إذا كان (مدربه غير كفوء أو غير ماهر).
- قد يقوم المدرب أحياناً بالإسراع في عملية التدريب إختصاراً للوقت. أي إنجاز عملية التدريب ضمن فترة قصيرة من الزمن، لأن فترة التدريب مهمة وقد تأخذ وقت طويل من المتدرب. لذلك فان أغلب المنشأت في صناعة الضيافة قد تقبل بالعاملين

والموظفين الجدد الخاضعين لبرنامج (on the job training) بعد معرفة مدربيهم وكفاءتهم بالدرجة الأولى.

العلاقة بين التدريب والتعيين والأداء

لقد تنبهت الكثير من المنشأت في صناعة الضيافة أن التدريب من الأهمية بحيث يتوسط كل من التعيين والأداء، والشكل رقم (13) يوضح هذه العلاقة فبدون التدريب المستمر فإن منشأة الضيافة ستفتقر الى المهارات والكفاءات اللازمة لهذه الصناعة. إذ من خلال التعيين يتم أختيار أفضل العناصر المؤهلة للعمل ومن ثم يتم صقل مهاراتهم من خلال برامج التدريب التي تعرضها وتوفرها المنشأة، ويكتسبون من خلالها المزيد من الخبرة المهنية، وبعدها يتم تقييمهم من خلال مكافأة المتميزين منهم ليكون ذلك حافزاً لبقية العاملين ليحذو حذوهم، وبالتالي تكتسب المنشأة فريق عمل متميز من العاملين المؤهلين والمسلحين بالمعرفة والمهارة الخبرة المطلوبة والقادرين على تقديم خدمة متميزة وبنوعية عالية، وبالتالي الحصول على أداء عالي للمنشأة وبناء سمعة طيبة لها. كما إن برامج التدريب الناجحة يجب أن تتضمن ثلاث أمور مهمة هي:

1- تقييم إحتياجات منشأة الضيافة أو الفندق ومهارات العاملين لتحديد ماهي أهم الإحتياجات التدريبية المطلوبة.

2- تصميم أنشطة تدريب مناسبة تتلائم والإحتياجات التي تم تحديدها.

3- تقييم فعالية التدريب ونتائجه.

ونتيجة لما ورد ذكره فإن منشأت الضيافة وخاصة فنادق السلاسل العالمية تحرص على تدريب جميع عامليها القدماء منهم والجدد وفي جميع المستويات، لما لذلك من أثر مباشر على أداء العمل وأداء المنشأة بشكل عام.

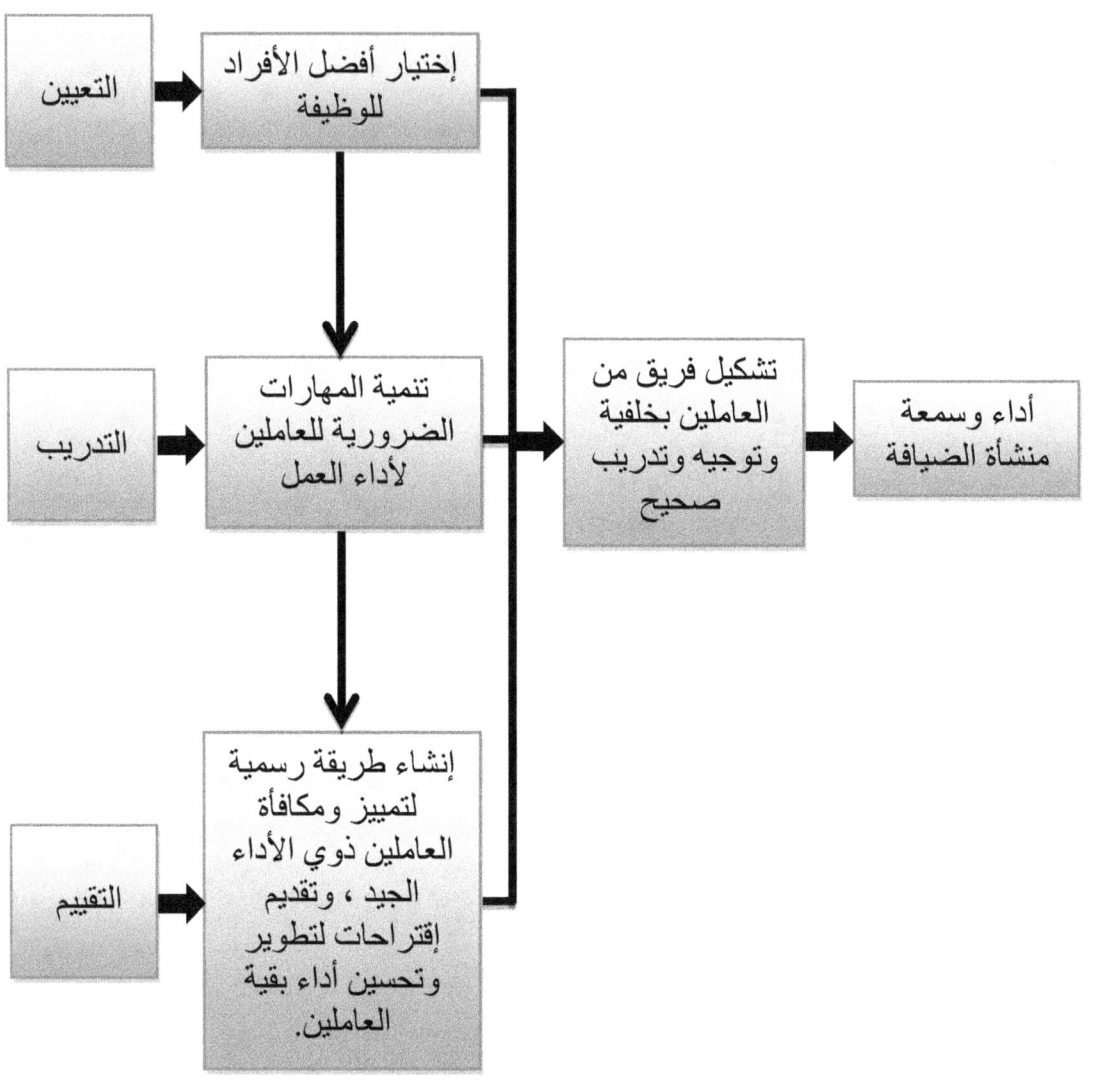

شكل رقم (13)

يوضح علاقة التعيين والتدريب والتقييم بأداء وسمعة منشأة الضيافة

الفصل الثامن

التحفيز

8

التحفيز

تعتبر الموارد البشرية من أهم الموارد الإستراتيجية في المنشأت على إختلاف أشكالها وأنواعها. فهي التي تحدد مستوى أداء المنظمة ونجاحها. وهي كإدارة لها أهمية كبيرة في تحقيق أهداف المنظمة وتطويرها.

يعتبر رأس المال البشري المورد الحاسم لمعظم المنظمات حيث يلعب العاملون دوراً مهماً في نجاح أو فشل أي منظمة أو صناعة. فالأيدي العاملة ومن خلال ما تملكه من معارف ومهارات وإبداع تمكن المنشأة من تحقيق ما تصبوا اليه، وهي بذلك تؤثر على ستراتيجية المنظمة ومستقبلها، لا بل تعتبر هي القوة الدافعة الحقيقية للمنشأة.

من ناحية المدراء في المنشأت فإن من مهامهم ومسؤولياتهم الرئيسية أن يتحملوا وزر توجيه عامليهم وإثارة الحماس لديهم وتحفيزهم بشتى الوسائل والطرق لغرض دفعهم بإتجاه أداء المهام والواجبات الموكلة اليهم بأفضل صورة ممكنة وبأقل التكاليف. حيث إن المنشأت النموذجية هي تلك التي تستطيع شحذ طاقات عامليها بدرجات عالية وتوجيهها نحو بناء المنشأة وتحقيق أهدافها والوصول بها الى بر الأمان. أما من ناحية العاملين فإن ما يثير حماسهم هو قدرة وإمكانية إدارة المنشأة في إستخدام الأنظمة والبرامج المناسبة المتاحة لتحفيزهم، والتي تتماشى وطبيعة العمل والعاملين فيها كافراد وجماعات.

مفهوم التحفيز

يعتبر التحفيز أحد أهم وظائف إدارة الموارد البشرية، وأحد العوامل الرئيسية التي تحدد أداء ورضا العاملين وطالما حاول المدراء إستخدام التحفيز كتقنية لأداء المهام والواجبات، ويمكن القول إن التحفيز عامل مهم وأساسي لأي منشأة من أجل الحصول على العاملين المنتجين والناجحين. كما يعتبر التحفيز هو فن أو عملية دعم السلوك نحو أهداف معينة، ويُعرفه البعض على أنه مجموعة القوى التي تؤثر على سلوك الفرد بطريقة معينة أو هو تلك القوى التي تدفع الأفراد الى التصرف بطريقة معينة، أو قوة دافعة أو حالة من التشجيع لعمل ما. لذا يمكن القول بإن التحفيز (Motivation) هو ممارسة إدارية يمارسها المدير للتأثير في العاملين في المنشأة من خلال تحريك دوافعهم ورغباتهم وحاجاتهم لغرض إشباعها وجعلهم أكثر إستعداداً لتقديم أفضل ما لديهم بهدف تحقيق مستويات عالية من الأداء والإنجاز في المنشأة، أي جعل العاملين يسلكون سلوكيات أو تصرفات لصالح المنشأة، وبحد ذاته فإن هذا يعتبر تحدياً كبيراً بالنسبة للمدراء حيث سلوك الفرد هو ظاهرة معقدة وشائكة، ويقتضي من المدير أن يعرف مواطن الخلل ويوفر الحافز المناسب لتجاوزها.

غالباً ما ينظر الى إدارة الموارد البشرية من حيث دورة من ثلاثة أجزاء يمكن تلخيصها على النحو التالي وكما موضحة في الشكل رقم(14):

■ جذب قوة عاملة فعالة.

■ تطوير قوة عاملة فعالة.

■ الحفاظ على قوى عاملة فعالة.

لقد ركزت الكثير من الدراسات والأبحاث على موضوع تحفيز العاملين لغرض فهم ما يحفز العاملين في بيئات العمل، وخاصة في صناعة كصناعة الضيافة حيث تتميز بكثافة اليد العاملة فيها. حيث تعتبر عملية الحفاظ على القوى العاملة أحد المكونات الهامة والفعالة لإدارة الموارد البشرية، وعلى الإدارات في هذه الصناعة إتباع

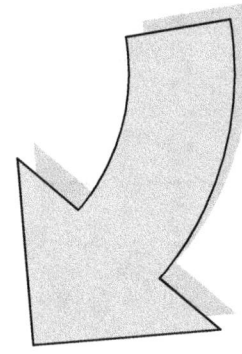

جذب قوة عاملة
فعالة

الحفاظ على قوى
عاملة فعالة

تطوير قوة
عاملة فعالة

شكل رقم (14)

شكل يوضح دورة إدارة الموارد البشرية

شتى الطرق لغرض تحفيز عامليها، أي بعبارة أخرى الحفاظ على القوى العاملة لديها وضمان عدم تسربها الى المنافسين في الصناعة.

نظريات التحفيز

إن عملية تحفيز العاملين في المنشأت على إختلاف أنواعها تعتمد على المنظور في فهم عملية التحفيز نفسها، وفي إطار المداخل الإدارية القديمة منها أو الحديثة فإن إفتراضات المدراء حول التحفيز قد تتباين وربما يكمل بعضها البعض الأخر. فهناك المداخل التقليدية وخير من يمثلها الأبحاث والدراسات التي قام بها (Taylor) الذي وضع نظام الأجور التفاضلية. كما أن تحليل الوظيفة وتقديم المكافأت يساهمان بشكل كبير في الإرتقاء بمستوى الأداء المقدم من قبل العاملين. أما في إطار مفهوم "الرجل الإقتصادي" فتركزت الأبحاث في أن الفرد يعمل بجد لغرض الحصول على عائد عالي، لذا فقد أهتمت هذه المداخل بوضع أنظمة أجور مرتبطة بالأداء من ناحية النوعية والكمية.

أما مدخل العلاقات الإنسانية أو ما يطلق عليها بمفهوم "الرجل الإجتماعي" فهو يرى أن أداء الفرد لا يرتبط فقط بزيادة عوائده المالية، وإنما بتحسين شروط العمل والعلاقات الإنسانية داخل المنشأة، وكانت دراسات (Hawthorn) قد أوضحت ذلك بشكل جيد حيث أشارت الى أن المكافأت غير الإقتصادية مثل بناء فريق العمل والإهتمام بالعلاقات والحاجات الإجتماعية أكثر أهميةً من المال كمحفز للسلوك في العمل. في حين ركز مدخل الموارد البشرية على أن مفهوم "الفرد المتكامل" أصبح هو السائد بدلاً من مفهومي الرجل الإقتصادي والرجل الإجتماعي، حيث ينظر الى الفرد على أنه نظام متكامل معقد، ولتحفيزه بالشكل المطلوب يتوجب أن يتم من خلال تعامل شمولي مع كافة وأجزاء ومكونات هذا النظام، وأن هناك عوامل مؤثرة كثيرة لها علاقة بتحفيز العامل وليست فقط العوامل الإقتصادية أو الإجتماعية.

إن النظريات الخاصة بالتحفيز تطورت على مر السنين وتطرقت لموضوع تحفيز الأفراد والجماعات من زوايا مختلفة، ومن أهم تلك النظريات:

❖ **نظرية ماسلو   Maslow Theory**

صاغ عالم النفس الأمريكي إبراهام ماسلو في عام (1945) نموذجاً متميزاً في علم النفس، وأطلق على نظريته الشهيرة تسمية التسلسل الهرمي للإحتياجات (Maslow's Need Hierarchy Theory) حيث ركز فيها على الجوانب الدافعية للشخصية الإنسانية وحاول أن يفسر من خلالها طبيعة الدوافع أو الحاجات الإنسانية التي تحرك السلوك الإنساني.

إفترض ماسلو في هذه النظرية إن الحاجات أو الدوافع الإنسانية مرتبة أو تنتظم في إطار سلم متصاعد (Hierarchy) من حيث الأولوية أو شدة التأثير. حيث أكد ماسلو على أنه هناك خمسة فئات من الإحتياجات موجودة في التسلسل الهرمي الذي يتراوح من إحتياجات المستوى الأدنى للاحتياجات العليا وكما موضح في الشكل رقم (15)، حيث بين ماسلو أنه عندما يتم إشباع الحاجات الأكثر أولوية فإن الحاجات التي تليها في التدرج الهرمي تبرز وتطلب الإشباع. أي كلما تم إشباع الإحتياجات الأدنى للفرد نسبياً فإنه يبدأ بالبحث عن الإحتياجات في المستوى الذي يليها نحو الأعلى وصولاً الى قمة الهرم. وهذه الأنواع الخمسة من الإحتياجات تتمثل بالتالي:

أ. إحتياجات فسيولوجية (Physiological Needs) وهي تشمل تلك الإحتياجات الأساسية التي يحتاجها الإنسان لإستمرار الحياة والعيش، وتتمثل بالحاجة الى المأكل والمشرب والراحة وغيرها .

ب. إحتياجات الأمان (safety Needs) وتشمل تلك الإحتياجات بأن الأنسان يحتاج دائماً الى الشعور بالأمان من أية مخاطر أو أي تهديد. سواء أكان هذا الأمان من الناحية المادية أو من الناحية المعنوية والنفسية أو الأمان ضد

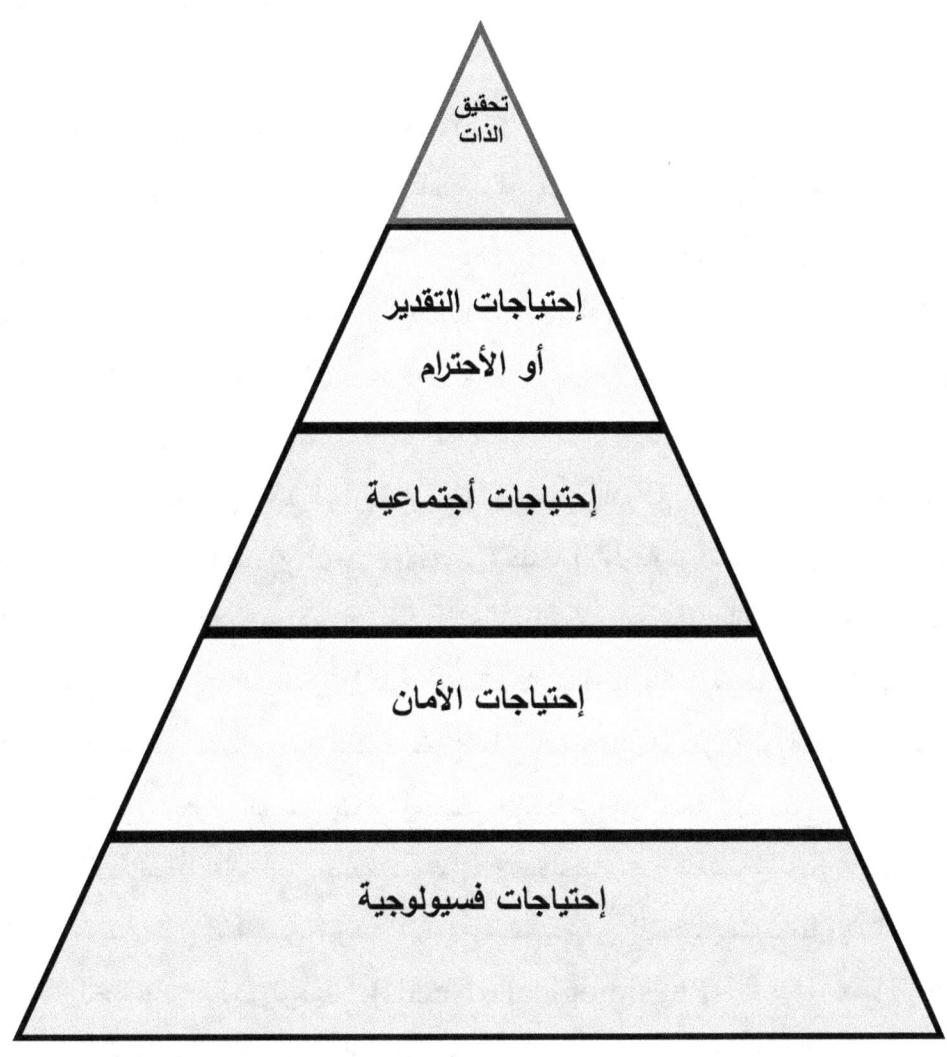

شكل رقم(15)

يوضح نظرية هرم ماسلو

Source: Walker, J. R. (2010). *Introduction to hospitality management* (3rd ed.). Upper Saddle River, United States: Pearson Prentice Hall, p.596

الأضرار الجسدية. فهو يبحث عن العمل المستقر والسكن والأمن والصحة المستقرة.

ت. إحتياجات إجتماعية (Social Needs) وتشمل حاجة الفرد لشعوره بأنه محبوب من قبل الأخرين ومتفاعل معهم في المجتمع، وكذلك تكوين صداقات إجتماعية والإنتماء الى المجتمع، وتتمثل كذلك بقضاء الوقت مع العائلة والأصدقاء والأقارب.

ث. إحتياجات التقدير أو الإحترام (Esteem Needs) وتشمل حاجة الفرد لشعوره بتقدير الأخرين من حوله وإحترامهم له، وشعوره بالقدرة والنجاح وكذلك الحاجة لتقدير الشخص لذاته.

ج. إحتياجات تحقيق الذات (Self-Actualization Needs) بعد توفير كل الإحتياجات فإن الأنسان يبدأ بالبحث عن تحقيق الذات من خلال أن يقدم أفضل ماعنده ويستغل كل طاقاته ويتطور الى حدود عالية.

ووفقاً لماسلو فإنه قد أفترض بأن الدوافع عبر سلم الحاجات هي واحدة للجميع بمعنى إن الحاجات الإنسانية تبدأ بالفسيولوجية وتنتهي بتحقيق الذات لكنها لا تفسر سلوك بعض الأفراد الذين يعرضون وجودهم للخطر " حاجاتهم الفسيولوجية " لإشباع حاجات تحقيق الذات. كما إنها لا تفسر المبالغة في إشباع بعض الحاجات على حساب العلاقات الإجتماعية.

❖ نظرية الدرفر   Alderfer Theory

تعتبر هذه النظرية تطويراً لنظرية ماسلو، إذ قسمت الحاجات المتعددة للفرد الى ثلاثة مجاميع وليس خمسة كما وردت في هرم" ماسلو " وهي كالتالي:

أ. الحاجة للوجود، وأساسها الحاجات الفسيولوجية وحاجات الأمان.

ب. الحاجة للإنتماء، وأساسها حاجات الإنتماء والمكانة الإجتماعية.

ت. الحاجة للنمو، وأساسها الحاجات الذاتية الخاصة بالفرد ونموه.

تفترض هذه النظرية إن هذه المجاميع تختلف من حيث أهداف الإشباع وأساليبه، كما تميزت هذه النظرية بأن للتعلم الإجتماعي دوراً مهماً في دافعية وسلوكيات الفرد. إذ تفسر لماذا يبالغ البعض في إشباع حاجات أو رغبات معينة دون أخرى. لذلك فإنها تنبه الإدارة الى تحديد حاجات العاملين المهمة وتوفير الوسائل اللازمة ومساعدتهم في إشباعها بالإنتقال من مرحلة الى أخرى.

❖ نظرية هيرزبيرج   Herzberg's Theory (Two Factor)

طور هيرزبيرج نظريته عام (1957) والتي أطلق عليها "نموذج العاملين"، بعد أن قام بمقابلات مع مجموعة من العاملين لغرض تفسير النتائج التي تبين بأن الرضا لا يرتبط بالأداء العالي، كما تفسر النظرية لماذا يكون العامل راضياً لكنه غير منتجاً، ولماذا يكون منتجاً وغير راضياً، أي تحديد أسباب الرضا الوظيفي وعدمه. كما أفترض "هيرزبيرج" إن العاملين يمكن تحفيزهم من خلال مجموعتين من العوامل، يطلق على الأولى العوامل المحفزة للأداء (Motivation Factors) وهي العوامل المرتبطة بالعمل نفسه وما يوفره من فرص لإشباع حاجات ذاتية في التعلم وتحقيق الذات، وهي تشكل عنصر دفع للعامل للأداء العالي، في حين يطلق على الثانية العوامل الصحية أو المطهرة (Hygiene Factors)، وهي التي لا تؤدي الى الرضا العالي. كما إن وجودها لا يشكل أي دافع للعامل للأداء العالي ولكن غيابها قد يؤدي الى عدم الرضا والتذمر والشكوى في موقع العمل. كذلك أكدت نظريته إنه على الأدارة أن تهتم بكلا المجموعتين وأن تدرك مدى تأثير كلاً منهما على الرضا الوظيفي للعامل.

❖ نظرية ماكليلاند   Acquired Need Theory

عرف (McClelland) في عام (1985) دافعية الإنجاز على إنها "نظام شبكي من العلاقات المعرفية والإنفعالية المرتبطة بالسعي من أجل بلوغ مستوى الإمتياز والتفوق". وحسب مفهوم هذه النظرية فقد تم تقسيم الأفراد الى ثلاثة مجموعات رئيسية وفقاً لسلوكهم الذي يتحدد وفقاً لحاجاتهم، والتي تتفاوت في قوتها وأهميتها لدى الأفراد، ولها التأثير الكبير على تحريك سلوكهم، وهذه الحاجات هي:

أ. الحاجة للإنجاز، وهم هؤلاء الذين يبحثون عن أهداف تبحث عن التحدي في حل المشاكل ومواجهة الخطر، ويفضلون تحمل المسؤولية عند أداء وظائفهم والحصول على المعلومات عن الإنجاز المتحقق.

ب. الحاجة للقوة، وهم الأفراد الذين يبحثون عن مواقع القيادة، ولديهم شخصية قوية.

ت. الحاجة للإنتماء، وهم هؤلاء الأفراد الذين يهتمون بأن يكون لهم علاقات إجتماعية جيدة مع الأخرين.

❖ نظرية (X) ونظرية (Y)

طورت هذه النظرية من قبل دوكلاس مكريكر (McGregor) في عام (1960)، وتفترض نظرية (X) إن العاملين بطبيعتهم هم كسالى ويكرهون العمل وغير طموحين، وإنهم يفضلون إشرافاً مباشراً لغرض مراقبتهم وتوجيههم. كما يتجنبون تحملهم لأي مسؤولية، وإن هدفهم هو الإجر فقط أي الأمان المادي. أما نظرية (Y) فتفترض إن غالبية الأفراد يتمتعون بالنشاط والعمل حيث يرون أنه ضرورة طبيعية للإنسان، إذ يمارسون رقابة وتوجيهاً ذاتياً إذا كانوا مقتنعين وملتزمين بالعمل. كما يميل العاملين الى تحمل المسؤولية والتطوير والإبداع في العمل متى ما سنحت لهم الفرصة لذلك.

❖ نظرية العدالة Equity Theory

تستند هذه النظرية التي صاغها (Stacy Adams) على أساس إدراك الفرد بطريقة معاملته بعدالة مقارنة بالأخرين. حيث يشعر بعدم العدالة عند مقارنة نفسه بالأخرين ويسعى بوسائل مختلفة لإزالة هذا الشعور ليشعر بالعدالة. فعلى سبيل المثال فهو يقارن ما يحصل عليه من أجر مقارنة مع أقرانه في المنشأت الأخرى. فعندما يشعر بأن ما قدمه من جهد يستحق مكافأة أكبر مما أستلمه مقارنة بالعاملين الأخرين وأدائهم فانه يشعر بعدم العدالة، وسيولد لديه حالة من الصراع الذاتي وعدم الأرتياح، وقد يترك العمل على أثر ذلك. وقد طورت هذه النظرية فيما بعد من قبل كلاً من (Porter) و(Lawler) إذ أكدا على إن العدالة ليست المكافأت الخارجية وإنما قد تكون مكافأت داخلية مثل الشعور بالقناعة والرضا عن الإنجاز وتحقيق الذات. كما تؤكد هذه النظرية إن المهم في الحوافز ليس مقدار المكافأة فقط وإنما العدالة التي يتسم بها نظام الحوافز في المنشأة.

❖ نظرية التوقع Expectancy theory

طورت هذه النظرية من قبل فيكتور فروم في عام (1964)، وتعتبر من النظريات المهمة في تحفيز الأفراد. وتتلخص بثلاثة إفتراضات رئيسية هي:

أ. التوقع: أي توقع الفرد بأن العمل المثابر سينتج عنه نتائج وأداء عالي.

ب. المنافع: وهو إعتقاد الفرد بأنه سيحصل على منافع مختلفة حال إنجازه للمهام المناطة به.

ت. القيمة: وهو التقييم الذي يحدده الفرد للمنافع المتوقع حصولها عند إنجازه العمل.

وتشير هذه النظرية الى أن الرغبة للعمل بطريقة معينة تعتمد على قوة التوقع بإن ذلك العمل أو السلوك سيتبعه نتائج معينة، كما يعتمد على رغبة الفرد في تلك النتائج، وهناك نوعان من التوقع:

■ توقع يرجع الى قناعة الشخص وإعتقاده بإن القيام بسلوك معين سيؤدي الى نتيجة معينة، وهذا التوقع يوضح العلاقة بين الجهد والإنجاز.

■ توقع حساب النتائج المتوقعة من ذلك السلوك، وهو يوضح العلاقة بين إتمام الإنجاز والمكافأة التي سيحصل عليها الفرد.

أي أن النظرية تفترض بأنه عندما يحفز فرد ما فإنه لا يندفع للحصول عليه حالاً، بل يقوم أولاً بتقييم الحافز ثم تحديد إحتمال الحصول عليه ثم يستجيب.

عوامل التحفيز

إن تحفيز العاملين يعني إنتاجية أكثر من قبلهم، وفي منشأت الضيافة تحديداً فإن تحفيز العاملين مطلوب في حيث بيئة العمل السريعة التغير والتنافس الشديد فيها. وعلى الإدارات في هذه الصناعة أن تكون فعالة في هذا الصدد وعليها أن تفهم ماذ يحفز عامليها ضمن الأدوار التي يؤدونها.

عادة تصنف العوامل التي تحفز العاملين الى صنفين، الأول هي " عوامل خارجية " مثل ظروف العمل، صورة المنشأة، الترقية، البيئة الإجتماعية، النقل. في حين الثاني هي " عوامل داخلية " مثل تقديم الرضا والقناعة للزبائن والضيوف، وضمان فرص للمستوى المهني، والبعض الأخر يقسم تلك العوامل الى:

أ. الفروقات الفردية، والتي تشمل الحاجات والرغبات الشخصية، القيم، المواقف، المصالح والقدرات التي يجلبها الأفراد الى وظائفهم.

ب. خصائص الوظيفة، وتشمل جوانب الوظيفة التي تحدد القيود والتحديات.

ت. الممارسات التنظيمية، وتشمل القوانين والقواعد، مثل سياسات الموارد البشرية، الممارسات الإدارية، وإنظمة المكافأت في المنشأة. وعلى المدراء والمشرفين معرفة كيفية تفاعل تلك العوامل لتؤثر على أداء عمل العاملين.

لذا يمكن القول بأن من أهم عوامل التحفيز التي تم تشخيصها في صناعة الضيافة هي الدفع، المكافأت النقدية، التعويضات والمزايا الإضافية، فرص التقدم الوظيفي، الترقية، الفرص في زيادة المسؤوليات الوظيفية، الشعور بالإنجاز، تطوير إحترام الذات، ظروف عمل جيدة، جداول عمل جيدة، الأمن الوظيفي. ومن هنا يبرز تحدي أخر على المدراء في هذه الصناعة، حيث عليهم الأخذ بنظر الأعتبار عدة عوامل مهمة والتي تساعد على تحفيز العاملين بطرق مختلفة ومن أهمها:

1- الأمان: يعتبر الأمان عامل حيوي جداً سواء في الحياة أو في العمل. حيث معظم الشركات تقدم مزايا التأمين، برامج التقاعد، خطط الإدخار. فإذا كان أغلب العاملين غير قلقين على وظائفهم، فلن يكون هناك حافز لتحسين أدائهم. كما إن الإشراف غير الكفوء هو سبب أخر لإنعدام الأمن والقلق في مواقع العمل. حيث يحتاج أغلب العاملين الى الشعور بالثقة عند التعامل معهم.

2- الإتصالات داخل منشأت الضيافة: تعتبر عملية الإتصالات مهمة لدرجة كبيرة لغرض نقل المعلومات من فرد أو مجموعة لأخرى، ويمكن أن يكون بطرق مختلفة منها اللفظي أو غير اللفظي، ومن الأعلى الى الأسفل أو بالعكس، حيث إن ضعف الإتصالات وعدم إنسيابيتها يسبب إنتاجية قليلة، خدمة ضعيفة، زيادة في التكاليف. فالإتصالات هي واحدة من العوامل المهمة التي تحفز العاملين في وحدات العمل المتماسكة، كما تؤدي الى تحقيق الأهداف.

3- التدريب: يوفر التدريب خبرات ومعلومات في موقع العمل ويساعد العاملين لأن يكونوا أكثر تأهيلاً وكفاءةً في أداء مهامهم في وظائفهم الحالية. فالعاملون المدربون جيداً يساهمون وبشكل كبير في تخفيض التكاليف، والتقليل من الهدر والتلف، وكذلك في تقليل نسبة دوران العمل والغياب، وفي نفس الوقت يحققون زيادة في الكفاءة وفي رضا الزبائن والضيوف.

4- الإجور والرواتب: تعتبر من أكثر العوامل تحفيزاً قدر تعلق الأمر بالوظيفة. إذ عادةً يتنافس العاملين على الوظائف التي تقدم إجوراً ومكأفات عالية، إذ يعتبر المال للكثير من العاملين عنصراً تحفيزياً مقنعاً لغرض تحقيق الرضا الوظيفي، ولهذا السبب ينتقل الكثير من العاملين الى منشأت أو قطاعات أخرى حيث يكون فيها الدفع أعلى. فالدفع هو أحد الإعتبارات الرئيسية في إدارة الموارد البشرية وذلك لأنه يوفر للعاملين مكافأة ملموسة لقاء خدماتهم. كما إن بعض العاملين يعتقدون إن المال هو عامل تحفيزي فعال لإشباع إحتياجات غير إقتصادية مثل القوة، الحالة، كما ينظر اليه على إنه رمزاً لنجاح الشخصية والإنجاز.

5- المزايا الإضافية: حيث تمنح إضافة الى الأجر كجزء من حزمة التعويضات التي تمنح للعاملين في موقع العمل. إذ في الغالب تمنح لغرض خلق مناخ عمل تحفيزي وإيجابي. كما أنها تزيد من الإنتاجية والمبيعات والربحية وتساعد على تخفيض التكاليف، وللمزايا الإضافية دور مهم في تحفيز العاملين بل تعتبر مساوية في الأهمية للإجر المقدم لهم، ومن أهم أنواع المزايا الإضافية التأمين الصحي، إجازات مدفوعة الأجر، بدلات السفر، الزي الموحد، وجبات الطعام....إلخ.

6- بيئة العمل الجيدة: إن مفاهيم التحفيز بالتأكيد هي مهمة لفهم ديناميكية مواقف العاملين، والمواقف لها علاقة مع رغبة العاملين في تنفيذ المهام والأنشطة. كما إن قوة العمل المحفزة لا تعني بالضرورة إنتاجية مضمونة. فالإنتاجية تعتمد على عوامل نفسية كثيرة وكذلك تعتمد على عوامل هندسية عديدة، ومثال على ذلك تخطيط منطقة العمل، تقسيم المهام، والأدوات اللازمة للقيام بالعمل، والتكنولوجيا، وغيرها من العوامل الأخرى التي لها علاقة بموقع العمل. حيث إن مزيج التصميم الهندسي وإدارة السلوكيات مطلوبين للتأثير على قناعة العامل وتحسين الإنتاجية.

قد تكون بيئة العمل في كثير من منشأت الضيافة عنصراً غير تحفيزياً، لا بل سبباً رئيسياً في تدني إنتاجيتها. حيث يحتاج العاملين الى أموراً مهمة كثيرة لها تأثير

كبير على بيئة العمل ومثال على ذلك، المعدات الكافية، التدفئة، الإضاءة، التهوية، وحتى اللون. كذلك دورات المياة والخزائن الخاصة بالعاملين يجب أن تكون نظيفة وأمنة وبحالة جيدة على الدوام. كما يفضل إن يكون الطعام المقدم للعاملين بنفس مستوى ودرجة الطعام المقدم للمدراء، بالإضافة إلى إنه يتوقع من المدراء وبضمنهم الإدارة العليا تناول طعامهم مع العاملين في كافتيريا العاملين.

بعض المدراء يعتقدون أن التظاهر بالمحاباة لبعض العاملين سوف يعطي الحافز لبقية العاملين الأخرين لتحسين أدائهم. إلا إن هذا الإعتقاد هو خاطيء فالعكس هو الصحيح، لإن العاملين الذين يحصلون على معاملة تفضيلية خاصة سيشعرون بعدم الإرتياح بالتفاعل مع أقرانهم في العمل، وفي نفس الوقت فإن العاملين الأخرين سوف يكونون مستاؤون من هذا الأمر، وعادة ما يصبحون هؤلاء أقل إنتاجية وتتغير تصرفاتهم وبالتالي سوف ينفر جميع العاملين منهم في وحدة العمل.

محفزات العاملين في صناعة الضيافة

بما إن من أهم واجبات منشأة الضيافة زيادة أداء عامليها في موقع العمل. فمن الضروري عليها مكافئتهم وتحفيزهم لضمان إستمرارية الخدمات المقدمة وجودتها من ناحية، ولزيادة رضاهم الوظيفي من ناحية ثانية وليكونوا قادرين على تنفيذ المهام والأنشطة التي تهدف الى تحقيق أهدافها، وبالطبع إن هذه المهمة ليست بالسهلة إطلاقاً بسبب إن التحفيز بحد ذاته يستند على إدراك الحاجات والرغبات غير المتحققة للأفراد، وهذا الإدراك بالطبع يختلف من فرد لأخر لأن العاملين في هذه الصناعة يختلفون عن بقية الصناعات الأخرى في نواحي كثيرة من أهمها، الإحتياجات، الثقافات، وظائف العمل، وما الى ذلك.

أغلب الافراد يدفع لهم مقابل وقت عملهم كما إن الجميع يريد أجوراً أو رواتب عادلة، وكل رب عمل يود أن يشعر عامليه بأنه أفضل شخص يقدم رواتب لهم،

وبالتالي يمكن القول بأن العاملين ورب العمل يعتبرون المال هو أفضل عامل للرضا الوظيفي. فعلى سبيل المثال يعتقد الكثيرين إن المال أو " الأجر أو الراتب الشهري " لوحده هو الدافع أو المحفز لا بل يعتبره البعض الأخر العامل الأكثر تأثيراً في تحفيز العاملين سواء أكان ذلك على شكل دفع أو على شكل نوع من أنواع المكافأت، لكن الخبراء في هذه الصناعة يعلمون إن ذلك غير صحيح. فالمال ليس هو المحفز الرئيسي الفعال وليس هو الوسيلة الرئيسية في بقاء العاملين، ولكن الإحتياجات غير المتحققة مرتبطة بوجود المال. فإضافة الى الأجر الأساسي فإن العاملين في منشأت الضيافة لديهم وسيلة الوصول وعلى درجات مختلفة إلى مكافأت عديدة مختلفة، فنظام المكافأت الكلي قد يحتوي على الأجر الأساسي الذي يتقاضاه العامل إضافة الى إعانة الإقامة التي توفرها البعض من منشأت الضيافة، وكذلك إعانة الطعام والشراب إضافة الى ما يتقاضاه العامل من إكراميات " البقشيش " ومن ثم نسبة من رسوم الخدمة المضافة الى أجره، وكذلك نسبة التلاعب وبيع الخدمات والطلبات وبدون قوائم رسمية في حالات ضعف الرقابة. كما إن بعض الأفراد يحفزون بالفرصة لكسب دخل غير محدود، كهؤلاء الذين يكون لديهم ميل للعمل في وظائف مبيعات العمولة وهناك أفراداً أخرين يفضلون جني أغلب الدخل في عمل خلال فترة زمنية قصيرة، كهؤلاء الذين لديهم ميل للعمل لأجل المكافأت أو العلاوات الكبيرة. مجموعة أخرى من الأفراد تفضل العمل في بيئة عمل ممتعة مع ساعات عمل مقررة وبعمل روتيني، كهؤلاء الذين يفضلون العمل في الوظائف الإدارية.

في منشأت الضيافة على سبيل المثال فإن أغلب العاملين يفضلون المكافأت الملموسة، في حين إن المدراء فيها يفضلون الأمن الوظيفي. فالمدراء غالباً ما يحفزون بتحدي العمل، الإنجاز، التقدير، والشعور الشخصي بالإنجاز بإعتباره عضواً مهماً في المنشأة، ومن هنا نستنتج بأن الأفراد لديهم إحتياجات وأولويات متفاوتة. ولهذا السبب ليست هناك قاعدة عامة بخصوص المحفزات لإفراد مختلفين. فالعاملين

لديهم عوامل تحفيزية مختلفة، فالمال ليس فقط هو الذي يحفز العامل، كما إنه لا يقدم الرضا الوظيفي المناسب للعاملين. كما يجب أن لا نغفل عن أمر مهم أخر وهو أن غالبية المنشأت لديها موارد مالية محدودة بشأن كمية الأموال التي ممكن أن تدفع للعاملين، وفي نفس الوقت عندما يحصل العامل على زيادة في الراتب أو الأجر، فإنه سيكون راضياً لعدة أسابيع، وبعد تلك الفترة الزمنية، فإن مقدار راتبه يصبح متوقعاً، والعامل سيشعر بأنه يستحق المزيد من المال. لذلك لجأت العديد من الإدارات الى طرقاً عديدة لإنشاء ممارسات تعويضات لتكون ملحقة بالمكافات المالية عند إنجاز الأداء.

دور إدارة الموارد البشرية في تحفيز العاملين في صناعة الضيافة

تهتم أغلب منشأت صناعة الضيافة بنوعية الخدمة المقدمة للضيوف والزبائن حيث يلعب العاملون فيها دوراً رئيسياً في نجاحها، وذلك بسبب إن الخدمات تعرض وتقدم من قبلهم. فعلى سبيل المثال إذ كان العاملين لا يقدمون الخدمة بالطريقة التي يجب أن تقدم بها، فإن الضيوف سيكونون غير مقتنعين بتلك الخدمة وبذلك ستتولد لديهم تجربة سيئة عن المنشأة وخدماتها، وبالتالي لن يعاودوا الزيارة مرة ثانية الى تلك المنشأة أو الفندق. أما إذا كانت الخدمة المقدمة من قبل العاملين ممتازة فستكون لدى الضيوف تجربة إيجابية دائمة عن تلك المنشأة.

اليوم يعتبر التحفيز قضية رئيسية في معظم شركات الضيافة، كما تولي إداراتها أهمية كبيرة للعوامل التي تزيد من دوافع العاملين وتحفزهم، ولغرض قيام العاملين بعملهم بأفضل صورة ممكنة وبكفاءة عالية وأن يكون لهم الدور السباق في تقديم أفضل المنتجات والخدمات كما يتوقعها الزبائن والضيوف، ولغرض البقاء في عالم التنافس ضمن هذه الصناعة وبنفس الوقت مع الصناعات الخدمية الأخرى، فإن مدراء اليوم مهتمون أكثر من ذي قبل بتطبيقات برامج التحفيز. إذ تسعى المنشأت في هذه

الصناعة وبشتى الطرق الى رعاية عامليها والإهتمام بهم بالشكل المطلوب لكي يقوموا برعاية زبائنها وضيوفها بالشكل المناسب ووفق المعايير المطلوبة.

على المدير الناجح أن يكتشف ماهو مهم لكل عامل ليعرف كيف يرد بما هو مناسب لتشجيع ذلك العامل، كما يتعين عليهم أيضاً أن يميزوا إحتياجات عامليهم بشكل جيد ليتمكنوا من معرفة الطريقة الأفضل لتحفيزهم. إذ ليسوا كل العاملين متشابهين، كما إنهم لا يملكون نفس المهارات أو الخبرات أو الكفاءة. لذلك لا يحتاج كل العاملين إلى نفس المراقبة حيث بعض العاملين يحتاجون إلى روتين ثابت مع مراقبة مستمرة ومباشرة أحياناً، في حين بعضهم الأخر يعملون لوحدهم من دون مراقبة، وفي نفس الوقت فإن المعلومات غير الكاملة قد تؤدي إلى إتخاذ قرارات سيئة من قبل المدراء لأن المعلومات القيمة عادةً تأتي من خلال القنوات الرسمية، أو من خلال الجولات للمدير في المنشأة، حيث عليهم أن يبقوا على أكثر من قناة معلومات مفتوحة مع العاملين لتقليل المفاجأت الغير مرغوب بها أن تحدث.

من هنا يتضح الدور الكبير الذي تلعبة إدارات وأقسام الموارد البشرية في تقديم أنواعاً مختلفة من المحفزات والإمتيازات المغرية للكثير من عامليها الحاليين والمتقدمين للعمل في نفس الوقت، لغرض إدراك تلك الحاجات والرغبات الغير متحققة. حيث إن التحفيز يحقق لمنشأة الضيافة وكما موضح في الشكل رقم (16) العديد من الميزات من أهمها:

- التحفيز يجعل العاملين يبحثون دائماً عن أفضل الطرق لأداء العمل وبأفضل صورة ممكنة.

- زيادة مدخلات العاملين وخلق الشعور بالإستقرار والولاء للمنشأة.

- تخفيض تكاليف العمل والحرص على تقليل الهدر في الوقت وبالموارد المستخدمة في الإنتاج.

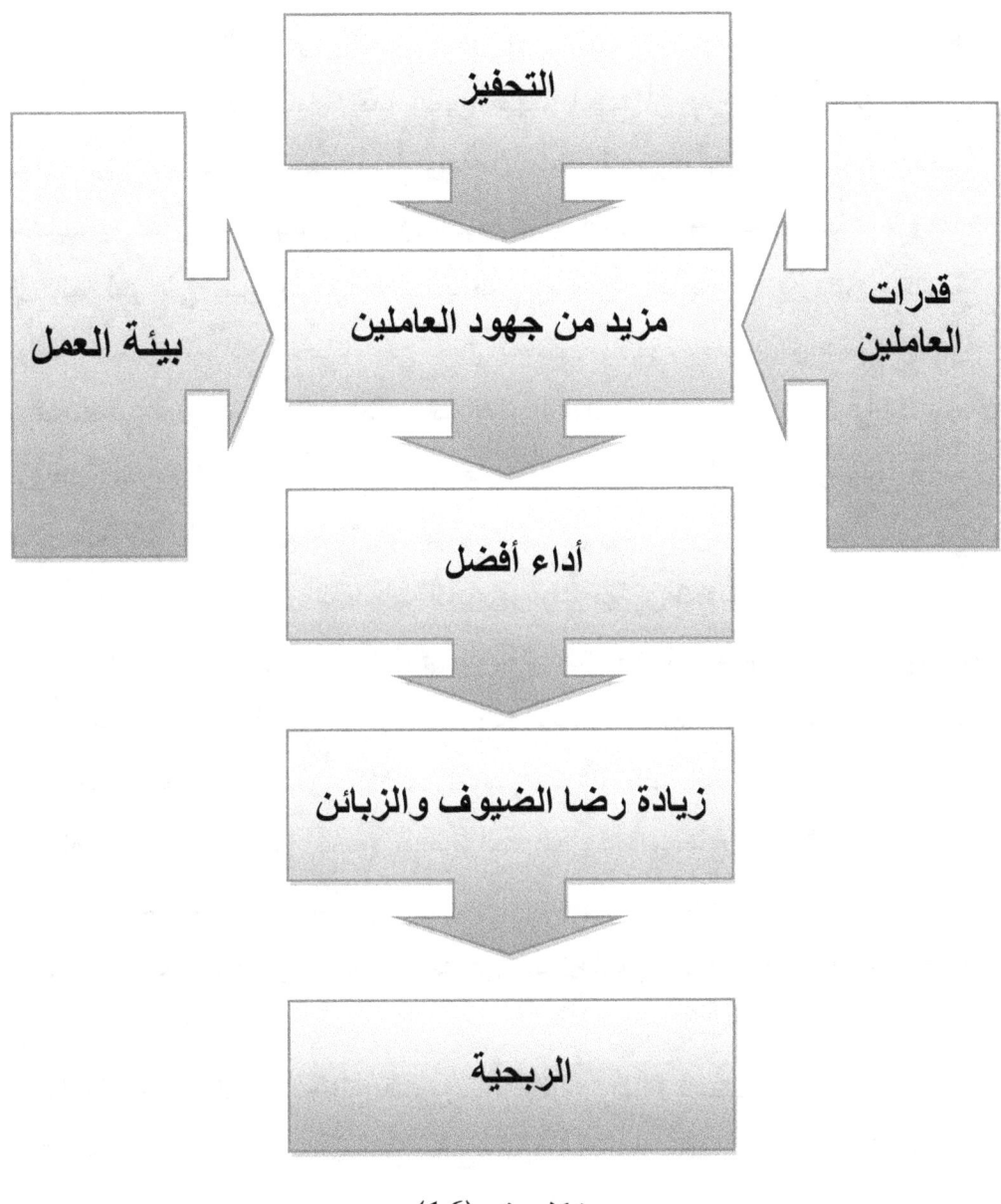

شكل رقم (16)

يوضح أهمية التحفيز في منشأت الضيافة

– تقليل المشاكل في موقع العمل كحالات الغياب ودوران العمل وإنخفاض الروح المعنوية للعاملين.

– زيادة إنتاجية العاملين وخاصة الذين يتم تحفيزهم، ومن ثم تحسن في نوعية الخدمة المقدمة للزبائن والضيوف وبالتالي زيادة ربحية منشأة الضيافة من جراء زيادة الإيرادات المتحققة.

– التحفيز الجيد يساعد على إستقطاب وجذب العاملين، ويولد لديهم الرغبة في الإنضمام لمنشأة الضيافة والبقاء فيها أيضاً.

– تحفيز العاملين يؤدي الى أداء المهام بطريقة يمكن الإعتماد عليها.

الفصل التاسع

التعويضات والمزايا الإضافية

9 التعويضات والمزايا الإضافية

إن موضوع التعويضات والمزايا الإضافية يشغل اليوم وبشكل جدّي بال الإدارات في مختلف منشأت الأعمال، وإن إدارة حزمة التعويضات سوف تستمر لتكون أكبر قضية للموارد البشرية وخاصة في قطاع الضيافة. حيث باتت تكاليفها الباهضة تشكل أرقاً حقيقياً لها، وفي نفس الوقت تشغل بال أغلب العاملين الحاليين والجدد إذ تعمل التعويضات كحوافز لتحفيز العاملين وبذل مزيد من الجهود من قبلهم في العمل وكمحفز لتحسين أدائهم. كما تساعد على استقطاب الأشخاص المناسبين من ذوي الكفاءات والمهارات العالية الى منشأت هذه الصناعة. ولأهمية هذا الموضوع فقد تم فرد هذا الفصل للتعرف على ماهية التعويضات وأهم أنواعها وخاصة في صناعة أساسها الخدمة كصناعة الضيافة.

إن توضيح الإمتنان للعاملين مقابل الأداء الجيد يجب أن يكون قاعدة لفريق إدارة منشأة الضيافة. حيث يسمع كثير من العاملين في صناعة الضيافة عبارات رنانة أو كلمات متكررة للمديح وبشكل مستمر من قبل الإدارة متمثلة بالمشرفين والمدراء وكذلك من قبل الزبائن والضيوف، منها "شكراً" أو "أحسنت صنعاً" أو "أحسنت" كتعبير عن نوعية الخدمة المقدمة وجودتها أو أدائهم الجيد، وهذه الكلمات تعطي العاملين قيمتهم في العمل، وغالباً ما تكون هناك ردود فعل مختلفة وإيجابية وخاصة عندما تكون تلك العبارات معززة "بمكافأة ملموسة"، فبالتأكيد سوف تقطع شوطا كبيراً نحو إرساء ثقافة الثقة والروح المعنوية العالية لدى العاملين، وعلى المدراء أن يتذكروا دائماً إن معظم العاملين يحتاجون إلى دعم إيجابي لأدائهم الأمثل.

لقد أظهرت العديد من الدراسات ان سبب بقاء العاملين في منشأة الضيافة هو وجود بيئة عمل مثالية، وكذلك المعنويات العالية التي يحظون بها، حتى في حالة وجود فرص عمل وعروض ومغريات كثيرة لدى المنافسين. فالكثير من إدارات منشأت الضيافة تبتدع طرقاً ووسائل متنوعة لضمان منح عامليها مزيد من المعنويات لضمان ولاء وإخلاص أكثر لمنشأة الضيافة، لذا يتطلب من الإدارة تطوير وتنمية الروح السخية مع العاملين وضمان أجر جيد وعادل نسبياً لضمان فترة بقاء أطول لهم في المنشأة ومنع تسرب الكفاءات والمهارات والخبرة المتزايدة لدى عامليها الى المنافسين.

في نفس الوقت فإن نجاح المنشأة على المدى الطويل، وربما لبقاءها على قيد الحياة قد يعتمد على مدى سيطرتها على التكاليف وتحسين كفاءة عامليها، فعلى سبيل المثال قامت الكثير من منشأت الخدمات كالمستشفيات وشركات الطيران والبنوك بتقليص أعداد عامليها وذلك بسبب معاناتها من إدارة تكاليفهم المرتفعة بإستمرار كونها منشأت تتميز بأيدي عاملة كثيفة، مما أثر ذلك سلباً على طبيعة الخدمات التي تقدمها للزبائن. هذا من ناحية ومن ناحية أخرى فإن الكثير من الخبراء في هذه الصناعة تحديداً يرون إن أعظم تحدي للموارد البشرية اليوم هو في كيفية تحديد أفضل طريقة للدفع للأفراد العاملين بدلاً من تقليص حجم الأيدي العاملة خاصة إن العمل فيها بشكل عام يتميز بإنخفاض الأجور وبمهام مكثفة.

يرى البعض إن أفضل أربعة عوامل مهمة لتحقيق تحفيز العاملين هي الأجور الجيدة، بيئة عمل أمنة، إمكانية الحصول على ترقية، أجواء عمل جيدة. لذلك يولى للتعويضات وحزمة المنافع في هذه الصناعة إهتمام خاص، حيث على المدراء أن يختبروا حاجات ورغبات الزبائن والضيوف وفي نفس الوقت أن يستعملوا وسائل عديدة لجذب والاحتفاظ بالعاملين وأن يبحثوا ويطوّروا فهم حاجات مستخدميهم بإستمرار.

أن العاملين ليسوا كلهم متشابهين، فبعضهم يبحث عن المال ليضيفوه إلى دخلهم بينما بعضهم الأخر يبحث عن عمل ما لإنه سيكون مصدر دخلهم الوحيد. كما إن

العاملين في هذه الصناعة يبحثون عن منافع مختلفة فالبعض منهم ينجذبون بمنافع التأمين الصحي الجيدة بينما بعضهم الأخر قد ينجذبون بساعات العمل المرنة خاصة لبعض الوظائف كوظائف التدبير المنزلي أو وظائف المكتب الأمامي، أو ينجذبون ببرامج الإطعام الخاصة بالعاملين..إلخ. وقد تستخدم بعض منشأت الضيافة بعض أنواع المنافع كالعناية بالطفل على سبيل المثال لجذب نوع معين من العاملين، وعليه فإن المزيج الذي يبحث عنه العامل عادة ما يتكون من العمل، الدفع، المنافع، الموقع، النقل، ساحة الوقوف، عدد ساعات العمل، والمكافأت المعنوية الغير ملموسة، مثل السمعة وفرص العمل المتقدمة...إلخ.

على مر السنين أصدرت الكثير من الدول العديد من القرارات التشريعية الخاصة بمنح التعويضات بأنواعها للعاملين في هذه الصناعة بالذات، والتي لها تأثير كبير على الإحتفاظ بالموارد البشرية فيها، وبشكل عام فإن أغلب تلك التشريعات تشمل جوانب عدة من أهمها، قانون الحد الأدنى للأجور، وجبات إطعام العاملين، الزي الخاص بالعمل، دفع الرواتب المتساوية، العمل الإضافي وساعات العمل الإضافية، الإكرامية أو "البقشيش" المقدمة للعاملين، والى غير ذلك من القوانين الأخرى ذات العلاقة. بالإضافة الى ذلك هناك دول أخرى تمنع قوانينها وتشريعاتها المنشأت ومنها منشأت الضيافة من دفع رواتب أو أجور مختلفة إعتماداً أو طبقاً لنوع الجنس أو العمر أو لأي فروقات تمييزية أخرى، وبموجب تلك القرارات أصبح من غير القانوني التمييز بين العاملين فيما يخص الإستخدام، أو في منح التعويضات أو المزايا الإضافية، أو في ظروف العمل، وهذا ماسيتم التطرق اليه في فصل خاص.

مفهوم التعويضات   Compensation

عندما يفكر العاملون في التعويضات، فإن فكرهم يتجه بداية نحو أجرة الساعة الإضافية، إضافة الى مقدار المزايا المستلمة الأخرى التي يستلمونها، ويستخدم مصطلح التعويض لوصف ما يسميه معظم الناس "القبض "مالياً. وفي الحقيقة، فإن

التعويض هو أكثر من "القبض". إذ إنه نظام المكافئة الكامل المكون من سياسات مثبتة وإجراءات تحكم رزمة التعويضات. حيث يرى البعض أن التعويضات التي يحصل عليها العاملون تتمثل بالرواتب والأجور المدفوعة لهم جراء تحملهم مسؤولياتهم والتزاماتهم بضوابط وإجراءات العمل. وإن المكافآت الأساسية التي يستلمها العاملين تشكل جوهر التعويضات المالية التي يحصلون عليها.

في الواقع هناك أكثر من تعريف لمفهوم التعويضات فالبعض يعرفها على إنها مجموعة من المكافآت أو التسهيلات ذات القيمة المادية، والتي توفرها إدارة المنشأة لعامليها، والتي تسهم في تقليل معدلات دوران العمل وتحقيق الاستقرار في قوة العمل. ويعرفها البعض الأخر على أنها مكافآت تقدمها الإدارة لعامليها نظير رغبتهم في إنجاز الأعمال والمهام الموكلة إليهم، وتتشكل من عدة عناصر أهمها الأجر الثابت والحوافز والعلاوات والمكاسب وما إلى ذلك. في حين يرى البعض الأخر على أنها مكافأت مالية وغير مالية تمنح للعاملين والإداريين وغيرهم مقابل العمل الذي يؤدونه. لذا يمكن القول بإن مفهوم التعويضات المالية والميزات الإضافية في صناعة الضيافة "كنظام" يتضمن جميع المكافأت والمحفزات والتي يعبر عنه بالإجراءات والسياسات التي تحكم حزمة التعويضات. ويمتد النظام ليشمل تحديد ما يتقاضاه العامل بشكل مباشر، وفقاً لنظام الأجور والرواتب المقررة، وما تقدمه الإدارة من ميزات وحوافز إضافية مادية ومعنوية تزيد من حجم أجره بشكل غير مباشر لتدعم المستوى المعاشي للعاملين، لقاء الخدمات والجهود التي أسديت خلال فترة العمل، بهدف تحقيق أهداف المنشأة.

إن الغرض الرئيسي من نظام التعويضات هو ربط منح المكافأت بتقييم الأداء. فهي إعلام وتذكير العاملين بخصوص ماهي النتائج المهمة، وتحفيزهم لإنجاز تلك النتائج. كما يجب أن يكون هناك صلة مباشرة بين النتائج أو الإنجاز والتعويضات. كما تعمل الإدارات في منشأت الضيافة بشكل دوؤب لغرض إحتساب كلفة

التعويضات والمزايا بشكل دقيق لأهميتها بالنسبة للمنشأة وللعاملين في أن واحد. وعلى سبيل المثال أشار Walker (2006,p.552) إلى أن نسبة التعويضات والمزايا في صناعة الفنادق تشكل ما مقداره (30%-45%) من حجم المبيعات، جاعلة منهما عامل الكلفة الفردية الأعلى في صناعة الضيافة بشكل عام وفي الصناعة الفندقية بشكل خاص.

أنواع التعويضات

تميز المنشأت في هذه الصناعة عن غيرها من المنشأت الأخرى كونها تقدم أنواعاً متعددة من التعويضات بسبب طبيعتها، والتي تشمل الرعاية الصحية، العطلة والإجازة المرضية المدفوعة الأجر ،المساعدة التربوية، التقاعد، العلاوات....الخ، والتي قد تدفع كلياً أو جزئياً من قبل رب العمل لمنفعة العاملين. فعلى سبيل المثال فإن تقديم المنافع الطبية والتقاعد لبعض الأنواع قد أصبح تقريباً إلزامياً للعديد من أرباب الأعمال. حيث لها الأثر الكبير في خلق الطمأنينة عن مستقبل العاملين المادي والصحي. فأرباب العمل لمنشأت الضيافة الكبيرة والذين لا يقدمون مثل تلك المنافع إلى عامليهم الدائميين سيكونون حالات شاذة في الصناعة، وسيواجهون مصاعب كبيرة في جذب والإحتفاظ بقوة عاملة مؤهلة وذات خبرة. وفي الغالب تصنف التعويضات عادةً إلى صنفين هما:

1- التعويض المباشر .(Direct Compensation)

2- التعويض غير المباشر . (Indirect Compensation)

فالتعويض المباشر يتضمن دفع الأجر أو الراتب الى جانب الحوافز المالية لقاء العمل المؤدى خلال علاقة التوظيف. أما التعويض غير المباشر فيتمثل بالتسهيلات والخدمات التي تقدم للعاملين في المنشأة والتي لاتمثل تعويضاً مادياً يحصل عليه بشكل مباشر، وإنما يمثل قيمة معنوية لهم، ويرى (Mondy,2008,p.275) إن

التعويضات المدفوعة تقسم الى تعويضات مالية مباشرة "كالإجور والرواتب والعمولات والمكافات"، وتعويضات مالية غير مباشرة "مزايا" وهي تتضمن كل المكافات المالية التي هي غير مشمولة بالتعويضات المباشرة. والتعويضات غير المالية تتضمن القناعة التي يستلمها الفرد العامل من العمل نفسه أو من البيئة النفسية و/أو الجسدية حيث يعمل العامل وكما موضح في الشكل رقم (17).

نظم الأجور

تعتبر الأجور في صناعة الضيافة أحد الأسس المهمة في استقطاب العاملين الكفؤين والمهرة وأحد أهم الأمور التي تزيد من إستقرار الأيدي العاملة فيها، بالإضافة الى دورها الكبير والمهم في زيادة ولاء وأخلاص العامل، وإن عدم العدالة في منحها ضمن نفس منشأة الضيافة يمكن أن يؤدي إلى هبوط معنويات العاملين ويخلق حالة من عدم الرضا بينهم ويرفع من حالات الغياب ومن معدل دوران العاملين وبالتالي ينعكس أثره سلباً على الأداء والإنتاجية.

إن أغلب الأنظمة التقليدية يكون فيها الدفع وفق طبيعة الوظيفة ومتطلباتها بدلاً من تحديد الأجور والرواتب وفق كفاءة الأفراد أو ما يمتلكون من معرفة ومهارة بعكس الطرق الحديثة التي يكون فيها الدفع على أساس المهارة والمعرفة حيث يتم الأخذ بعين الإعتبار المواهب والمعرفة والمهارة التي يتطلبها العاملون عند أدائهم لوظائفهم، إذ يزداد راتبهم بزيادة الأعباء والمسؤوليات المنجزة بنجاح، حيث غالباً ما يكون هناك مستويات مناسبة من التعويض خاصة عندما يتم تقييم الوظيفة من ناحية مستوى المهارة والمسؤولية والكفاءة والمعرفة وظروف العمل، إضافةً الى مجموعة مديات من الزيادات والتي تسمح بالتقدم بعد مضي وقت محدد حيث يتم عندها تدريج الوظائف وتسعيرها، مع الأخذ بعين الإعتبار فقرات معينة في بعض التخصصات كالبقشيش أو أجور الخدمة، وأدناه بعض أنظمة الدفع المعتمدة في صناعة الضيافة:

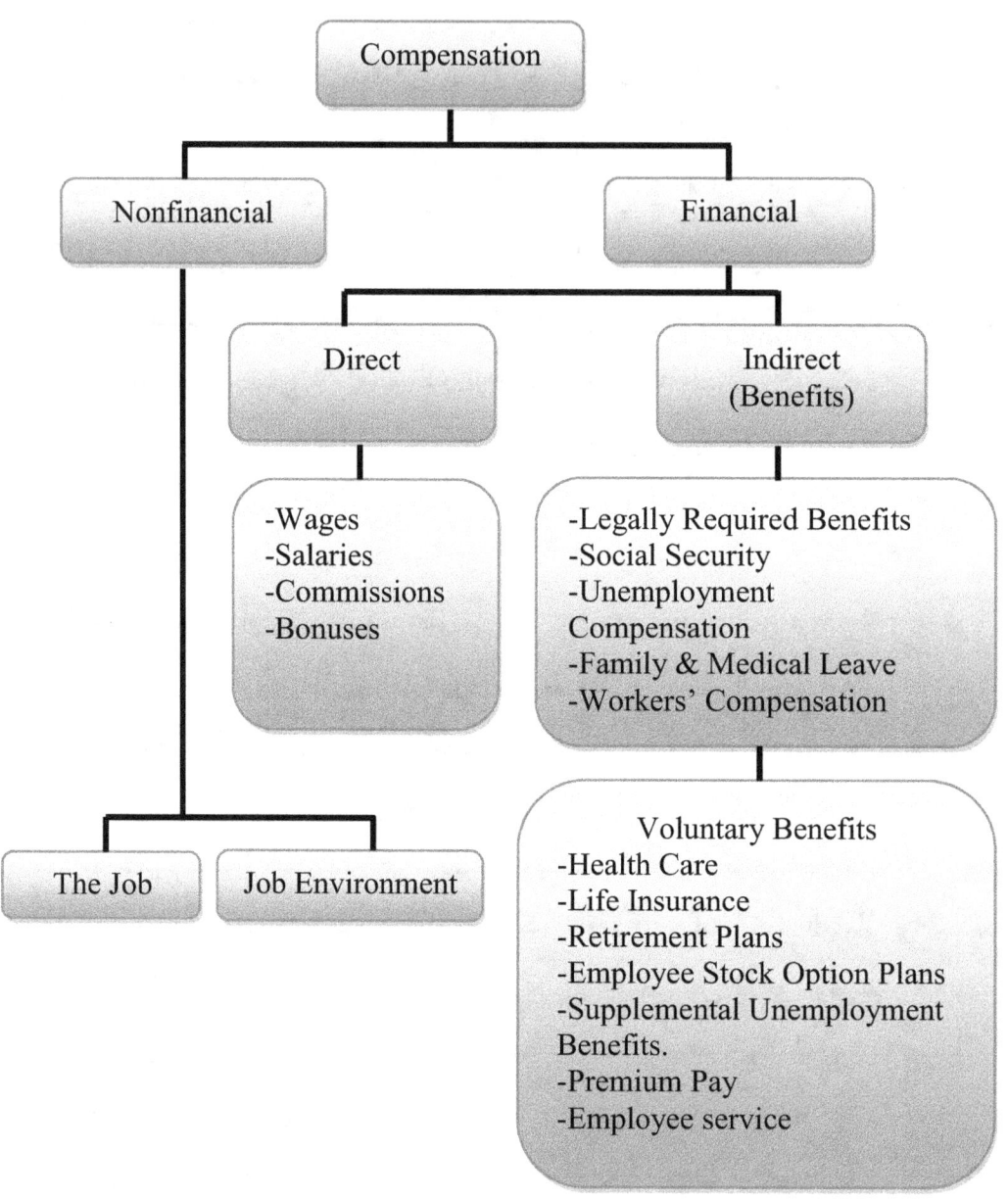

شكل رقم (17) شكل يوضح أنواع التعويضات

Source: Mondy, R. W. (2008). *Human resource management* (10th ed.). Boston, United States: Prentice Hall, P.277

– الراتب salary

يستخدم هذا المصطلح للعاملين الذين يعملون وفق نظام العمل المستمر ويخضع للتعويض الثابت. أي أنها الأجور أو التعويضات الثابتة المحسوبة والمدفوعة على الأساس الأسبوعي أو، كل أسبوعين، أو شهرياً، كأن يكون (1500) دولار شهرياً أو (400) دولار في الأسبوع. يمنح هذا النوع من الأجر في بعض الدول بشكل مقطوع لرؤساء الأقسام والمدراء، ولا يحق لهؤلاء الحصول على أي أجر إضافي عن ساعات العمل الإضافية، حتى لو أستوجب بقاءهم لضرورات العمل. كما تشترط إدارات منشأت الضيافة إن من يتقاضى هذا النوع من الأجر أن يعمل بما لايقل عن (40) ساعة فأكثر أسبوعياً.

– الأجر بالساعة أو الأجر ليوم عمل   Hourly wage or day work

ويقصد به العاملون الذين يتقاضون أجورهم وفقاً لساعات العمل المعتمدة أو عدد ساعات العمل "الإشتغال "، وقد تكون بشكل يومي أو أسبوعي، ويدفع هذا النوع من الأجر في الغالب للعاملين في هذا القطاع من الإداريين وبقية العاملين، وغالباً ما يشترط عليهم تسجيل ساعات دخولهم وخروجهم من العمل، بموجب ساعات أو أجهزة خاصة مصممة لهذا الغرض لإغراض إحكام الرقابة، حيث يختم العامل أو يبصم بصمة أبهامه أو بصمة جميع أصابع يده في أن واحد عن طريق وضع راحة اليد على جهاز خاص لهذا الغرض عند بدء وجبة عمله وعند الإنتهاء منها، وتختلف الأجور الممنوحة بالساعة إختلافاً كبيراً بين وظيفة وأخرى تبعاً للمهارات ومسؤوليات الوظيفة، وكذلك تختلف من بلد لأخر، وفي بعض الأحيان داخل نفس البلد. فعلى سبيل المثال في الولايات المتحدة الأمريكية فإن معدل الأجور يختلف بين ولاية وأخرى، ويحدد بموجب قانون خاص لحماية العاملين، ويتفاوت الحد الأدنى الفدرالي للأجر فيها مابين (5.15) دولاراً للساعة الواحدة في بعض الولايات ليصل الى

مستويات (20) أو أحياناً الى أكثر من (30) دولاراً للساعة الواحدة وخاصةً لذوي المهارات الخاصة والكفاءات العالية من العاملين في هذه الصناعة، وبالطبع فإن هذه الأجور لا تتضمن المزايا الإضافية الأخرى مثل أنظمة التقاعد وغيرها.

العوامل المؤثرة في منح التعويضات

تجدر الإشارة إلى إن تطبيق سياسة موضوعية وعادلة للأجور يرتكز أساساً على تطبيق نظام لتقييم الوظائف بهدف تحديد الأهمية النسبية للسياسة في ضوء واجبات ومسؤوليات وشروط شغل الوظيفة، وذلك في سبيل منح الأجر في ضوء ما يتضمنه العمل أو الوظيفة من أعباء ومسؤوليات. حيث إن الفرد غالباً ما يقارن معدل عوائده المتوقعة قياساً بما يقدمه من مهارات وخبرات وما يحمله من مستوى تعليمي، فضلاً عن مقارنتة مع معدل عوائد الأفراد العاملين من أقرانه. فإذا زاد معدل ما يستلمه سوف يشعر بالذنب. وإذا نقص معدل ما يستلمه عن المعدل الطبيعي فإنه سوف يشعر بعدم العدالة، وقد تتسبب كلا الحالتين بعدم القناعة والرضا. لذا يتوجب على إدارة الموارد البشرية في هذه الصناعة الأخذ بالاعتبار تحقيق العدالة والتوازن من خلال عاملين أساسين في منح التعويضات للعاملين، وهما العدالة الداخلية، والعدالة الخارجية، وأدناه شرح لكل منهما:

أ–العدالة الداخلية   Internal equity

يقصد بها إن العاملين يقارنون بين التعويضات التي يتقاضونها مع التعويضات الممنوحة لأقرانهم في العمل من ذوي نفس المستوى الوظيفي والتأهيل في نفس منشأة الضيافة، للتأكد من كونهم يعاملون بإنصاف لقاء إسهاماتهم في المنشأة أسوة بالعاملين الأخرين. يرى بعض المختصين إن الإختلاف في منح التعويضات بشكل غير عادل ومنصف وخاصة في هذه الصناعة قد يؤدي الى الكثير من المشاكل منها

أهمها النزاع بين العاملين وسوء الظن والشك وإنخفاض الروح المعنوية والغضب، وقد تصل أحياناً الى إجراءات قضائية إذا كان عدم العدالة ناتجاً عن التمييز، وبالتالي قد تؤدي هذه المشاكل إلى زيادة دوران العمل ومن ثم ترك العمل وتأثير ذلك على المنشأة والضيف في أن واحد.

ب–العدالة الخارجية   External equity

يقصد بها قيام العاملين بمقارنة ما يتقاضونه في منشأة الضيافة التي يعملون فيها مع ما يتقاضاه العاملون الأخرون الذين يؤدون أعمال مشابهة في منشأت أخرى في نفس الصناعة. إن من أهم المشاكل التي من المحتمل أن تبرز مع عدم العدالة الخارجية هو دوران عاملين عالٍ ناتج عن ترك العمل بحثاً عن فرص أفضل في مكان أخر، وعند شيوع إنعدام العدالة الخارجية لدى العاملين فإن الإدارة ستواجه في الغالب صعوبات في جذب عاملين جدد للمنشأة. لذلك فمن المهم والضروري لمنشأة الضيافة القيام وبشكل مستمر بعمل إستبيان للإجور المدفوعة في المنشأت الأخرى "نفس الصناعة "للوقوف على معدلات الأجور السائدة فيها، فضلاً عن معرفة الإطار العام لنظام الأجور في تلك المنشأت لتجنب مثل تلك الإشكالات لعامليها.

يرى البعض الأخر من المختصين إن هناك عاملين أساسين خارجيين يؤثران على إستراتيجيات التعويض في صناعة الضيافة، وهما شروط سوق العمل الذي يشمل العرض والطلب، وتطبيقات التعويضات من قبل المنافسين ضمن نفس الصناعة والموقع الجغرافي. أما داخلياً فهناك ثلاثة عوامل محتملة تؤثر على إستراتيجيات التعويضات هي الإلتزام بأن يكون الراتب أو الأجر هو:

- القائد (Leader).
- المتدني (Laggard).
- التابع (Follower).

فإستراتيجية الأجر القائد تتضمن أن تكون منشأة الضيافة أفضل منشأة تمنح تعويضات قياساً بالمنافسين، بينما يقصد بإستراتيجية الأجر المتدني منح التعويضات للعاملين من قبل إدارة المنشأة تحت المعدل التنافسي بشكل مقصود. أما إستراتيجية الأجر التابع فهو يطابق متوسط الأجر الذي يمنحه المنافسون لكل مستوى وظيفي فيها. من الجدير بالذكر إنه ليست هناك إستراتيجية صحيحة أو خطأ يجب أن تتبناها منشأة عن أخرى، فمهمة المنشأة هو أن تتبنى الإستراتيجية التي تراها مناسبة والتي تتناسب مع وضعها التنافسي، وكذلك مع الإمكانيات المالية اللازمة والمتوفرة لتبني تلك الإستراتيجية. فإذا كانت مهمة المنشأة أن تصبح الأفضل في الصناعة، فإن إستراتيجية " القائد " ستكون هي الملائمة لها، ولكن قد تفتقر المنشاة إلى التمويل اللازم لتبني مثل هذا النوع من الإستراتيجية. أما إذا كانت مهمة المنشأة تقديم أوطأ الأجور، فعندها ستكون إستراتيجية " المتدني " هي الملائمة لها.

المزايا الإضافية Fringe Benefits

من الضروري أن تهتم إدارات منشأت الضيافة بالمزايا الإضافية. وعادة ما تقدم تلك الإدارات في يومنا هذا مجموعة كبيرة من المنافع تسمى حزمة المنافع (Benefits Package). كما توفر بعض المنشأت ومنها منشأت الضيافة برامج إختيارية خاصة يسمح بموجبها لعامليها باختيار منافع معينة دون أخرى معروضة عليهم ويطلق على هذه العملية أسم " المنافع المرنة ". ومهما اختلفت هذه الأساليب والطرق فإن معايير منح تلك المزايا غالباً ما يكون مرتبط بأحد أو أكثر من المعايير من أهمها " الأداء، الجهد المبذول، الأقدمية في العمل، المهارات والمعارف، الخبرة، الصعوبات المرافقة للعمل، طريقة التعامل مع الزبائن والضيوف ".

يمكن القول إن هذه المزايا هي بمثابة إلتزامات إجتماعية على المنشأة تجاه العاملين لديها، وسواءاً قدمت المنشأة هذه المزايا بشكل طوعي أو إلزامي فتعتبر من

العوامل التي تسهم في رفع معنويات العاملين إضافة الى عامل مشجع لإجتذاب عاملين ذوي كفاءة عالية. كما تشمل تلك المزايا أنواعاً عديدة تختلف بإختلاف منشأت الضيافة وحجمها وطبيعة إدارتها.

تقوم العديد من الإدارات بإحتساب كلف المزايا الإضافية على المدى الطويل للعاملين الأكثر تأهيلاً لهذه المزايا، والتي لا تكون متوافرة لنظرائهم العاملين الذين يتم تعيينهم حديثاً، وهذه المزايا البعيدة المدى يجب أن تبقى معلنة على العاملين ويمكن أن تستخدم كحافز للإحتفاظ بهم كما هو الحال مع البعد التحفيزي لبرامج التعويض الأساسية والتي تعلن وبشكل دوري على العاملين الحاليين والجدد.

إن المزايا الإضافية قد نمت في السنوات الأخيرة بوتيرة أسرع من الأجور، وفي الواقع فإن المزايا الإضافية للعاملين لم تعد تعتبر إضافية بعد. إذ كانت تمثل تلك المزايا في الولايات المتحدة الأمريكية لوحدها في عام (1929) نسبة أقل من (2%) من الرواتب، أما اليوم فإنها تمثل ما يقارب (30%) منها. كما إن الكثير من العاملين يطلبون المزيد من المزايا الإضافية بدلاً من المطالبة بزيادة رواتبهم أو أجورهم، لتجنب ضرائب أعلى على دخلهم الشهري، وقد أدى هذا الى الكثير من الديون وتحقيقات حكومية أكثر. كما تجدر الإشارة الى أن العاملين في الأونة الأخيرة بدأوا يواجهون مشكلة كبيرة عندما ينخرط بعضهم بحزمة مزايا على سبيل المثال الرعاية الصحية أو العناية بالأسنان أو الرعاية الصحية للعيون، حيث أن تكاليفها ما زالت بدوامة الإرتفاع، وبدأ أرباب العمل يطالبون عامليهم بدفع حصة أكبر من قائمة رعايتهم الصحية مما أثر سلباً على وضعهم المعاشي.

من المزايا الإضافية المهمة والتي تشغل بال العاملين هي الضمان الإجتماعي والتقاعد اللذان لهما الأثر الكبير في خلق الطمأنينة لمستقبلهم، وبالرغم من قيام بعض أرباب العمل في هذه الصناعة بإحالة العاملين لديهم على التقاعد بوقت مبكر بهدف تخفيض حجم التوظيف، إلا أن إحالة كبار السن على التقاعد بوقت مبكر سوف يترك

أثاراً سلبية على نوعية المنتجات والخدمات المقدمة للزبائن بسبب فقدان عاملين ذوي مهارة وخبرة وكفاءة طويلة في مجال تخصصهم.

أنواع المزايا الإضافية

اليوم، ولغرض جذب والإحتفاظ بأفضل العاملين لمنشأة الضيافة، فإنه يتطلب منها المزيد من الجهد والعديد من عوامل الجذب، وتحقيقاً لهذا الغرض دأبت الكثير من منشأت الضيافة الى عرض العديد من الخطط لعدة شركات تأمين، وتمنح العاملين حرية الاختيار وبما يتناسب ودخلهم، كما تمتاز تلك الخطط بنوع من المرونة ووجود عدد من البدائل.

إن توظيف منشأة الضيافة لطبيب خاص بهدف تقديم الخدمات الطبية لعامليها على سبيل المثال ربما سيكون أقل تكلفة من التعاقد مع شركة تأمين صحي، وفي نفس الوقت فإنها تمثل تخفيفاً من عبء التكاليف الصحية الملقاة على كاهل العاملين في المنشأة. كما إن منح تلك المزايا للعاملين يتفاوت من منشاة لأخرى تبعاً لعدة أمور من أهمها وضع المنشأة المالي وموقعها في السوق ووضعها التنافسي، ومن أهم أنواع تلك المزايا في صناعة الضيافة:

1. العلاوات

من الممكن تحفيز وتشجيع العامل المتفوق بترقية مناسبة ومنحه مسؤولية أكبر بهدف ضمان بقائه في المنشأة، ويشعر بعض العاملين إنهم عند حسن ظن الإدارة وإنهم بوضع أفضل عند ترقيتهم ومنحهم مستوى أعلى من مستوياتهم السابقة وبرواتب أعلى مما سيدفعهم ذلك للبقاء في المنشأة لفترة مستقبلية أطول، وفي الغالب يتم منح العلاوة على أساس الجهود المبذولة من قبل العامل أو الجدارة في العمل (Merit) أو الأقدمية (Seniority).

2.الأجور الإضافية

يتقاضى العامل أجوراً إضافية في حال تكليفه بعمل إضافي يؤديه في غير أوقات العمل الرسمية، أو يستوجب بقاءه بعد الدوام الرسمي لأغراض تمشية مهمات أو أعمال معينة لصالح منشأة الضيافة، وعلى أن لا يتعارض ذلك مع سياسة المنشأة سواء أكان هذا العمل من ذات طبيعة عمله الأصلي أم مغايراً له، وفي أغلب الأحيان يحتسب الأجر الإضافي للعامل بطرق معينة وحسب أنظمة ولوائح منشأة الضيافة.

3.بدلات طبيعة العمل

تقرر هذه البدلات عادة في ظروف خاصة تقتضي تمييز الوظيفة بأجر أعلى أو بمنح العامل مزايا إضافية بسبب ظروف وبيئة العمل أو لأمور معينة خاصة بالوظيفة، ودون أن يرتبط ذلك بالضرورة بمستوى صعوبة ومسؤولية العمل.

4.تعويض الحوادث

ويقصد بها تعويض العاملين عن الحوادث وإصابات العمل التي يتعرضون لها في منشأة الضيافة وأثناء العمل حصراً، كما يجب أن توثق تلك الحوادث أو الإصابات من قبل الإدارة حال حدوثها، إذ لا يجوز للعامل الإدعاء بالإصابة بعد فترة معينة من الإصابة. كما يجب أن تستند تلك الحوادث على تقارير طبية رسمية.

5.الضمان الإجتماعي

توفر أغلب المنشأت دخلاً للمتقاعدين يكون بنسبة مئوية من الأجر أو الراتب الذي يستلمه العامل شهرياً، وتختلف هذه النسبة من بلد لأخر. وعادةً يحتسب من خلال نسبة مئوية محددة من أجر أو راتب المتقاعد في السنة الأخيرة لحياته الوظيفية.

6.تأمين العجز

يتم التأمين لمصلحة العاملين ضد عدم القدرة على الإستمرار في أداء العمل نتيجة إصابات بدنية جسيمة تمنعهم عن العمل.

7. تعويض البطالة

في حالات معينة وفي ظروف خاصة تمر بها المنشأت يستدعي الإستغناء عن خدمات بعض العاملين، فيتم تعويضهم عن تركهم العمل ولمدة معينة وحسب اللوائح والأنظمة السائدة كأن يتم منحهم نصف ما كانوا يتقاضونه من أجر أو راتب عندما كانوا يعملون ولفترة معينة، كأن تكون ستة أشهر قابلة للتمديد الى حد سنة واحدة كما هو الحال في في بعض الدول الرأسمالية.

8. التأمين الصحي أو برنامج الرعاية الصحية

أصبحت العناية بصحة العاملين وسلامتهم من الأمور المهمة في عصرنا الحالي، وذلك بالتأمين على صحة العاملين (Health Insurance) عن طريق التعاقد مع إحدى المستشفيات لعلاج العاملين وأسرهم بالمجان أو بأجر رمزي، وفي بعض الدول يتم أستقطاع مبلغ شهري لقاء ذلك لضمان العلاج.

9. الإجازات الدورية

يقصد بها تقرير حق العاملين في الحصول على إجازات دورية بأجر كامل (Annual Leaves)، وهو إجراء إجتماعي وحافز لتحسين الأداء والإستمرار في خدمة المنشأة.

10. معاشات التقاعد

تنص على منح معاشات (Pensions) للعاملين في المنشأة حال بلوغهم السن المقررة لترك الخدمة.

11. إجازة الولادة

يقصد بها منح العاملين في المنشأة من العنصر النسوي في منشأة الضيافة إجازة للولادة "للوضع" لمدة شهر كامل وبأجر كامل، وفي الولايات المتحدة الأمريكية على سبيل المثال تمنح بعض منشأت الضيافة إجازة أيضاً للزوج للإهتمام بالطفل الرضيع مع الأم.

12. الإجازة العارضة

تمنح بعض المنشأت في بعض البلدان العاملين لديها أجراً كاملاً عن الإجازات العارضة في حالات خاصة كالمناسبات الخاصة أو أحداث معينة أو أمور طارئة يمر بها العامل، ومثال على ذلك زواج العامل أو أحد أفراد أسرته، أو مرض أو وفاة أحد أقاربه ومن الدرجة الأولى، وإلى غير ذلك من الأمور الطارئة الأخرى، وعادة ما تكون فترة هذه الإجازات محدودة كأن لاتتجاوز ثلاثة أيام في السنة.

13. الإجازات المرضية

تنص على منح العاملين أجراً كاملاً عن الإجازات المرضية (Sick Leave)، وعادة يكون هناك حد أقصى للإجازات المرضية المدفوعة الأجر، ويتولى قسم إدارة الموارد البشرية السيطرة على هذا النوع من الإجازات للحد من تظاهر بعض العاملين بالمرض تهرباً من العمل، وفي الغالب تشترط إدارة الموارد البشرية من العامل إحضار تقرير رسمي صادر من الطبيب أو من المستشفى يؤيد مرضه.

14. إطعام العاملين

يعتبر إطعام العاملين (Employees Meals) من الإمتيازات المهمة في العديد من منشأت الضيافة وخاصة المنشأت الفندقية والسياحية، ووجبات الطعام هذه إما أن تكون مجانية أو مقابل أجور رمزية تتحملها الإدارات كنوع من المزايا لعامليها. حيث ان تقديم وجبات طعام للعاملين يعتبر من الحوافز المهمة التي تزيد من إخلاص العاملين، وبالتالي زيادة فترة بقاءهم في المنشأة على إعتبار أن العاملين يدخرون جزءاً من رواتبهم الشهرية، ويتمتعون بميزة حصولهم على وجبات طعام مجانية تسد رمقهم.

15. قروض العاملين

تقوم البعض من إدارات منشأت الضيافة بمنح قروض تشجيعية لمساعدة عامليها لمواجهة إلتزاماتهم الإجتماعية والحالات الطارئة، ومثال ذلك حالات الميلاد أو الزواج

أو المرض، وفي بعض السلاسل الفندقية الكبيرة تقوم الإدارات بمساعدة عامليها بمنحهم قروض خاصة لغرض مساعدتهم على دفع النفقات الدراسية لأبنائهم، والى ما غير ذلك.

16. مكافأة نهاية الخدمة

تمنح بعض منشأت الضيافة عامليها مكافأة نهاية الخدمة عند إنتهاء مدة خدمتهم في المنشأة، وتعادل تلك المكافأة نسبة معينة من أجره وذلك عن كل سنة من سنوات خدمته.

17. المواصلات

توفر بعض منشأت الضيافة ميزة وسائل المواصلات(Transportation) لتسهيل ذهاب وإياب العاملين من وإلى المنشأة بدون مشقة، وقد تكون هذه الميزة مجاناً، وفي أحياناً أخرى تكون بأجر رمزي يستقطع من أجورهم أو رواتبهم الشهرية. كما تمنح منشأت الضيافة في بعض البلدان الأخرى عامليها بطاقات مواصلات مخفضة لإستخدام وسائل المواصلات كالباصات والقطارات كنوع من الإمتياز لعامليها.

18. الإكراميات

ويطلق عليها (Gratuity) أو (Tips) ويقصد بها مبلغ من المال يعطيه الزبون طواعية للعامل إلى جانب المبلغ الذي يجب أن يدفعه الزبون مقابل الخدمات التي تلقاها، كما وتعتبر من المحفزات الرئيسة للكثير من العاملين في منشأت الضيافة وخاصة في الفنادق والمطاعم. كما تنص التعليمات في بعض البلدان أنه يتحتم على العاملين الإبلاغ عن تلك الهبات التي يستلمونها بإعتبارها دخلاً أضافياً لهم، وتخضع في بعض الأحيان للإجراءات الضريبية كما هو الحال في الولايات المتحدة الأمريكية.

19. الزي الموحد

يعتبر الزي الموحد المقرر للعاملين(Uniform) أحد أسرع الطرق المهمة للتعريف بهذا النوع من المنشأت وتحديداً في هذه الصناعة، إضافة الى أنه يعتبر جزءاً وظيفياً

من إدارة العمل، ويمنح عادةً الزي الموحد للعاملين الذين تتطلب طبيعة أعمالهم إرتداء زي خاص بهم وخاصة لمن هم في الواجهة الأمامية لتلك المنشأت والذين لهم إحتكاك مباشر بالزبائن والضيوف.

20. التدريب

تحرص منشأت الضيافة على تطوير عامليها من خلال التدريب، وذلك بهدف زيادة القدرة التنافسية وزيادة القدرة على تلبية إحتياجات الزبائن والضيوف. حيث تنبع أهمية العملية التدريبية ككل من خلال إعتبارها وسيلة لتحقيق ورفع مستوى الأداء لدى العامل وزيادة إنتاجيته والنهوض بمستواه العملي والمهني لتقديم خدمات بأفضل صورة ممكنة ووفق المعايير ضمن هذه الصناعة.

21. مزايا السكن أو الإقامة

إن بعض منشأت الضيافة وخاصة السلاسل الفندقية الكبيرة توفر سبلاً لإيواء بعض العاملين (Accommodation) إما مجاناً أو بإيجار رمزي، والغرض من ذلك هو معاونتهم في تدبير وسائل معيشتهم، حيث قد يكون من ضمن كادر منشأة الضيافة من هم من مناطق بعيدة عن موقعها، أو قد تمنح لبعض شاغلي الوظائف والمناصب الإدارية العليا كنوع من الإمتيازات كأسلوب مهني ليكونوا على مقربة من العاملين في أي وقت وفي أي وجبة عمل لضمان الرقابة، وضمان سير العمل في الأقسام المهمة سواء الأقسام التشغيلية أو المساعدة.

22. أماكن الإستراحة الخاصة بالعاملين

توفر أغلب منشأت الضيافة وخاصة السلاسل الفندقية الكبيرة أماكن خاصة مريحة لإستراحة العاملين خلال فترات إستراحاتهم وأوقات تناولهم وجبات الطعام المقررة وتتوفر فيها كل المستلزمات الضرورية من أجهزة ومعدات. كما توفر أماكن نظيفة وملائمة للإستحمام. كما يوفر بعضها الأخر أماكن خاصة لتبديل الملابس وخزنها في خزائن خاصة بهم.

23. برامج الرحلات والحفلات

تقدم بعض المنشأت برامج خاصة للعاملين لديها، وتشمل الرحلات والحفلات، وكذلك برامج الاستجمام والترفيه (Recreational Programs) لتجديد نشاطهم بإستمرار، هذا بالإضافة الى الحفلات التي تقيمها الإدارات في هذا النوع من المنشأت سنوياً بعد إنتهاء السنة المالية، كنوع من التقدير لجهود عامليها أثناء السنة، ويتميز هذا النوع من الحفلات بتقديم الهدايا والمكافأت للمتميزين من العاملين.

24. إجازة الحج

يمنح العاملين في بعض البلدان وخاصة في البلدان العربية إجازة خاصة لأداء بعض المراسيم أو الشعائر والطقوس الدينية، فعلى سبيل المثال حيث يمنح العامل إجازة لمدة شهر واحد وبأجر كامل أو بدونه لأداء فريضة الحج، وغالباً ما تمنح هذه الإجازة مرة واحدة طوال مدة خدمة العامل في المنشأة.

25. خيارات الأسهم

تقدم بعض الإدارات للعاملين لديها علاوات أو محفزات أخرى خاصة، فعلى سبيل المثال في الولايات المتحدة الأمريكية تقدم شركات الضيافة وشركات السلاسل الفندقية الكبيرة محفزات المشاركة في الملكية على شكل أسهم أو المشاركة بالربح، ويقصد بخيارات الأسهم (Stock Options) هو السماح للعاملين بشراء حصص من أسهم منشأة الضيافة بسعر محدد وغالباً ما يكون سعر السهم طبقاً لسعر السوق. البعض من تلك المنشأت تقدم خيارات الأسهم فقط للمستويات العليا من مدرائها مثل المدير التنفيذي ونائبه وبعض المدراء الأخرين، في حين بعضها الأخر ومن ضمنها الفنادق تقدم خيارات الأسهم لمن يرغب من العاملين. إن فكرة حصول الفرد العامل على أسهم مشاركة ليست فكرة جديدة إلا إنها تحسن وتعزز من الإلتزام والإنتماء للعاملين المعنيين، ولها نفس تأثير مبدأ المشاركة بالربح، بل يراه البعض الأخر أنه وسيلة للحفاظ بالعاملين الموهوبين لأطول فترة ممكنة، كما يزيد من ولائهم للمنشأة.

26. العمولات

يطلق عليها عادةً (Commissions) أو (Bonus) وتقدم لقاء مبيعات محددة. حيث يتم منحها للعامل إضافة الى ما يتقاضاه من أجر، كأن تكون نسبة مئوية معينة من حجم المبيعات تقررها الإدارة نتيجة جهوده في زيادة المبيعات، كأن يمنح العاملين في المكتب الأمامي في الفندق نسبة معينة من المبيعات تحددها الإدارة عند تحقيق مبيع كامل لغرف الفندق أو ما يطلق عليه بـ(Perfect Sale).

كما هناك مزايا إضافية أخرى قد تقدمها بعض منشأت الضيافة لعامليها من أهمها:

- مواقف مجانية للسيارات.
- إستخدام سيارات منشأة الضيافة أو الفندق.
- منح العاملين ميزة عضوية نادي ما.
- منح العاملين جوازات سفر خاصة للحجز في فنادق نفس السلسلة أو في فنادق أخرى بسعر مخفض.
- منح العامل المميز شهادة تقديرية مع مبلغ نقدي عند إختياره كأفضل عامل خلال الشهر (Employee of the Month).
- منح بطاقات دخول للمناطق السياحية او المتنزهات مجاناً، تقديراً لجهودهم في العمل أو لجهودهم في الترويج لتلك المرافق لزبائن ولضيوف منشاة الضيافة.
- أشكال أخرى من المكافأت مثل تذاكر السينما أو خصومات التسوق أو شهادات هدايا (Gift certificates)، تمنح للعاملين أثناء المناسبات الخاصة.

دور التعويضات والمزايا الإضافية في صناعة الضيافة

في يومنا هذا لا تتنافس المنشأت فقط على الزبائن والضيوف، وإنما أيضاً تتنافس على العاملين. فالتعويض هو أحد أهم أدوات التسويق الرئيسية التي تستخدمها كثير من المنشأت لجذب العاملين المؤهلين، كما تعتبر واحدة من أكبر تكاليف التشغيل للكثير من منشأت الضيافة.

إن قرار منح التعويضات للعاملين وخاصة في صناعة الضيافة يجب ألا يكون أبداً قراراً عشوائياً، ولا يجب أن يستند على عوامل إعتباطية، وإنما يجب أن يكون قرار منحها حالة إستراتيجية حذرة ومنظّمة بشكل جيد، وإلا كانت مضارها أكثر من فوائدها. حيث إنها تحتاج أن تكون بحق عملية مخططة ومربوطة بالوظيفة، وليس بالشخص. كما يجب أن ينشد قرار منحها فهم كامل للأغراض الأساسية من وراء منح التعويض كالتقييم والخيارات الإستراتيجية للتعويض والمعرفة بحتمية إستراتيجية التعويض. إضافة الى ذلك يجب أن تكون الإستراتيجية الإدارية وراء قرار منح التعويضات منافسة مع أكثر المنافسين جذباً للعاملين. إذ إن نظام التعويضات الناجح والفعال تقاس كفاءته بقدرته على جذب أفراد مؤهليين مهنيين للعمل في المنشأة. حيث تستغل الإدارات في هذا القطاع الفرصة المناسبة لتعبر للعاملين الذين يتم استقطابهم عن هذه التعويضات من خلال مقابلات الاستقطاب والاختيار والتوجيه.

من الضروري جداً ألا ننسى إن أحد الطرق المهمة لجذب العاملين هو أن تتغير خطط التعويضات والمزايا الإضافية بشكل ملحوظ سنوياً، والمقصود هنا هو السياسات الإدارية المتعلقة بهذا الخصوص، وذلك لغرض جعل العاملين يشعرون بإهتمام الإدارة بهم. فإذا كانت تلك التعويضات والمزايا مبنية على أساس مستوى الأداء فانها ستؤدي بالتأكيد الى تحقيق مستويات مميزة منه، وعادة العاملين الذين تتم مكافأتهم يظهرون درجة عالية من الرضا أكثر من أولئك الذين لم تتم مكافأتهم. كما يجب ألا نغفل

السياسات الإدارية المتعلقة بالحوافز المقدمة للعاملين المتميزين في أدائهم والذين يتجاوزون المعايير الموضوعة من قبل المنشأة.

من المهم أيضاً ملاحظة إستخدام رضا العاملين، وليس سعادتهم، لأن الهدف ليس بالضرورة جعل العاملين سعداء، وإنما راضيين، حيث هناك الكثير من العاملين في هذه الصناعة سعداء جداً ولكنهم غير منتجين. على منشأت الضيافة الكبيرة اليوم تبني فلسفة خاصة فيما يخص برامج التعويضات والمزايا الإضافية وتشمل هذه الفلسفة مايلي:

أ. دعم رؤية المنشأة بإستمرار في تقديم سلع وخدمات إستثنائية بمساعدة عامليها من خلال رعايتهم بما يؤدي الى تحقيق ميزة تنافسية ونجاحاً من الناحية المالية.

ب. تحفيز العاملين على التميز في الأداء من خلال برامج التعويضات المقدمة، وخصوصاً من خلال هياكل الرواتب والأجور المنافسة، ومكافأة الأداء المتميز.

ت. إدارة دفع مستمرة لضمان أن جميع العاملين يعاملون بعدالة على الدوام، ومعالجة قضاياهم بسرعة وحلها وفقاً للتعويضات الجيدة والممارسات الإدارية.

ث. التواصل بوضوح وصراحة مع العاملين بخصوص سياسات وإجراءات الدفع، والإستجابة لأسئلة العاملين في الوقت المناسب.

لذا يمكن القول إن تبني إدارة برنامج تعويضات فعال من قبل منشأة الضيافة يحقق أهداف عدة من أهمها:

1. جذب أنواع منتخبة من العاملين والذين تحتاجهم منشأة الضيافة، وبإعداد كافية.

2. توفير عاملين لديهم الحافز للعمل بكفاءة وإنتاجية عالية.

3. الحفاظ على العاملين المهرة ومن ذوي الكفاءة من التسرب الى المنافسين، أو البدء مع منشأت منافسة أخرى.

4. المحافظة على الموقع التنافسي في السوق عن طريق الحفاظ على كلف منخفضة وإنتاجية عالية.

5. إن زيادة معدلات الإنتاجية ما هو إلا نتيجة لقلة أيام غياب العاملين، وإرتفاع مستوى رضاهم الوظيفي، أي أن المنشأة تحتفظ بقوى عاملة راضية، مما يعني توسع حقل المواهب المتاحة وبالتالي زيادة معدلات الأداء.

6. تزويد العاملين ببعض الشعور بالأمن المالي والوظيفي من خلال برامج التأمين ومزايا التقاعد.

الفصل العاشر

تقييم الأداء

10 تقييم الأداء

تعتبر الموارد البشرية من أصعب الموارد من ناحية إدارتها وذلك نظراً لصعوبة قياس أثرها وسياساتها المختلفة على الإيرادات والمبيعات بشكل واضح وملموس. كما وتعتبر أصلاً ومرتكزاً إستراتيجياً ومصدراً أساسياً للميزة التنافسية لأي منشأة، ويتبين ذلك بشكل واضح في صناعة الضيافة لإعتمادها على العنصر البشري بشكل كبير بكونه المحرك الرئيسي لها. لذلك على المنشأت في هذه الصناعة إستخدام الأساليب الكمية لمعرفة مدى مساهمة الموارد البشرية في النتائج المالية والأرباح النهائية لها.

تسعى إدارة المنشأت في هذه الصناعة بإستمرار الى أداء عاملين مميز، وفي الغالب تعتمد ستراتيجيات خاصة لهذا الغرض، لتضمن رضاهم عن العمل، طالما إن سلوكهم هو جزء من المنتج. فالعاملين يجب أن يكونوا مرتاحين وسعداء بما فيه الكفاية في عملهم قبل أن يتمكنوا من جعل الزبائن والضيوف سعداء. فعندما يشعر العاملين بالرضا عن أنفسهم ويكونون مرتاحين مع مهاراتهم، فإنهم بالتأكيد سيكونون أكثر إستعداداً وقدرة على الأداء المميز مع العامة " الزبائن والضيوف "، وكلما كانوا أكثر سعادة فإنهم سيكونون أكثر قدرة على التعامل بشكل جيد مع الزبائن والضيوف ومع زملائهم في العمل بنفس الوقت. وهنا يبرز دور إدارة الموارد البشرية من خلال تطبيق تلك الإستراتيجيات بشكل صحيح، وكلما نجحت في ذلك فإن المنشأة لن تحتاج إلى برنامج تدريب خدمة الضيوف لتعليم العاملين كيف يبتسمون. من ناحية أخرى فإن العاملين في المواقف الغير مريحة غالباً ما يكونون غير مهذبين مع الزبائن والضيوف ومع العاملين أنفسهم مما ينعكس بشكل سلبي على أدائهم، وإن الإدارة

الناجحة التي تعي ذلك وتسعى الى أداء عاملين مميز فإنها تستخدم المقولة المشهورة: " عاملينا هم ثروتنا الحقيقية " (Our employees are our greatest asset).

مفهوم تقييم الأداء

في الحقيقة إن تقييم الأداء مستخدم بشكل كبير وواسع النطاق، ويعتقد الكثير من المدراء إن عملية تقييم الأداء لها دور حيوي ومهم في المنشأت كافة ومنها منشأت الضيافة. فعملية الأداء هي عملية إدارية أكثر منها عملية تقييم، وهناك فرقاً كبيراً بين تقييم الأداء وإدارته. فتقييم الأداء هو تقييم رسمي ومحدد للعامل لغرض معرفة وتحديد درجة أدائه لعمله بفعالية وكفاءة. أو هو قياس مستوى أداء العاملين في المنشأة بالمعايير المعتمدة لاتخاذ القرارات وتوفير المعلومات الضرورية واللازمة لتخطيط الموارد البشرية. أما إدارة الأداء فهي مجموعة الأنشطة التي تقوم بها إدارة المنشأة لتغيير أو تحسين أداء عامليها نحو الأفضل.

غالباً ما تقوم إدارات المنشأت بتقييم أداء عامليها بشكل دوري، وقد يكون مرة أو مرتين خلال السنة، وهو ما يطلق عليه بالمراجعة السنوية للعامل أو تقييم أو تقدير العامل. كما من الأهمية تحديد الفترة التي ستجري فيها عملية تقييم العامل، ومن خلال هذا التقييم تحصل الإدارات على نتائج واضحة عن أداء العاملين وعادة تكون على شكل درجات أو فئات. كما من الضروري على إدارة المنشأة وضع معايير واضحة المعالم لعملية التقييم، وأن يتم توصيل تلك المعايير للذين يقومون بهذه العملية وللعاملين في نفس الوقت، وبذلك سيكون العامل على بينة ومتوقعاً للتقييم، وبخلافه فإن المنشأة ستقع في العديد من المشاكل القانونية.

من الممكن أن يكون بعض المدراء غير سعداء بعملية تقييم الأداء، إلا أنهم يوافقون على أهميتها، والسبب في ذلك إنه يودون أن تكون هناك دقة في عمليتي الاستقطاب والتعيين، وتقييم الأداء هو الوسيلة المناسبة والتي توفر تلك المساعدة

للمدير بتخمين إحتياجات المنشأة من العاملين المناسبين. فعندما تربط المعلومات مع أليات التقييم فإن ذلك يؤدي إلى تحسين كفاءة العامل. فالتحسين الذي تسعى إليه المنشأة يكون على مستوى العامل وبعد ذلك على مستوى المنشأة.

ينبغي أن يكون للمدراء أو المشرفين دوراً كبيراً ومهماً في عملية تقييم الأداء، من خلال المساعدة في تطوير معايير الأداء وجمع المعلومات والتواصل مع نتائج التقييم والمشاركة في إدارة الأداء. حيث للقائم بعملية التقييم الحق بالحصول على المعلومات من أجل التوصل الى وجهات نظر واضحة وغير متحيزة لأداء العاملين وأن تساهم في تغيير سلوكهم وتصرفاتهم نحو الأفضل بما يضمن النجاح للعامل وللمنشأة في أن واحد.

أهداف تقييم الأداء

إن الهدف من تقييم الأداء (Coals of performance appraisal) هو توفير المقياس الصادق وذو الصلاحية لأداء العامل. فنتائج تقييم العاملين تعكس الصورة الحقيقية لمن يؤدي مهام العمل بالشكل الصحيح من عدمه. لذلك فإن هناك صعوبة في تحديد المدى الذي يمكن من خلاله لنظام التقييم أن يحقق أهدافه، لإنه من الصعوبة على المدير أن يؤكد وبشكل مطلق بإن هذا التقييم يعكس ماهو فعلي لكل مستويات التقييم. إضافة الى إن الهدف من عملية التقييم هو مقارنة الأداء الحالي للعامل مع المعايير المحددة مسبقاً والمبينة في الوصف الوظيفي. فتقييم الأداء ليس أداةً للعقاب، وإنما الهدف منه هو معالجة السلبيات والإنحرافات في موقع العمل إن وجدت وتحسين الأداء والإنتاجية نحو الأفضل، لذا فإن لتقييم الأداء في منشأت الضيافة غرضين مهمين هما:

- غرض تطويري، ويقصد به معرفة أداء العاملين من خلال التغذية العكسية، والتوجه المستقبلي للأداء، وتشخيص الثغرات والإخفاقات والمعوقات لتحديد

الإحتياجات التدريبية والتطويرية المطلوبة لتلافي تلك الثغرات مستقبلاً. حيث يصبح التقييم كخطة شخصية للعاملين أنفسهم إذ يعمل على توفير معلومات تبين مواطن الضعف والقوة لديهم ليتمكنوا من تحسين عملهم بكفاءة وفعالية ليكونوا قادرين على تقديم أفضل الخدمات للزبائن ولضيوف منشأة الضيافة.

- غرض تقييمي، ويقصد به مساعدة الإدارة على وضع أسس منطقية، وإتخاذ القرارات التي تهدف إدارة المنشأة اليها. إذ يسهم في إنشاء الأطر الصحيحة والمنطقية لتعزيز وزيادة نظم الأجور والرواتب، وكذلك يساعد على وضع الأهداف لبرامج التدريب المطلوبة والتي يحتاجها العاملين. كما لتقييم الأداء ميزة إدارية أخرى مهمة وهي إنه عندما تتبنى إدارة منشأة الضيافة عمليات إدارية معينة كالترقية أو النقل أو مكافأة العاملين أو تسريحهم فإن ذلك بالتأكيد سيكون مبنياً على أسس منطقية أهمها الإستحقاق والجدارة والمستندة على الأداء الفعلي للعامل وليس على أمور أخرى لا علاقة لها بالعمل، وفي هذه الحالة ستكون الإدارة في غنى عن الكثير من المشاكل والصراعات التي من الممكن أن تحدث بين العاملين داخل موقع العمل. كما يسهم في تحسين قرارت إستقطاب وتعيين العاملين، وتقييم نظام إختيارهم.

من الذي يقوم بعملية تقييم الأداء

إن المدير أو المشرف على العمل هو الذي يقوم بعملية التقييم، وذلك لأنه على إتصال مباشر مع العامل بشكل يومي إضافة الى أنه مسؤول عن إنجازات العامل. كما إن إحتمالية عدم تقييم العامل بالشكل الصحيح واردة جداً، فيمكن أن يكون هناك نوع من التمييز سواءاً كان لصالح العامل أم ضده بحكم العلاقات الشخصية أو تفضيل المدير أو المشرف لعامل على أخر. كما يمكن أن يكون التقييم غير صحيحاً إذا تبين وجود نوع من التهديد من قبل العامل أو إذا كان المدير لا يرغب ببقاء عامل

ما لديه في القسم لأي سبب كان، وبالتالي محاولة التخلص منه بأية طريقة متاحة، وقد يكون تقييمه الدوري أحدها.

طرق تقييم الأداء

من الضروري جداً أن يكون لدى القائم بعملية التقييم رؤية واضحة وغير متحيزة، أي مراعاة الدقة والعدالة عند إجراء التقييم وأن يكون على علم ودراية بأهم المعايير التي تبنى عليها عملية التقييم الصحيحة، وأن ينظر إلى أداء زملاء العامل في العمل وطبيعة علاقاتهم مع الإدارة وبذلك يمكن أن يحدد أين هو منهم. ففي العديد من المنشأت يشتكي الكثير من العاملين بأنهم لا يدركون ولا يعرفون ماهي معايير الأداء التي سوف يتم تقييمهم على أساسها، لا بل معظم العاملين الذين تشملهم عملية تقييم الأداء يبدون غير راضيين عن نتائجه، وأحد أسباب ذلك قد يكون هو مصدر المعلومات. حيث على القائم بعملية التقييم أن يقوم بعمل المقارنات المطلوبة مع المعلومات التي حصل عليها وأن يأخذ بنظر الإعتبار الظروف التي جمعت بها تلك المعلومات، والتي هي عبارة عن تصرفات العاملين وأداءهم بشكل يومي ومن ثم خزن تلك المعلومات في ذاكره المقيم أو تسجيلها، ومن ثم العمل على إسترجاعها في الوقت الذي يتم فيه إعطاء الدرجات للتقييم.

من الجدير بالذكر إنه في السابق كانت التقارير السرية أحد أهم وسائل تقييم العاملين في الكثير من المنشأت على إختلاف أنواعها، والتي تعتبر اليوم أكثر وسائله تخلفاً. لأن التقييم الناجح إن لم يكن فورياً ومباشراً وواضحاً للعامل فبالتأكيد لن يستفاد منه العامل إطلاقاً، لأن التقارير التي تعد بناءاً على مزاج المدير أو المشرف ولا يطلع عليها العامل لا تخدم المنشأة ولا العامل وفي نفس الوقت لها أثار سلبية كثيرة على كلاً منهما وخاصة تلك التي تميل الى التحيز وعدم الدقة والمحاباة للعامل. وهناك أنواعاً مختلفة لطرق تقييم العاملين، منها الطرق المطلقة ومنها طرق المقارنة

ومنها طرق المقاييس، ومنها الطرق المبنية على النتائج، وبشكل عام فإن من مهام مدراء الموارد البشرية المعرفة والدراية بتلك الطرق والمستخدمة على نطاق واسع في كثير من منشأت الأعمال ومن أهمها:

❖ طريقة الترتيب Ranking Methods

تتضمن هذه الطريقة قيام مدير القسم أو القائم بعملية التقييم بترتيب أسماء العاملين تصاعدياً أو تنازلياً على أساس الأداء العام للعمل، حيث تستخدم قائمة للسمات والخصائص وعلى ضوئها يتم تقييم الأداء على شكل سلم بياني معتمد من قبل القائم بعملية التقييم، كأن يمنح الأفضل رقم(1) ومن ثم يتدرج الرقم الى أن يصل للعامل الأسوأ. وميزة هذه الطريقة إنها سهلة وبسيطة وتوفر معلومات عن موقع أداء العامل من نظرائه الأخرين من خلال المقارنة بين الأشخاص وليس إستناداً الى معايير الوظيفة. المشكلة في هذه الطريقة هي أنها صعبة التطبيق في المنشأت التي فيها عدد كبير من العاملين، كما أنها لا تخلو من التحيز الشخصي للمشرف أو المدير في عملية الترتيب.

❖ طريقة التوزيع الإجباري   Forced Distribution Method

تفترض أو تعتمد هذه الطريقة على منحنى التوزيع الطبيعي طبقاً لمستوى الأداء العام في المنشأة، وذلك بأن يقوم المدير أو المشرف بمقارنة أداء العاملين بوضع نسب مئوية لهم، ويمكن ملاحظة هذه الظاهرة إنها تتمركز حول قيمتها المتوسطة، بينما يقل تمركزها عند طرفيها، أي يتم وضع أغلبية العاملين في الوسط، والبقية الباقية في نهاية كل نهاية " مثل منحنى الجرس للدرجات " وغالباً ما يتم توزيع الأفراد محل التقييم الى خمس مجموعات بشكل إجباري، وعلى النحو التالي:

• 10% من عدد العاملين في الدرجة الأولى "الأفضل أداءً".

- 20% من عدد العاملين في الدرجة الثانية.
- 40% من عدد العاملين في الدرجة الثالثة.
- 20% من عدد العاملين في الدرجة الرابعة.
- 10% من عدد العاملين في الدرجة الخامسة "الأقل أداءً".

❖ **طريقة الوقائع الحرجة**   **Critical Incident Method**

تستخدم هذه الطريقة لإستبعاد أي تحيز في عملية التقييم وإستبعاد إعتماد التقييم على أية أسس شخصية. إذ يتم التقييم وفق هذه الطريقة إستناداً الى سلوكيات العامل أثناء عمله، وتتلخص العملية بقيام المدير أو المشرف بتسجيل الوقائع والأحداث التي تطرأ على العامل بمختلف أنواعها وأشكالها في الملف الخاص بالعامل وعند إجراء عملية التقييم الدورية يقوم المدير بمراجعة الملف لتقييم العامل بشكل منصف. تتميز هذه العملية بعدم التحيز الشخصي وإن عملية التقييم تكون مقترنة بإحداث جوهرية حدثت طيلة فترة التقييم، إلا إن هذه الطريقة تستدعي نوع من الرقابة المباشرة على العامل، كما هناك إحتمالات ميل المشرف نحو تسجيل الوقائع السيئة والتقليل من الإنجازات الإيجابية.

❖ **طريقة قائمة الإختبار**   **Checklist Method**

تعتمد هذه الطريقة على "قائمة مراجعة" بأسئلة وعبارات محددة حول أداء العامل، ومن ثم يقوم القائم بعملية التقييم الإجابة على تلك الأسئلة ومن بعدها يقوم قسم إدارة الموارد البشرية بإعطاء الأوزان لتلك الإجابات دون علم القائم بالتقييم وفقاً لأهمية كل سؤال. تتميز هذه الطريقة ببساطتها وإمكانية إستخدام هذه الطريقة لتناسب جميع الوظائف. إلا إن من أهم عيوبها عدم معرفة القائم بعملية التقييم بالأوزان المعطاة لكل سؤال.

❖ طريقة المقارنة الزوجية Paired Comparison Method

تتلخص هذه الطريقة بأن يقارن أداء كل عامل في موقع العمل بأداء عامل أخر في وقت واحد، والأكثر أداءاً يعطى له رقم (1) والثاني يعطى له رقم (0) وهكذا، ويتم ترتيب العاملين تنازلياً حسب أدائهم وعند الإنتهاء من عمل المقارنات يقوم المدير أو المشرف بجمع عدد الدرجات التي حصل عليها كل عامل، والعامل الذي يحصل على أعلى النقاط هو الأكثر أداءاً وإنجازاً والأفضل من بين المجموعة. ميزة هذه الطريقة إنها تسمح للمدير بعمل المقارنات بطريقة مباشرة وسهلة إلا انه إذا كان عدد الموظفين كبير فإن عدد المقارنات أيضا سيكون كبير.

❖ طريقة التقرير المكتوب Essay Method

تعتبر هذه الطريقة من أبسط الطرق حيث يقوم المدير أو المشرف بكتابة تقرير تفصيلي عن العامل، موضحاً فيه أهم نقاط القوة أو الضعف التي يتمتع بها، إضافة الى توثيق ما يمتلكه من مهارات وكفاءات يمكن تطويرها. وكذلك مدى إستعداد العامل للتقدم الوظيفي، ومنحه الترقية من عدمها. غالباً ما يعتمد هذا التقرير على قابليات ومهارات القائم بكتابته، لذلك فإن التقرير المعد يفقد عنصر المقارنة مع التقارير الأخرى التي يعدها مدراء أو مشرفين أخرون.

❖ طريقة التدرج البياني السلوكي

ويطلق عليها **Behaviorally Anchored Rating Scales (Bars)**، وهي من أكثر طرق التقييم شيوعاً، وتمتاز بإدخال العامل السلوكي في التقييم والوقائع الحرجة للعامل المراد تقييمه. أي أن هذه الطريقة تعكس المستويات المتباينة لسلوكيات العامل، كمعرفته بطبيعة واجبات الوظيفة، طريقة تعامله مع الزبائن والضيوف...إلخ. ويتم التقدير بشكل متدرج كأن يبدأ بالرقم (1) كأقل تقدير للتقييم

ويتدرج ليصل الرقم(10) كحد أقصى له، وبالأمكان ربط تلك السلوكيات بمقاييس معروفة كمقياس "ممتاز، جيد جداً، ... ولغاية ضعيف"، أو "أوافق بشدة، أوافق،... ولغاية لا أوافق بشدة". من أهم عيوب هذه الطريقة إنها معقدة نوعاً ما، إضافة الى أن ما يعتبر سلوكاً متميزاً خلال فترة ما قد لا يكون كذلك في فترة أخرى. كما تحتاج الى مجهود ووقت كبير في عملية التصميم والتنفيذ. فضلاً عن إنها تتطلب عدة نماذج للتصميم ووفقاً لكل وظيفة.

❖ طريقة التقييم الذاتي   Self-appraisal

وهو نوع من التقييم يسمح للعاملين بتقييم أدائهم الذاتي، والذي قد يصبح عندها أساس للمناقشة مع المشرف أو المدير. إن التقييم الذاتي هو أداة إختبار جيدة ومع ذلك فغالبية الأفراد العاملين يفتقرون إلى مستوى من الوعي الذاتي للقيام بهذه المهمة على نحو فعال.

❖ طريقة الإدارة بالأهداف   Management By Objective

تتلخص هذه الطريقة على مجموعة إفتراضات أهمها إن العاملين في المنشأة يميلون الى معرفة وفهم النواحي المتوقع منهم القيام بها كما يرغبون في المشاركة بإتخاذ القرارات التي تمس مستقبلهم، ويمكن النظر الى هذه العملية على إنها متكاملة وتتكون من عدة مراحل، من أهمها:

- تحديد مجالات الأداء والمعايير بالإشتراك بين العامل والمدير.
- وضع خطط العمل وتنفيذها من قبل العامل.
- تحديد الأهداف القابلة للتحقيق والقياس خلال الفترة القادمة. حيث يجتمع العامل والمدير لتحديد أهداف العامل للفترة القادمة وغالباً تكون سنة. كما يفضل أن تكون تلك الأهداف كمية ومكتوبة.

- مراجعة مدى تحقيق الأهداف، ويتم ذلك عادةً بعد فترة زمنية معينة حيث يجتمع المدير والعامل لمراجعة ماتم تحقيقه أو إنجازه من تلك الأهداف من قبل العامل.
- تقييم الأداء، عادةً في نهاية السنة يكون هناك إجتماع رسمي لتبيان مقدار ماحققه العامل من الهدف الفعلي، حيث إن مدى وصول العامل للهدف هو تقييمه الفعلي فإذا حقق العامل كل الأهداف المكتوبة والمطلوبة منه كان أداؤه قوياً، أما إذا لم يحقق العامل الهدف المطلوب منه بسبب مسؤوليته المباشرة فإن أداؤه يكون مقبولاً أو أقل من ذلك.

تتلخص هذه الطريقة بأن يتم تقييم أداء العامل من خلال مؤشرات الإنجاز للأهداف التي تم الإتفاق عليها في أطار زمني محدد. أي هي نشاط لوضع هدف وطريقة لتقييم الأداء، أي تعتمد على إن العبرة هي في النتائج. أي أن المدير أو المشرف لا يلتفت الى سلوك العاملين ولا صفاتهم، وإنما بما حققوه من نتائج.

على الرغم من إن لهذه الطريقة الكثير من المزايا إلا إنها لا تخلو من العيوب، ومن أهمها إنها تقيس أداء العامل في وظيفته الحالية فقط. كما تتطلب قدراً كبيراً من التفكير وإبداء الرأي إضافة الى أنها تفترض أن المدير أو المشرف يفهم حدود واجباته وصلاحياته جيداً. كما يجب الإخذ بنظر الإعتبار عند إستخدام هذه الطريقة الى كيفية وضع الأهداف وتناسبها مع سلوك العاملين، إذ يتوجب على العامل معرفة ماهي الأهداف المستقبلية لعمله وأن تكون واضحة بالنسبة له وخاصة للذين يمرون بمرحلة تحضيرية والتي من الممكن أن يتم بعدها تسريحهم من العمل.

❖ طريقة ألـ(360) درجة

يتم تقييم الأداء في هذه الطريقة بواسطة كل المهتمين به. أي يتم بواسطة المدير الزملاء والعاملين والزبائن، وغالباً ما يقوم المشرفين بتقييم عامليهم وكذلك يمكن للعاملين أيضاً أن يقيموا مشرفيهم. كما إن عملية التقييم بهذه الطريقة لا تقتصر على

نهاية السنة فقط، وإنما تكون بشكل مستمر كأن تكون شهرياً. كما من الممكن أو يفضل أن يجمع نظام التقييم بين أكثر من مصدر أو بين أكثر من أسلوب من أساليب التقييم، وفي بعض الأحيان تجمع المنشأة معلومات من كل المصادر السابقة. تمتاز هذه الطريقة بإنها توفر معلومات كاملة من عدة جهات وبشكل مستمر مما يجعل عملية الإستفادة منها كبيرة للغاية. أي أن المعلومات التي يجمعها المقيم تشمل كل جوانب القوة والضعف في الأداء. إلا إن المشكلة في جمع المعلومات الكثيرة هي في كيفية إعطاء درجات للمصادر التي جمعت منها تلك المعلومات. حيث كثرة المصادر يجعل من الصعوبة إعتماد المصادر التي تعتمد في إتخاذ القرار خاصة إذا كان هناك تناقض في المعلومات. أما من أهم عيوبها، إعتراض البعض عليها وخاصة المدراء في كيفية تقييمهم من قبل عامليهم، كذلك إنها تأخذ وقتاً كبيراً من العاملين على حساب إنتاجية العمل.

مصادر معلومات تقييم العاملين في صناعة الضيافة

تستخدم المنشأت في صناعة الضيافة طرقاً متنوعة لتقييم عامليها وتحسين أدائهم، ولمعرفة نقاط القوة والضعف لدى عامليها وللمساعدة في وضع معايير الأداء والتي يمكن أن تساعد على مقارنة أداء العاملين، وتستعين المنشأت لأجل هذه الغاية بمصادر معلومات متنوعة وكما موضحة في الشكل رقم(18). كما إن أغلب تلك الطرق هي شخصية وتعتمد على حكم أو تقييم المدير أو المشرف، لذلك فإن هذا النوع من التقييمات يمكن أن يتخللها نوع من التحيز والتقديرات الخطأ. فعلى سبيل المثال لقياس أداء عامل ما في فندق ما، وهذا الفندق يقع في منطقة راقية وعالية الدخل، فإن نسبة مبيعات الغرف ستكون بالتأكيد أكبر مقارنة بعامل أخر يعمل في فندق ما يقع في منطقة جغرافية متدنية الدخل حيث مبيعات الغرف قليلة. بمعنى أخر إن نسبة تحديد المبيعات تخضع لعوامل غير مسيطر عليها من قبل العامل الذي

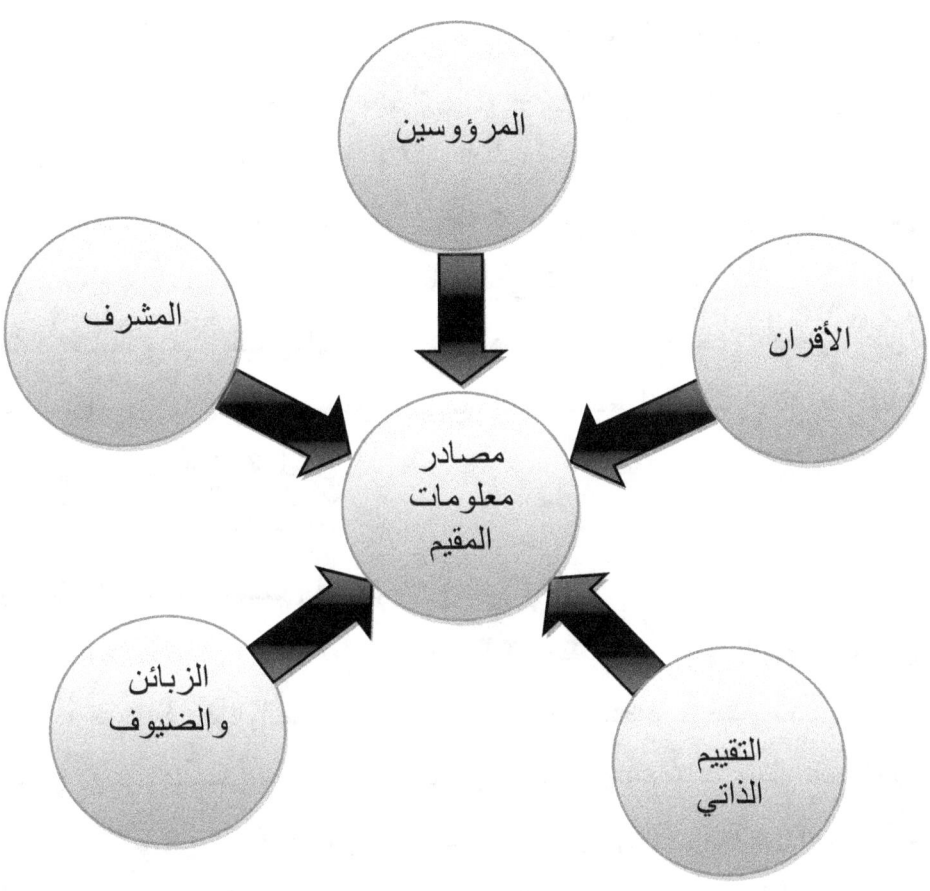

شكل رقم (18)

يبين مصادر معلومات تقييم الأداء في صناعة الضيافة

ستتم عليه عملية التقييم. ومن المؤكد هناك عوامل يمكن السيطرة عليها مثل التقارير والجداول التي توضح مبيعات العامل أو قلة عدد شكاوى الزبائن والضيوف.

من الطرق الأخرى للتقييم والمستخدمة في صناعة الضيافة هي الطلب من العاملين بتقييم أنفسهم مع أقرانهم "زملائهم" في العمل، ويتم ذلك من خلال ألواح بيضاء يكتب فيه العامل أمام أقرانه في العمل، على سبيل المثال عدد الغرف التي تم بيعها من قبله أو عدد الضيوف الذين تم تسكينهم، أو مقدار المبيعات التي حققها في يوم ما، ومن ثم مقارنة أداءه لذلك اليوم مع الأيام السابقة، ليصبح لديه مؤشر أو مخطط بياني يبين له إرتفاع أو إنخفاض مستواه، فإذا إرتفع مستواه في الإنتاجية فبالتأكيد سيحاول بقية زملائه الأخرين في العمل اللحاق به والتفوق عليه، والهدف من هذا التقييم هو أن يتفوق العامل على نفسه ويرتفع أدائه مقارنة مع اليوم السابق، وبهذه الطريقة يحصل العامل على تغذية مرتجعة فورية لأدائه لأنه من المفترض أن يتقبل العامل الذي يجرى تقييمه التغذية الراجعة، لإن أغلب العاملين يودون معرفة قدراتهم لمدى إتقانهم لعملهم، ليستطيعوا بعدها أن يصوبوا أخطاءهم أو على الأقل تقليلها قدر الإمكان.

مصدر أخر مهم للمعلومات في عملية التقييم هو الأقران في العمل، وذلك بسبب معرفتهم بطبيعة الوظيفة ومواصفاتها ومحدداتها، فالزملاء في العمل أو الأقران عنصر أساسي في عملية التقييم، ومن الممكن أيضاً أن تكون معلوماتهم غير صحيحة ودقيقة وذلك بسبب إختلاف الإدراك والتقاليد بين عامل وأخر، كما أن المنافسة في العمل بين عامل وأخر يمكن أن تعطي دافع جيد لإعطاء معلومات صحيحة أو خاطئة أحياناً، ولذلك يتوجب الدقة في عملية التقييم مع الدور الكبير لرفاق العمل في تقديم المعلومات، إضافة الى العاملين أنفسهم.

هناك أيضاً التقييم الذاتي، ويتلخص بان العامل لديه القدرة على معرفة نقاط القوة والضعف لديه، إلا أنه هناك مشكلة في هذا النوع من التقييم وهي أن بعض العاملين

يعملون على تعظيم إنجازاتهم، أي عدم الدقة في هذه النوع من التقييم في كثير من الأحيان. المصدر الأخير للتقيم ويعتبر من أكثر وسائل القياس شيوعاً هي من خلال تعبئة الضيوف والزبائن لإستبيانات أو بطاقات ملاحظات وحسب وجهة نظرهم، كما هو الحال في الفنادق والمطاعم بإعتبار أن الزبائن والضيوف هم بمثابة شريان الحياة لمنشأت الضيافة، ويتم ذلك من خلال وضع نموذج لإستبيان مصغر عن طبيعة الخدمات المقدمة في غرفة الضيف بشكل خاص وعن منشاة الضيافة بشكل عام عند نهاية إقامته في منشأة الضيافة أي عند مغادرته المنشأة، أو بعد الإنتهاء من تناول وجبة الطعام في المطعم، ليقوم الزبون أو الضيف بتعبئتها مبيناً رأيه بالطاهي أو بعامل الخدمة أو بموظف الإستقبال أو بالإدارة بشكل عام.

على الرغم من إن البعض يرى إن لتقييم أداء العاملين بشكل جيد يتوجب تقييم السلوك بشكل عام وليس لحالة خاصة فقط، فلا زالت الكثير من منشأت الضيافة الأخرى تستخدم طريقة نقد الحادثة لتقييم عامليها، وهذه الطريقة تصف أداء العامل إن كان حسناً أو سيئاًن كما تعتبر هذه الطريقة الأكثر قوة وتأثيراً. إذ تجمع الملاحظات الغير رسمية مع الرسمية وتكون مبنية على وصف مجموعة من الحوادث التي تمر مع العامل في عمله وكيفية تعامله معها، فالذي يقوم بالتقييم يعمل على تسجيل وتدوين تلك الحوادث في مفكرة خاصة ومتابعة سلوكيات وتصرفات العاملين وتدوين ملاحظاته مشاهداته للنشاطات المهمة لكل منهم والتي تشير الى نقاط القوة والضعف لديهم ويتم وضع علامات لها خلال السنة وكذلك تسجيل إنتقاده عليها.

في الغالب فإن خمس دقائق يومياً هي كافية لوضع الملاحظات في ملف عن كل عامل، وفي نهاية السنة سيكون للقائم بعملية التقييم اداة قوية للتقييم من خلال الكم الهائل من المعلومات. فعلى سبيل المثال عند حدوث جدل ما بين موظف أستقبال وضيف ما فإن على المدير تسجيل وتوثيق ما حدث على شكل تقرير كامل يذكر به

أسم العامل، الوقت، المكان، التاريخ، كما يثبت كافة ملاحظاته حول أداء العامل إن كان جيداً أم لا، ولهذا الأسلوب ثلاثة مزايا مهمة هي:

– إن المقيم "المشرف أو المدير" لا يعتمد على ذاكرته، وإنما يعتمد على المفكرة.

– المقيم يستطيع القيام بإعطاء تغذية راجعة مفصلة مما يعطي مزيداً من العدالة لعملية التقييم.

– إذا أعترض العامل على عملية تقييمه، وأدعى بإنها غير عادلة ومنصفة، ولجأ الى القضاء. فإن المنشأة ستستخدم تلك المفكرات كوثائق للدفاع عن نفسها.

من مزايا هذه الطريقة إنها تقدم معلومات دقيقة عن سلوك العامل، إضافة الى أنها تساعد القائم بعملية التقييم على التحليل وإعطاء التغذية الراجعة. إلا أن هذه الطريقة تحتاج إلى وقت وجهد عالي من قبل المدير، كما من الصعوبة فيها عمل مقارنات بين أداء العاملين.

لكي يبتعد واضع التقييم عن نقاط الضعف ويعطي دقة أكثر للتقييم، ونظراً لما تحتاجه طرق التقييم من الوقت والجهد، فإنه من الصعوبة تحديد أياً منها هو الأفضل، أي لا يمكن الحكم على أنظمة التقييم بأنها جيدة أو سيئة أو تنطبق أو لا تنطبق على منشأة معينة. وإن النظام الأفضل هو الذي يناسب منشأة الضيافة، والذي يحقق الغاية المنشودة منه إلا وهي تحسين الأداء بشكل عام، وفي نفس الوقت فنظام التقييم يجب أن يتوافق مع ثقافة منشأة الضيافة والعاملين بها، ومن الأفضل أن يعمل العاملين والمدراء معاً على تطوير نظام معين، وهذا يشعرهم بأنهم مالكي المنشأة.

اليوم وفي كثير من البلدان المتقدمة تستخدم الكثير من منشأت منشأت الضيافة طرقاً جديدة في تقييم العاملين، ومن أهمها إستخدام تقنية الكمبيوتر لمراقبة الأداء، بمعنى الرقابة على العامل الكترونياً، من حيث مراقبة أدائهم في كيفية قضاء العاملين لأوقاتهم في العمل، ومقدار إنتاجيتهم. إن مثل هذه الأنظمة تستخدم بشكل واسع النطاق مع ممثلي خدمة الزبائن وموظفي الحجز أو الإستقبال أو في صالات القمار.

كما نألف اليوم وعند إجراء المكالمات الهاتفية للحصول على الخدمة المطلوبة بإنه سوف يتم تسجيل المكالمة لأغراض مراقبة النوعية أو الجودة، ومن الممكن تعقب هذه المكالمات من قبل الإدارة أو المدير لغرض تقييم العاملين لإدائهم، فعلى سبيل المثال يمكن التعرف على عدد المكالمات الهاتفية التي إستلمها العامل، ومقدار الوقت المستغرق في كل مكالمة، وطبيعة رد العامل على المكالمة، ورد فعل المتصل من المكالمة، وكذلك يمكن تعقب العامل إذا كان موجوداً في مكان عمله أم لا. على الرغم من إن بعض العاملين يطرحون أسئلة معينة حول الخصوصية، إلا أن هذا النوع من المراقبة يمكن أن يكون فعالاً ولكن بدون ترك أثر سيء عند العاملين على الأقل من ناحية الخصوصية تحت ظروف معينة، لان الغاية منها هو مراقبة العاملين لغرض تقييمهم.

بقدر ما لتقييم الأداء من جوانب قانونية فإنه ينبغي على المدراء والمشرفين في منشأت الضيافة التأكد من أن تلك الأساليب المستخدمة في عملية التقييم هي صحيحة، موثوق بها، عادلة، موحدة، ومتسقة. وهذا الحكم ينطبق على أي ممارسة إشرافية. كما من الجدير بالذكر فإن تقييم الأداء في صناعة الضيافة أما أن يكون على أساس يومي وفي الغالب يكون شفهياً، وهذا التقييم يعتبر عادة غير رسمياً. أو أن يكون التقييم رسمياً أي موثقاً بشكل كتابي، وفي الغالب يكون على شكل نموذج إستمارة خاصة بمنشأة الضيافة وتسمى بـ " إستمارة تقييم الأداء " والشكل رقم (19) والشكل رقم (20) يمثلان نموذجان لتقييم الأداء الرسمي للعاملين والمستخدمة بشكل واسع في قطاع الضيافة.

خطوات تقييم الأداء الناجح في منشأت الضيافة

إن الأكثر أهمية في موضوع تقييم الأداء هو كيفية التعامل مع المعلومات التي تستخدم في عملية التقييم، وهذا من صميم عملية الإدارة، فعندما يشعر العاملين بإن

الأسم: _____   لغاية تاريخ: _____

القسم: _____   العنوان الوظيفي: _____

تاريخ آخر مراجعة: _____   بدء العمل بالوظيفة: _____

تاريخ المراجعة القادمة: _____   نوع المراجعة: _____

تجاوز(1)	حقق(2)	لم يحقق(3)	العوامل
			حضور جدول العمل
			وقت الحضور
			نوعية العمل
			كمية العمل
			إنهاء العمل في الوقت المحدد
			التعاون وفريق العمل
			الإجراءات الصحية والصيانة
			تطبيق المعايير
			السلامة والحوادث
			المشاركة وخدمة الضيف
			مجموع النقاط

نقاط القوة:

أماكن التطوير:

التعليقات:

توقيع العامل _____   التاريخ _____

توقيع المدير _____   التاريخ _____

شكل رقم (19)

يوضح إستمارة مراجعة أداء العامل لأحد الفنادق

الأسم:________________ الوظيفة:________________

أسم المرفق:________________ تاريخ التقييم:________________

المشرف:________________ الموقع الوظيفي للمشرف:____________

فترة الأداء:________________ تاريخ التعيين:________________

ت	الكفاءات (Competencies)	الوصف (Description)	توقعات التقييم (Expectations Rating)
1	مواصفات الضيافة (Aggressive hospitality)	اللباقة والإحترام على الدوام، توقع إحتياجات الزبائن والضيوف، التوضيح على وجه السرعة، المتابعة السريعة من خلال الإبتسامة والترحيب بالنزلاء والضيوف، استخدام النحو الصحيح، السعي بجهد لتجاوز توقعات النزلاء والضيوف.	**(excellent) ممتاز**
2	المهارات التقنية (Technical Skills)	فهم وتطبيق أنظمة وبرامج الفندق، المعرفة وتطبيق معايير السلسلة الأم، التطوع بالحصول على المشورة في كيفية القيام بالعمل، المعرفة القوية بتفاصيل العمل، القدرة على تعليم الأخرين.	**(Very good) جيد جداً**
3	جودة العمل (Quality of work)	مستويات عالية من الدقة، ضمان إن طلبات الزبائن صحيحة، ضمان الدقة، متابعة الإجراءات وعدم إعتماد طرقاً مختصرة، التغلب على العقبات للمحافظة على الجودة العالية.	**(good) جيد**
4	كمية العمل (Quantity of work)	العمل دون الحث، المحافظة على وتيرة العمل، القدرة على القيام بمهام متعددة عند الضرورة، القدرة على ضبط العمل عند الضرورة لتلبية إحتياجات العمل المتزايدة، تلبية معايير الإنتاجية.	**(fair) مقبول**
5	توجيه الفريق (Team oriented)	بناء الثقة بين زملاء العمل، التعاون معهم ومساعدة الأخرين، تدريب الأخرين عن طيب خاطر، تقييم أراء الأخرين، عرض المساعدة، المتعة في العمل مع الزملاء الأخرين كعائلة واحدة.	**(poor) ضعيف**
6	المرونة (Flexibility)	التعامل مع الصراع في العمل، التكيف وبسرعة مع مهام الوظيفة الجديدة، الإرتجال عند الضرورة، توقع المشاكل والتفاعل معها بشكا جيد، الإستجابة بشكل إيجابي لطلبات الإدارة.	**(good) جيد**
7	الدقة (Reliability)	تحقيق المواعيد النهائية، الثبات في الأداء، إتخاذ قرارات سليمة دون اتجاه، الاستمرارية في العمل في الوقت المقرر وحسب الجداول، إكمال العمل في الموعد المقرر.	**(good) جيد**
8	السلامة والصحة (Safety and sanitation)	متابعة قواعد السلامة، المحافظة على نظافة موقع العمل، تطبيق إهتمامات السلوك الآمن، إستخدام المعدات بعناية، تصحيح مشاكل الصحة من دون أن يطلب منه، الإخبار عن قضايا الصحة.	**(fair) مقبول**
9	إتخاذ القرار (Decision making)	حل وباستمرار مشاكل وشكاوى الضيوف، وعدم ترك المشاكل لتكبر، المتابعة بعد إتخاذ القرار، مساعدة الأخرين في حل المشاكل، التركيز على الحل وليس على المشكلة.	**(poor) ضعيف**
10	الإحترافية (Professionalism)	إظهار الإحترام وباستمرار، تطبيق تعليمات المنشأة بخصوص الزي الرسمي والشروط الصحية، إستخدام اللغة المناسبة، الإخلاق، الثقة، السيطرة على المزاج، خدمة الزبائن كنموذج قدوة، من خلال الكلمات، الأفعال، الإيماءات.	**(good) جيد**

التعليقات: الرجاء كتابة التعليقات بخصوص الكفاءات، بضمنها الأمثلة، وأسباب التقييم، والتغيرات في المسؤولية
إن _____ يقوم بعمله بشكل ممتاز، وهو أحد أصول مؤسستنا، ولديه مهارات إتصال ممتازة وهو منظم بشكل كبير، كما له القدرة على العمل بشكل مستقل أثناء وجبة العمل وإنجاز المهمة بنجاح. لدى _____ مهارات شخصية مميزة ساعدته على بناء وتطوير علاقات عمل بناءة ومميزة مع زبائننا وضيوفنا وموظفينا على حد سواء. لدى _____ مهارات الإستماع وإجراء المحادثات اللازمة لخدمة الزبائن والضيوف أثناء عمله في قسم _____ كما حقق _____ ارتفاعا في المبيعات، مع الحفاظ على معايير الجودة والدقة في العمل. يحظى _____ بإحترام كبير من قبل العاملين الذين يعملون معه. _____ دائما متواجد في موقع العمل في الوقت المحدد، ويتابع باستمرار التفاصيل اللازمة لغرض تشغيل القسم بشكل متميز وبكفاءة. كما يتميز بإن له طاقة إيجابية وإبتسامة مع شخصية متفائلة تمكنه من التفاعل بشكل فعال مع زملاء العمل.

تعليقات أعضاء الفريق (Team Member Comments)	نقاط القوة(Strengths)
	• ضمان القيام بمهامات القسم بفعالية.
	• القيام بالعمل بشكل مستقل.
	• لديه درجة عالية من الإحترافية.

إتجاه الأداء منذ التقييم الأخير	فرص التحسين(Opportunities for Improvement)
إزداد	

التقييم الكلي (مؤشر الأداء الكلي)
جيد (good)

توقيع العامل: _____ **التاريخ**: _____	الأهداف(Goals)
توقيع المشرف: _____ **التاريخ**: _____	

شكل رقم(20)

يوضح إستمارة مراجعة أداء العامل في أحد فنادق السلاسل العالمية

نظام تقييم أدائهم عادل ومنصف فإنهم بالتأكيد سيتقبلونه ويتجاوبون معه وسيعملون على إنجازه، وتقييم الأداء الناجح يتكون من هذه الخطوات الستة التالية:

1. عند وضع معايير الأداء يجب الأنتباه أن تكون تلك المعايير موضوعية، مفهومة، وخاضعة للقياس. كما يجب أن تكون مقبولة من قبل كل من المدير أو المشرف والعاملين على حد سواء وأن تمس تلك المعايير نواتج الأداء.

2. التواصل مع المعايير الموضوعة. غالباً ما يفترض المدراء في هذه الصناعة إن العاملين يعرفون جيداً ما هو متوقع منهم، ولكن في الحقيقة مثل هذا الإفتراض غير واقعي وغير صحيح إطلاقاً إذ يتوجب إبلاغ العاملين وبوضوح وعلى وجه التحديد ماهي المعايير والتوقعات المطلوبة وكيف يمكن تلبيتها.

3. تقييم الأداء. إذا ما تم تحقيق الفقرتين أعلاه بالشكل الصحيح فإن تقييم الأداء سيكون سهل نسبياً، ويتم تقييم سلوك العامل لمعرفة ما اذا كان يتطابق مع المعايير المطلوبة أم لا.

4. مناقشة نتائج التقييم مع العاملين بإستمرار. بما إن معظم العاملين يفشلون في تلبية التوقعات في بداية تعيينهم، بسبب إن ذلك يتطلب منهم الوقت الكافي لمعرفة الوظيفة الجديدة وكيفية أداء المهمة بالشكل الصحيح. فإن مناقشة نجاحات العامل والأمور الأخرى ذات العلاقة بتطوير أداءه يزود المدير أو المشرف بفرصة أكبر للمساعدة في توجيه العامل نحو الأداء الأفضل.

5. إتخاذ الإجراءات التصحيحية. يمكن للتقييم أن يكون أداة فعالة للمنشأة وللمدير أو المشرف، من حيث إتخاذ الإجراءات التصحيحية اللازمة لمساعدة العامل للقيام بوظيفته على أتم وجه من خلال إكتشاف الثغرات والأخطاء ومعالجتها ومن ثم الحصول على أفضل أداء.

6. إستخدام نتائج التقييم لإتخاذ القرارات الإدارية بشأن العاملين، من حيث منح الترقيات، التعويضات، التدريب الإضافي، أو إنهاء العمل، والتي تستند جميعها على

نتائج تقييمات الأداء. لذا فإن النظام الفعال لتقييم الأداء هو السبيل الأمثل لتلبية شروط قانونية معينة بشأن مثل هذه القرارات.

أخطاء ترافق عملية تقييم العاملين

يحدث في كثير من الأحيان أن يكون التقييم غير منطقي، خاصة عندما يكون المدير أو المشرف أو المقيم مهتم بشكل كبير بناحية معينة من العمل، على سبيل المثال إذا كان العامل دقيقاً في مواعيد العمل فإنه سيأخذ تقييماً أفضل من العامل الذي يتأخر أحياناً عن مواعيد عمله حتى لو كانت إنتاجيته أقل. كما قد يكون التقييم في بعض الأحيان غير واقعياً حيث نحن كبشر نميل لأن نحب من هم أشباه لنا، ومن ثم الميل لإعطائهم أفضل تقييم. كما هناك صعوبة أخرى كبيرة لمعظم أنظمة تقييم كفاءة الأداء هو أن الحكم المتضمن غالباً ما يكون شخصياً، كما إن علاقته أساساً تكون مع الصفات الشخصية أو الملاحظات التي لا يمكن تأكيدها. كما هناك عدة عوامل تعرف بإسم "خطأ المصنف" والتي قد تبطل تقييم الأداء، ومن أهمها:

- التساهل :(Leniency) ويقصد بها تساهل المدير أو المشرف أو الرفق بالعاملين والتساهل معهم، مما ينعكس أثر ذلك سلباً على عملية التقييم ويفقد العملية الهدف الأساسي منها. مما يعني إن عملية التقييم تكون غير كفؤة وغير فاعلة.
- تأثير خطأ الحداثة، ويحدث ذلك عندما يتأثر المدير أو المشرف بأداء وسلوك وتصرفات العامل في الفترة أو الأسابيع الأخيرة سواء سلبية كانت أم إيجابية، بغض النظر عن أداء وسلوكه قبل ذلك.
- الوسطية في التقييم Central Tendency: حيث يميل المدير أو المشرف الى جعل تقييم جميع العاملين يتركز في وسط سلم التقييم إرضاءاً لهم. أو عندما تفتقر طريقة التقييم للدقة والموضوعية فيميل المدير أو المشرف الى الحكم الوسط ليغطي القصور في أداءه لهذه العملية.

• انحياز المقيم أو ما يطلق عليه بـ(Bias): ويحدث عندما القضايا الشخصية تتلقي بظلالها على الشخص المقيم كالمدير أو المشرف، وبالتالي إنعكاس ذلك سلباً على نتيجة التقييم أي يكون التقييم غير عادل وغير منصف ولا يعكس أداء العامل الفعلي. أي إن الأحكام المعنية في كثير من نظم تقييم الأداء غالباً ما تكون شخصية وتتعلق في المقام الأول بالسمات الشخصية أو بالملاحظات التي لا يمكن التحقق منها. كما هناك نقطة ضعف أخرى وهي خطأ المقارنة وتحدث عند مقارنة شخص بأخر بدلاً من تطبيق المعايير الموضوعية. فمثلاً إذا كان أداء العامل جيداً وعمل مع فريق أداؤه ضعيف فإنه سيبرز من بينهم لحقيقة أداؤه الفعلي في العمل، وكذلك إذا عمل نفس الشخص مع مجموعة ممتازة فبالتأكيد سيكون أداؤه ضعيفاً مقارنة بهم.

• تأثير الهالة Hallo Effect: إذ يتمتع كل شخص بهالة معينة قبل الإلتحاق بالعمل أو بعده، وغالباً ما يحكم على الشخص من خلال ذلك وليس من الواقع، وقد تكون الهالة ناجمة عن تفوقه في أداء معين فيحكم عليه في بقية مجالات عمله وفق ذلك التأثير والعكس صحيح. ومثال على ذلك عندما يواظب العامل على العمل بشكل مبكر ويكون مفعماً بالحيوية ومتحمساً للعمل، فيتم تقييم بقية الجوانب الأخرى له على إنها جيدة حتى لو كانت متوسطة أو غير جيدة.

• التأثر بأخر تقييم: فقد يركز المدير أو المشرف على التقييم السابق للعامل ولا يعير أي إهتمام بأداءه الحالي. فقد يقيم المدير العامل طبقاً لأخر تقييم لذلك العامل فإذا كان تقييم العامل في الفترة السابقة ممتازاً، فيعد المدير أو المشرف تقييمه في الفترة الحالية ممتازاً أيضاً حتى لو كان أداءه منخفضاً.

على منشأة الضيافة أن تعمل دائماً على زج المدراء والمشرفين أو القائمين على عملية تقييم العاملين ببرامج تدريبية للتقليل أو التغلب على تلك الأخطاء، وفي كثير من الأحيان تقوم بعض إدارات منشأت الضيافة بمكافأة الأشخاص القائمين على

عملية التقييم عندما يكون تقييمهم للعاملين دقيقاً، والعكس صحيح في حالة عدم إلتزام عملية التقييم بالجدية والعدالة والمسؤولية.

علاقات العمل وتقييم الأداء

علاقات العمل وما يرتبط به هو مصطلح يعود إلى مهام يقوم بها العامل وليست مطلوبة منه أن يؤديها كجزء من عمله، والتي تعود بالمنفعة على منشأة الضيافة بطريقة ما، ومثال على ذلك بقاء العامل في عمله لساعة متأخرة لمساعدة زملائه على إنهاء عملهم كما هو في الحفلات والدعوات الرسمية والمؤتمرات أو أي سلوك أخر يدعم ماهو نافع لمنشأة الضيافة، فهذه السلوكيات تعود إلى سلوك المواطنة المؤسسية وعلى الرغم من إنها غير مطلوبة بشكل رسمي من العامل إلا أنها تفيد المنشأة، وعلى المقيم وضعها بعين الإعتبار عند إجراءه تقييم العامل حيث لها التأثير الكبير على نتيجة التقييم. في حين البعض الأخر بهذا الخصوص إن ما يرتبط بالعمل هو جزء رسمي من عملية التقييم، فهذه السلوكيات لا تعتبر سلوكيات مواطنة مؤسسية وإنما جزء من المهام الوظيفية للعامل.

تقييم الإداء والتغذية الراجعة وردود الفعل

إن عملية تقييم أداء العاملين هي جزء من عملية أكبر وأوسع ألا وهي أداء الإدارة. فبعد إتمام عملية تقييم الأداء يأتي دور الإدارة للمراجعة والنصح، فالعديد من المدراء أو المشرفين يكون دورهم ضعيفاً في هذا المجال لا بل ليس لديهم القدرة أو المعرفة في كيفية عمل المراجعة كما إن بعض المدراء يتجنبون أي مواجهة مباشرة أو مجادلة مع العاملين عند مناقشة التغذية الراجعة لأدائهم، بالرغم من أهميتها للعامل من خلال توضيح أوجه الخلل والسلبيات في أدائه ومحاولات تحسين العمل والأداء مستقبلاً. كما لها من الأهمية في تشجيع العاملين على المشاركة في الحوار مع

الإدارة. حيث يقوم المدير بتوجيه العامل بالطريقة التي تعمل على تنمية مهاراته وتطويرها. فعلى سبيل المثال إذا كان أداء عامل ما ضعيفاً، فلا ينبغي القول له بشكل مباشر أن أدائه ضعيف، بل يمكن القول له بأن أداؤه ليس بالمستوى المطلوب، أي بمعنى توجيه الكلام عن الأداء أو السلوك لا عن الشخص بعينه.

الكثير من منشأت الضيافة تعير إهتماماً كبيراً للتغذية الراجعة بشكل عام وعلى تغذية الأداء الراجعة بشكل خاص. وذلك لإنها تخدم وبشكل كبير الكثير من الأغراض للمنشأة والعاملين على حد سواء. لذلك فإن التغذية الراجعة والأداء يعتبران كنظام الملاحة للسفينة، فبدون هذا النظام لن يكون بمقدور القبطان أن يعرف موقع السفينة ومن أين جاءت والى أين تتجه، وهذا ينطبق على نظام الأداء الكفء. فبدون التغذية الراجعة والأداء لن يكون بمقدور الإدارة والعاملين معرفة مدى إتقانهم للعمل الذين يقومون به، وما إذا كانوا بحاجة إلى تحسين أدائهم أم لا.

كما من نتائج عملية تقييم الأداء أمور مهمة من أهمها وضع الأهداف لتصحيح الأداء الضعيف، إضافة الى أن من نتائج التغذية الراجعة هو تطوير خطة عمل للمستقبل فعندما يكون أداء العامل جيداً فإن مثل هذه الخطة توضح المستوى الذي يمكن أن يحصل عليه العامل مستقبلاً. وما هي النقاط التي يمكن أن يحسن فيها أداؤه وما هي العلاوات المالية التي تزداد مع زيادة أداءه. فإذا كان أداء العامل بارزاً وإستثنائياً، فمن المحتمل أن تبين الخطة طرقاً لهذا العامل للترقية والتطوير بما يتلائم مع قدراته، والحصول على حوافز مالية إضافية.

أرشفة وتوثيق تقييم الأداء ونتائج الإدارة

من الضروري جداً لمنشأة الضيافة أن تطور نظام الترشيف والتوثيق لنتائج تقييم الأداء لعامليها بشكل مستمر، من خلال مسك وإعتماد الإستمارات الخاصة بعملية التقييم، وكذلك حفظ النتائج في سجلات معينة لتتمكن المنشأة من الرجوع إليها

مستقبلاً وعند الحاجة لها. فعلى سبيل المثال عامل ما بمرحلة تجريبية، ومن الممكن أن يتم تسريحه من العمل بعد ستة أشهر إذا لم يتحسن أداؤه، فمن الضروري يرجع المدير أو المشرف إلى التقييم السابق للعامل وأن يطلع على المعلومات الواردة فيه ليتم البت في مصيره. كما أن هذه السجلات مهمة خاصة إذا تم ترقية أو نقل المدير أو المشرف إلى منشأة أخرى أو الى قسم أخر فمن الضروري أن تكون هذه المعلومات متوفرة للشخص الذي يحل محلهما لمتابعة هذا الموضوع. كما هناك مسألة أخرى مهمة للغاية وهي تكافؤ فرص العمل وعدالتها. فالمنشأة تحتاج الى تلك المعلومات والبيانات المحفوظة في الملفات الشخصية للعاملين والتي تعطي تصوراً واضحاً وكاملاً عن أداء العامل الذي تم تقييمه للرجوع اليها عندما تقرر أمور معينة.

الفصل الحادي عشر

الإنتاجية

11 الإنتاجية

تعمد الكثير من المنشآت الناجحة الى إيلاء الجانب الإنساني كل الإهتمام اللازم من خلال برامج التدريب والحوافز والمساواة الإجتماعية والتواصل المستمر، لأن إدارة العنصر البشري وكيفية التعامل معه في يومنا هذا تعد أمراً في غاية الأهمية وستتزايد أهميتها مستقبلاً كأهم مصدر لتحقيق التفوق التنافسي.

إن تحقيق الميزة التنافسية من خلال العنصر البشري لهذه الصناعة يستلزم تحقيق التميز في العاملين في المنشأة من خلال الإعتماد عليهم وبناء ومد جسور الثقة المتبادلة بينهم وبين الإدارة من جهة وبينهم وبين الزبائن والضيوف من جهة ثانية. وقد توصل العديد من الخبراء في هذه الصناعة الى أن المنشأت التي طبقت هذه الأفكار أظهرت تفوقاً ونجاحاً يفوق المنشأت الأخرى التي لا زالت تمارس نفس الأساليب القديمة مع عامليها ومرؤوسيها.

إن الكثير من العاملين لا يبحثون في عملهم عن الأجر العالي والإمتيازات الكثيرة المتنوعة، بل يسعون أولاً وأخيراً وقبل كل شيء الحصول على متعة في العمل، والى الإحترام المتبادل بينهم وبين الإدارة، ووجود الفرصة الحقيقية لإظهار الإبداع والأفكار المفيدة. هذا ما أثبتته دراسة أجريت على مجموعة من العاملين والمدراء حيث تم سؤال العاملين في إحدى الشركات عن أهم المميزات التي يريدون الحصول عليها من عملهم، فكان الأجر هو الإختيار الثاني عشر وتتبعه العلاوات، أما إختيارهم الأول فكان المتعة في العمل ويتبعه إحترام العامل وشخصيته من قبل الزملاء والإدارة، ثم يتبعه وجود جو يساعد على تنفيذ الأفكار والمقترحات. في حين كانت إجابة المدراء

مخالفة لإجابات العاملين، حيث فضلوا هؤلاء الأجر والعلاوات والبدلات المالية وكان ترتيبها في المراتب الأولى، وهذا يبين لنا إختلاف نظرة الإدارة للعمل وبيئة العمل عن نظرة العاملين أنفسهم، وهذا الإختلاف سيؤدي بالطبع إلى وجود إشكاليات كثيرة تؤدي بدورها إلى تدني الإنتاجية في العمل.

مفهوم الإنتاجية وأهميتها

تطور مفهوم الإنتاجية والعمل على زيادتها، مع تطور الفكر الإداري تبعاً لمفهوم المنشأة وأهدافها الرئيسية ومسؤولياتها تجاه المجتمع والإعتبارات البيئية والعنصر الإنساني من حيث أهميته ونوعية الدوافع التي تحرك سلوكياته وواجباته تجاه المنشأة التي ينتمي إليها، وصورة الإنتماء. كما إن حسن إستخدام الموارد المتاحة والمستخدمة في العملية الإنتاجية ما هو إلا تعبير مرادف لمفهوم الإدارة، وان الإدارة الرشيدة والفعالة هي التي تحسن إستخدام مواردها البشرية والمادية بفعالية وبأفضل صورة ممكنة.

إن الفعالية الإدارية تعتبر عنصراً رئيسياً من أجل الكفاية الإنتاجية، وإن كانت الفعالية شيء والكفاءة شيء أخر حيث ترتبط الأولى بالأهداف المحققة، ويقاس مداها بقربها أو بعدها من تلك الأهداف، بينما يقصد بالثانية الطريقة المثلى في الوصول إلى هذه الأهداف، وفي صناعة الضيافة على سبيل المثال تعتبر قضايا مشاكل الزبائن والضيوف مثل مستويات الخدمة وجودة المنتج النوعي والكمي هي مقاييس للفعالية. أما تخفيض نفقات الموارد فتعتبر إدارة كفاءة.

إن مصطلح الأداء ليس حديثاً. كما لايوجد إتفاق عام حول تعريفه، إضافة الى الإختلاف في المصطلحات المستخدمة للدلالة على الأداء كالفعالية والكفاءة. وإنطلاقاً من أن هذا المفهوم يشمل مصطلحين هما الأداء والأنتاج فيمكننا تعريف كل منهما على حدة. فالأداء هو مدى بلوغ الأهداف بالإستخدام الأمثل للموارد وباعتباره نظاماً

شاملاً ومتكاملاً وديناميكياً فإنه يتطلب إتباع مسيرتي العمليات والتحسين المستمر كما إنه متعدد المعايير كالتكلفة والوقت والجودة.

أما الإنتاج فتبين التعاريف الحديثة بأنه عملية نظامية وسلسلة من الأنشطة الديناميكية التي تضمن تحقيق الأهداف الإنتاجية أي أن الأداء الإنتاجي هو مدى كفاءة وفعالية وظيفة الإنتاج، أي مدى بلوغها لإهدافها من خلال زيادة الإنتاج من حيث الكمية والجودة وتخفيض مدة وتكاليف الإنتاج من خلال الإستخدام الأمثل لمواردها الإنتاجية.

من الضروري التمييز بين الإنتاج أو النشاط والإنتاجية كمؤشر من مؤشرات قياس الأداء الفعلي بحيث تعكس مسوؤلية الإدارة كعنصر رئيسي في تحديد مفهوم الإنتاجية. حيث لا يكفي أن تجمع المدخلات فقط وإنما يلزمها حسن التوجيه وأفضلية الإستخدام بعد تحديد طرق القياس.

تقليدياً فإن الكثير من المنشأت لا تهتم أو بالأحرى لا تركز على عملية تدريب وتطوير العاملين. حيث الكثير من المدراء يركزون أو يفضلون الإستثمار في المكائن والمعدات وكذلك على برامج الصيانة الوقائية الخاصة بها، وللأسف فهؤلاء المدراء لا يعتبرون إن المال المنفق على العاملين على إنه إستثمار، بل ينظرون اليه على أنه تكلفة محضة. على مدراء اليوم أن يدركوا أن العائد على الإستثمار يعني العائد على الفرد فضلاً على ذلك العائد على الإستثمار. حيث أشارت دراسة أجريت من قبل جمعية الفنادق والموتيلات الأمريكية في عام (1982) لعينة من المدراء في صناعة الضيافة بخصوص زيادة معدلات الإنتاجية، أنه على الرغم من أن المدراء يعتبرون إن تدريب وتطوير العاملين في هذه الصناعة هو مشكلة كبيرة إلا إنهم إعترفوا بإن وجود عدد قليل من البرامج التدريبية كفيل بحل هذه المشكلة.

أسباب زيادة الإهتمام بالإنتاجية في صناعة الضيافة

بدأ الإهتمام بالإنتاجية وأصبحت مسألة رئيسية خاصة بعد إزدياد أجور الأيدي العاملة وتكاليفها في الأونة الأخيرة، وهي أمر مهم بالنسبة لأرباب العمل وخاصة في منشأت الضيافة، ويقصد بالإنتاجية هو تحسين أو زيادة إنتاجية العاملين كما يجب أن تكون هناك معايير خاصة للإنتاجية وأن تكون ثابتة لكل وظيفة من وظائف المنشأة.

كما إن زيادة إهتمام صناعة الضيافة بالإنتاجية كصناعة ناضجة، برز بالتزامن مع القلق الرئيسي في هذه الصناعة في تحفيز العاملين في المستقبل. إذ أن التحدي الأول في هذه الصناعة هو إن العاملين فيها يلعبون دوراً مهماً وكبيراً في زيادة الإنتاجية، وعلى الرغم من دخول التقنية الفنية وأجهزة الحاسوب الى هذه الصناعة وما تم فيها من عملية إستبدال للكثير من العاملين بالأجهزة والمعدات، إلا أن ذلك لا يعني إطلاقاً أن تكون عاملاً رئيسياً أو بديلاً عن العنصر البشري، مما شكل هذا الأمر ضغطاً كبيراً على المدراء في هذه الصناعة لزيادة الإستخدام الأمثل والمنتج للعاملين بدلاً من الإعتماد كلياً على الإبتكار التكنولوجي لإنتاج عمليات أكثر إنتاجية.

إن على منشأت صناعة الضيافة ولضمان الربحية في المستقبل تحسين إنتاجيتها بشكل مستمر. حيث إن تلك المهمة تقع على كاهل الإدارة لا بل من أولويات مسؤولياتها. إذ يمكن زيادة الإنتاجية من خلال توظيف العاملين المهرة الذين لديهم القدرة على أداء مهامهم على النحو المطلوب. كما إن التخطيط والتصميم الجيد للمرافق المادية يحدد إلى حد كبير الوقت الذي يمكن أن يقضيه العاملون في الأنشطة المنتجة التي تساهم بشكل كبير في زيادة المخرجات وتقليل المدخلات أو كلاهما على حد سواء، بالإضافة الى وضع التقنيات اللازمة لتبسيط العمل ليكون له نفس التأثير. فعندما يعلم العامل كيفية الأداء الأفضل لمهمة معينة، فإن ذلك يساعد بالتأكيد على جدولة النفقات وبالتالي تخفيض التكاليف.

إن التحدي الثاني في صناعة الضيافة هو أن طبيعتها تجعل من الصعب فيها قياس الإنتاجية ناهيك عن التحسن الذي طرأ في هذا المجال، حيث إنها توفر خليطاً من المنتجات والخدمات بدءاً من خدمة تقديم وجبات الهمبرغر ومطاعم الخدمة السريعة الى بيع غرف فندقية مع إبتسامة مرحة وأذناً صاغية، حيث على الرغم من إمكانية قياس عدد قطع الهمبرغر المباعة، وإحصاء عدد الغرف التي تم تنظيفها وتهيئتها، ومعرفة كمية المشروبات التي تم خدمتها، إلا إنه من الصعوبة فيها قياس الخدمات غير الملموسة. إضافة الى مشاكل أخرى ذات العلاقة مثل طبيعة كثافة الأيدي العاملة في تقديم الخدمة في هذه الصناعة.

إن من مهام الإدارة الرئيسية في منشأة الضيافة هي إنتاج قناعة ورضا عاليين للزبائن والضيوف أولاً، ومن ثم تحقيق الأرباح من خلال عمليات الإدارة بدءاً بالتخطيط والتنظيم والتنفيذ ومن ثم التوجيه والرقابة على المدخلات التي تحت تصرفها، وكما موضح في الشكل رقم(21).

من المهم جداً لمنشأة الضيافة أن تضع أو تفضل قناعة ورضا الزبائن قبل الربحية لسببين مهمين، أولهما هو إن ذلك يجبر منشاة الضيافة على إتخاذ المزيد من الإهتمام للعمل على الأجل الطويل، فعلى سبيل المثال قد ينجذب الضيف لفندق ما ويقيم فيه لليلة واحدة، وقد يغادره وهو غير مقتنع بالخدمة التي قدمت له بعد دفعهِ لفاتورته، وفي هذه الحالة فإن الفندق قد إستفاد على المدى القصير، أي أن الفندق قد حقق الربحية. ولكن ذلك الضيف قد لا يعود مرة ثانية للفندق وسوف يخبر أصدقاءه ومعارفه بعد زيارته لذلك الفندق وعن طبيعة خدماته المتواضعة وفي النتيجة النهائية سوف يتم خسارة المبيعات على المدى الطويل، والسبب الثاني هو إن العاملين يمكن أن يتصلوا ويتفاعلوا مع الضيوف كهدف، فمن الصعب على العامل العادي أن يخلق علاقة بربحية المنشأة في حين إن العاملين على الأرجح يرغبون في أن تبقى الأعمال مربحة بالنسبة لهم للحفاظ على وظائفهم هذا من ناحية، ومن ناحية أخرى فإن

شكل رقم(21)
نموذج يبين تحسين الإنتاجية في صناعة الضيافة

Source: Mill, R. C. (2010). *Managing for productivity in the hospitality industry*. Zurich, Switzerland: Van Nostrand Reinhold, p.13

العاملين هم أيضاً يتمتعون بالإجازة أو يخرجون لتناول الطعام فإنهم يعرفون ماهي الخدمة الجيدة عندما يطلبونها كزبائن.

تعتبر المدخلات العنصر الأول في عملية الإنتاجية، وهي تعتمد على الموارد المتاحة للإدارة أو لمنشأة الضيافة وتشمل تلك الموارد ثلاثة أنواع هي رأس المال المتوفر على شكل نقد، والمكائن والمواد والأدوات، والموارد البشرية التي تمثل العنصر البشري أي " الأفراد العاملين "، والذين هم جزء من المعادلة. إضافة الى مصادر المعلومات بأوسع معانيها، والتي تشير الى المعرفة بالأساليب الجديدة سواء أكانت طرق جديدة في الخدمة أو التعامل مع الضيوف أو في فن الطهي على سبيل المثال، أو التقدم في وسائل تحفيز العاملين.

أما بخصوص العمليات، فمن مسؤولية إدارة منشأة الضيافة أن تخطط وتنظم وتنفذ وتوجه وتراقب مزيج المدخلات. كما يجب أن يكون التوجيه من الإدارة العليا للمنشأة ولكن إذا ما أريد أن يكون للجهد أن يكون ناجحاً ويحقق أهدافها فيجب أن يشمل المنشأة بأكملها أي بجميع مستوياتها وتنطوي هذه العملية على سلسلة من الخطوات هي:

تحديد المخرجات

إن الخطوة الأولى هي في عملية إدارة المدخلات بشكل جيد وكفوء لتحقيق أقصى قدر ممكن من المخرجات وبأقل خسارة وتحديد المخرجات المتوقعة بوضوح. فالمخرجات هو ما تريد منشأة الضيافة إنجازه، وينطوي هذا الشيء على وضع معايير وأهداف محددة من قبل الإدارة، من حيث أن تكون تلك الأهداف واقعية وقابلة للقياس وأن يكون لها إطار أو سقف زمني محدد، وفي حال لم يتم وضع المعايير والأهداف في الأولوية " الواجهة "فإنه لن يكون هناك أي وسيلة لمعرفة متى أو ما إذا تم حل المشاكل الموجودة أم لا، فعلى سبيل المثال قد ترغب إدارة فندق ما في إنجاز مانسبته

(98%) من التصنيف الإيجابي لتفتيش الغرف، وتتوقع إن ينهي العاملون تنظيف وترتيب الغرفة الواحدة في مدة (25) دقيقة.

من الجدير بالذكر أن معايير الإنتاجية تحدد قياس أو تحديد مقدار الوقت اللازم للقيام بمهمة معينة. حيث إن الإدارات توظف عامليها طبقاً للطلب المتوقع، سواءاً أكان ذلك لضيوف المطعم أو لحجوزات غرف الفندق أو الداخلين لمتنزه ما. فعلى سبيل المثال إذا كان لفندق ما حجوزات لـ(200) غرفة، فإن إدارة الفندق سوف توظف لقسم المكتب الأمامي ثلاثة موظفين لتقديم مستوى مناسب من الخدمة والذي يتوقعه ضيوف الفندق، وبالطبع فإن مدير المكتب الأمامي أو مساعده سيقدمون يد المساعدة لموظفي المكتب الأمامي عند الضرورة.

مزايا قياس الإنتاجية

- تساعد مقاييس الإنتاجية في مزاولة عملية الرقابة بشكلها الصحيح كعملية إدارية مهمة، من حيث تقييم الأداء أخذين في الإعتبار إن إكتشاف الأخطاء والإنحرافات والتجاوزات بشكل مبكر يساعد على تلافي مضاعفاتها ونتائجها السلبية في المستقبل وتجاوزها.
- تمد مقاييس الإنتاجية الإدارة بأدوات التخطيط السليم، حيث إن التخطيط يصبح غير محدد إن لم توجد هناك مقاييس محددة. فالتخطيط السليم يساعد الإدارة على إدارة دفة المنشأة نحو النجاح بدقة وفعالية.
- يسهم قياس الإنتاجية في السيطرة على التكاليف والأسعار بشكل عام، حيث إرتفاع الإنتاجية يعني تقليل التكاليف وتخفيض الأسعار.
- يساعد وجود أدوات قياس للإنتاجية في تسهيل عملية التفويض، ووجود الوسائل والأساليب الفعالة في الإشراف وتحسين مستوى العاملين. فمن الصعب على الإدارة أن تحمل شخص معين المسوؤلية عن عمل ما، ولكن من السهولة عمل ذلك عندما

تكون الإدارة محددة في توجيه التعليمات للعاملين. فعلى سبيل المثال ينسب العامل الفلاني للعمل في المطعم ويكون مسوؤل عن خدمة عدد محدد من الضيوف في فترة عمل معينة، أو أن يتم الإتفاق على إن يكون العامل الفلاني في قسم الإستقبال مسوؤلاً عن تسكين الضيوف، وهكذا.

- تساعد مقاييس الإنتاجية على مشاركة العاملين في تحديد الأهداف، وتحسين الوسائل، من خلال تعرفهم على وسائل وسبل القياس، كما تزيد من الفعالية.

التلاعب والإحتيال وتأثيرهما على الإنتاجية في صناعة الضيافة

تأتي أهمية قياس الإنتاجية في هذه الصناعة أيضاً لوجود تحدي أخر، يؤثر سلباً على طبيعة هذه الصناعة وخدماتها من جهة وعلى الزبائن والضيوف من جهة ثانية، وتأثير ذلك على إنتاجية منشاة الضيافة نفسها، ويبرز هذا التحدي من خلال ما تواجهه الإدارات في هذه الصناعة من نشاطات غير مقبولة من قبل بعض عامليها أحياناً والتي لها التأثير الكبير على إنخفاض الإنتاجية فيها.

اليوم وبشكل واسع تستخدم أغلب مرافق هذه الصناعة وعلى سبيل المثال أجهزة (point of Sales) ويطلق عليها بـ(POS) والتي تعتبر إحدى تقنيات السيطرة على مراكز البيع ومنع التلاعب بالنقد المستحصل لقاء بيع المنتوج والخدمة فيها، وكذلك للسيطرة على السرقات المتكررة من قبل العاملين فيها والحد منها. حيث تعاني أغلب الإدارات في منشأت الضيافة من تكرار هذا النوع من السرقات كون هذه الصناعة وأغلب مرافقها تتعامل بالنقد. إذ تشير كثير من الإحصائيات أنه بالرغم من وجود هذه التقنية التي ساعدت على التقليل وبشكل كبير في تلك الحوادث إلا أنه لازالت هناك نشاطات إحتيال بإستخدام في هذا النوع من الإجهزة والبرامج أيضاً، وبنسبة قدرها (4%) من المبيعات وهذا يعني أن واحدة من كل (25) عملية لنقطة بيع يمكن أن تكون مكلفة لرب العمل.

العديد من منشأت الضيافة وخاصة الفنادق الكبيرة والمطاعم ومراكز الترفيه عادة ما يكون لديها العديد من نقاط البيع تلك داخل مرافقها، فهذا يعني إنه يمكن ترجمة ذلك الى عدد كبير من المعاملات الإحتيالية كل يوم. إذ تشير التقديرات على إن (60%) من الخسائر في صناعة المطاعم على سبيل المثال لها علاقة أو يمكن ربطها بالسرقة من قبل العاملين، ومن هنا يتضح تأثير ذلك على الإنتاجية.

في الحقيقة إن الإحتيال ليس وليد اليوم وليس بالشئ الجديد، وبالرغم من وجود المعدات والأدوات اللازمة لتتبع تلك العمليات والحوادث، إلا إنها لا زالت موجودة لليوم وتؤرق بال الإدارات في منشأت الضيافة أكثر من أي وقت مضى، وعلى الإدارات الناجحة الإستمرار والعمل على تحليل البيانات والمعلومات من زاويا مختلفة، بحيث يؤدي ذلك الى تحقيق وفورات مالية كبيرة لها وإلا سيكون من الصعب الكشف عن تلك الخسائر في هذه الصناعة.

مع بيئة سريعة الخطى، فقد تختلف أسباب حوادث أو عمليات الإحتيال تلك بين منشأت الضيافة والتي تؤثر بشكل كبير على إنتاجية المنشأة، فقد تكون بعضها نابعة عن عدة أمور من أهمها

- سرقة صريحة، أي عن قصد بسبب وجود بعض العاملين الجشعين أو الذين لديهم بعض المشاكل مع مشرفيهم أو مدراءهم.
- قد تكون عبارة عن أخطاء بسبب قلة أو ضعف التدريب.
- ضعف المتابعة والمراقبة من قبل المدراء أو المشرفين.
- قد تكون بسبب تردي الإدارة في منشأة الضيافة.
- أو قد تكون نتيجة ضعف الكادر الإداري والمحاسبي فيها.

عادةً تأخذ تلك الحوادث الإحتيالية أشكالاً متعددة، فقد تتباين ما بين إلغاء قوائم الحساب بدون الحصول على موافقة المشرف أو المدير، أو الصكوك المرتجعة، الى الإحتيال أو التلاعب بالبقشيش. أحد الأمثلة على ذلك ما يقوم به بعض منتسبي أو

عاملي الخدمة في المطاعم كأن يضع رقم قبل الرقم الصحيح أو بعده محاولاً بذلك تضخيم مبلغ البقشيش لغرض إستلام مبلغ أكثر. أو التلاعب بالنقد من خلال التلاعب بالفاتورة كأن يطلب زبون ما فنجاناً من القهوة مع إضافة مطيب أو نكهة لها، وعلى سبيل المثال كان سعر القهوة هو (3.50) دولار في حين سعر النكهة أو المطيب هو(0.25) سنتاً، فالعامل الموجود خلف الكاونتر يعرف مجموع هذه العملية بالضبط بسبب تكرارها عدة مرات في اليوم الواحد ومن قبل عدة زبائن، فيقوم العامل بمحاسبة الزبون على كامل المبلغ في حين يضغط هو في الجهاز على الزر الخاص بـ " مطيب القهوة " فقط، ويضع باقي المبلغ في جيبه الخاص، وبتكرار هذه العملية لعشرة مرات في اليوم الواحد أو في وجبة عمل واحدة فإن العامل يحصل على نقد أكثر مما يدفعه له رب العمل لقاء ساعات عمله. كان هذا مثالاً بسيطاً لما يسمى بـ(Under Ringing)، وفي حالات أخرى وبسبب ضعف الرقابة على مراكز الإنتاج يتم البيع بالنقد من خلال الإتفاق بين الطاهي " الطباخ " وعامل الخدمة دون تقييد أو تسجيل إيراد تلك المنتجات لصالح المنشأة.

أما عند حدوث تلك الحالات عن طريق الخطأ وبدون قصد ففي الغالب تكون نتيجة السرعة في العمل نتيجة التشغيل العالي، أو قلة التدريب أو عدم منح الوقت الكافي للعاملين الجدد لغرض إتمام عملية التدريب بالشكل الصحيح والمطلوب نتيجة ضغط العمل، ويتم معالجة تلك الحالات بتنبيه العاملين ومحاولة مساعدتهم على إتمام تلك العمليات بالشكل الصحيح وبنجاح مستقبلاً من خلال الإستفسار من العاملين القدامى أو الإستفسار من مشرفيهم أو مدراءهم.

بالرغم من وجود تلك الحالات، بات اليوم من الممكن السيطرة عليها وتقليلها بشكل كبير من خلال البيانات المستندة على التقارير، كما يمكن تصفية المعلومات والأرقام من خلال إستخدام تقنية الحاسوب، والوصول الى التفاصيل الدقيقة لكل عملية بيع ومن ثم معرفة مواطن الخلل ومعالجة المشاكل بسهولة وتقليل التكاليف

وزيادة الإنتاجية، وتحسين تكاليف مراكز البيع بشكل عام وتحسين تكلفة الطعام والشراب بشكل خاص لأهميتها البالغة في هذه الصناعة.

كما من الضروري معالجة تلك الحالات من قبل إدارة منشأة الضيافة من خلال عدة طرق ووضع الحلول المناسبة لها قبل تأزم الأمور وفقدان السيطرة عليها، وإحدى تلك الطرق هي مواجهة العاملين بتلك الحالات والسرقات حيث يعترف العديد منهم بها، ومن حق إدارة منشأة الضيافة أن تكون قلقة تجاه ذلك، إلا إن ذلك لا يعني إن جميع العاملين غير صادقين. إن من المتطلبات الضرورية والمهمة تجاه جهود تحسين الإنتاجية في منشأت الضيافة اليوم هو فرض إجراءات رقابية أفضل ومعالجة الحالات السلبية الأنفة الذكر، إضافةً الى تواجد نظام قياس تتمكن من خلاله منشأة الضيافة من تحديد مستوى الإنتاجية بالقياس إلى الإنجازات السابقة لنفس المنشأة من جهة، وبالمقارنة بإنتاجية منشأت أخرى مماثلة في نفس الصناعة من جهة ثانية.

مؤشرات قياس الإنتاجية في بعض منشأت الضيافة

ككل الأعمال الحديثة، هناك ضغوط كبيرة في منشأت صناعة الضيافة لتحسين الإنتاجية لضمان رضا وقناعة الزبائن والضيوف بالخدمة المقدمة لهم ليعاودوا زيارة منشأة الضيافة مرة ثانية، حيث إن الغاية من تقديم المؤشرات تنبع من الحاجة الى مقاييس أداء تساعد المنشأة على إثبات أن لها إنجازات ممكن الوثوق بها من قبل زبائنها ومجهزيها والبيئة الإجتماعية والإقتصادية. وعلى الرغم من أنه ليس هناك تراكيب محددة مسبقاً على النطاق العالمي لقياس الإنتاجية، الا أن العديد من منشأت الضيافة في القطاع العام والخاص قد طورت منهجياتها من أجل تطبيقاتها الناجحة.

بشكل عام يتم قياس الإنتاجية من خلال توضيح العلاقة بين المخرجات الكلية وبين عنصر واحد أو أكثر من عناصر الإنتاج، فعلى سبيل المثال:

$$\text{إنتاجية عنصر العمل} = \frac{\text{المخرجات الكلية}}{\text{مدخلات عنصر العمل}}$$

$$\text{إنتاجية المواد الأولية} = \frac{\text{المخرجات الكلية}}{\text{مدخلات المواد الأولية}}$$

$$\text{إنتاجية رأس المال} = \frac{\text{المخرجات الكلية}}{\text{مدخلات رأس المال}}$$

$$\text{إنتاجية الطاقة} = \frac{\text{المخرجات الكلية}}{\text{مدخلات الطاقة}}$$

من الواضح لأي مدير وخاصة في منشأة الضيافة أن القوى المحركة وراء الأداء هي غالباً ما تكون " غير مالية "بطبيعتها، فقد تم تطوير عدد من المقاييس المعينة والتي توجه الإهتمام لعوامل غير مالية مثل جودة الخدمة المقدمة ورضا الزبائن، فعلى سبيل المثال يقاس عدم رضا الزبون مباشرة من خلال عدد شكاوى الزبائن والضيوف. كما من الضروري أيضاً أن ترتبط مقاييس الأداء في المنشأة بأهدافها الإستراتيجية وبيئتها التنافسية. حيث من المهم والضروري الجمع بين الجوانب المالية وغير المالية كمؤشرات للأداء في هذه الصناعة، لأنه إذا ما قام المديرون بتركيز إهتمامهم على

جانب واحد فقط، فإن الجوانب الأخرى عندها سوف تعاني من مشاكل عديدة.

في الغالب يتم قياس إنتاجية العاملين بالدينار أو بالدولار من خلال قسمة المبيعات على تكاليف العمل. مثال على ذلك إذا كان إجمالي المبيعات (46.325) دولاراً، وتكاليف العمل (9.265) دولاراً فإن الإنتاجية ستقاس كعامل من خمسة، وهذا يعني أن كل دولار من تكاليف العمل قد حقق خمسة دولارات من المبيعات. ومن أهم أساليب قياس الإنتاجية في منشأت صناعة الضيافة مايلي:

أولاً: قياس الإنتاجية في الفنادق

1– نسبة تشغيل الغرف (Occupancy %) يرمز لها (ROP).

$$= \frac{\text{عدد الغرف المشغولة}}{\text{عدد الغرف المتاحة}} \times 100\%$$

2– متوسط سعر الغرفة المشغولة (ADR) (Average Daily Rate).

$$= \frac{\text{إيراد الغرف}}{\text{عدد الغرف المشغولة}}$$

3– متوسط سعر الغرفة المتاحة (REVPAR).

$$= \frac{\text{إيراد الغرف}}{\text{عدد الغرف المتاحة}}$$

أو من خلال: نسبة الإشغال% × متوسط سعر الغرفة المشغولة (ADR).

4- متوسط مدة الإقامة (Average of length stay).

$$= \frac{\text{عدد النزلاء}}{\text{عدد القادمين}}$$

5- نسبة الإشغال المزدوجة أوالمتعددة (Multiply Occupancy).

$$= \frac{\text{عدد النزلاء}}{\text{عدد الغرف المشغولة}} - 1$$

ثانياً: قياس الإنتاجية في المطاعم

عادةً تقاس الإنتاجية في المطاعم بـ:

• عدد الوجبات المنتجة	Number of Meals Produced
• عدد الضيوف المقدمة لهم الخدمة	The Number of Guest Served
• المبيعات المتحققة	Sales Made
• القيمة النقدية المحصلة	Cash Value Taken

إن المشكلة الرئيسية في الخدمة في مطاعم منشأت الضيافة أو في المطاعم المستقلة أو العائدة إلى الفنادق هي في تحديد الإنتاجية، حيث إن إعداد هذه المعايير في هذه الصناعة يعد أمراً سهلاً نسبياً وذلك لثبات معدلات المخرجات، وعليه فإن هذه المعايير تساهم بشكل كبير في تطوير العملية الإنتاجية فيها. في أغلب الأحيان تعتمد على المبيعات المتولدة بالدينار أو الدولار خلال فترة زمن العامل أو على وحدات الخدمة إلى الطاولة أو الوحدات المنتجة خلال فترة ما.

إن تحليل الإنتاجية يساعد في بعض الأحيان على تصنيف العاملين أما إلى

متغير أو شبه متغير أو ثابت، فالفئة التي تشمل العاملين المتغيرين هم الذين يرتبط تغيرهم بحجم النشاط مثل " عاملة الخدمة " أو " عامل الخدمة ". فإذا أزداد العمل فإن عدد العاملين سوف يزداد، ولكن إذا كان العمل بطيئاً فسوف تكون الحاجة إلى العاملين أقل بالتأكيد. كذلك الحال بالنسبة إلى رؤساء الصف ومساعدي عمال الخدمة أيضاً. أما الفئة شبه المتغيرة فتشتمل على غسالي الصحون وغسالي القدور والحمالين، والبوابين، والطباخين، ومساعدي الطباخين، ومعدي الأطعمة الباردة، وقد يزداد العمل أو يقل إلى حد بعيد قبل أجراء التغيرات في ملاك الطباخين. أما الفئة الثابتة فتشمل الإدارة ومساعد المكتب، مساعد غرفة المخزن، موظفي التسلم وأمناء الصناديق، فإذا إنخفض العمل بصورة مؤقتة فإنه من الضروري الإبقاء عليهم.

طريقة أخرى لقياس الإنتاجية هي من خلال قسمة عدد الطاولات أو الضيوف الذين تم خدمتهم على عدد عاملي الخدمة، أو عدد الغرف التي تم تنظيفها وترتيبها على عدد عاملي التدبير الفندقي. على سبيل المثال ولأغراض المقارنة فقط، عامل خدمة في مطعم ما ذو خدمة كاملة يقدم خدمة ضيوف ممتازة لمحطة مطعم تتكون من (12) مقعد "كرسي"، فإن هذا العامل يعتبر فعال. في حين عامل خدمة أخر يقدم نفس المستوى من الخدمة في محطة تتكون من (20) مقعد "كرسي "فإنه يقوم بعمله بفعالية وكفاءة على حد سواء ذلك لأنه يحقق ويلبي المعايير الكمية " الجودة "لثماني زبائن أكثر من العامل الأخر. فإذا كان كل عامل لديه هذه القدرة في العمل، فسيكون هناك مطلوب عدد أقل من عاملي الخدمة للمطعم، الأمر الذي سيؤدي بالتالي إلى خفض تكاليف الرواتب دون المساس بجودة الخدمة. أما إذا قَسم مدير المطعم مطعمه الى محطات وكل محطة تتكون من (20) مقعد وكان عاملي الخدمة يقدمون خدمة متواضعة، فإن المطعم سيعمل بكفاءة ولكن ليس بفعالية وبالتالي فإن المدير أو المشرف سوق يلبي فقط جزء من مسؤولية أدائه، ومن أهم مقاييس الأداء في المطاعم والمستخدمة على نطاق واسع اليوم هي:

1- مبيعات المقعد المتاح Sales Per Seat Available

إن مؤشر المبيعات لكل مقعد متوفر تظهر قيمة المبيعات التي يمكن الحصول عليها من خلال كل مقعد في المطعم، المقهى.... إلخ، ويستعمل هذا المؤشر للمقارنة بين أنواع مختلفة من العمليات ويحتسب بقسمة أرقام المبيعات على عدد المقاعد المتوفرة في صالة المطعم أو المقهى في منشأة الضيافة وعلى النحو الأتي:

$$\text{مبيعات المقعد المتاح} = \frac{\text{أرقام المبيعات}}{\text{عدد المقاعد المتاحة في المطعم}}$$

2- معدل دوران المقعد Seat Turnover

تعكس هذه النسبة عدد المرات التي يجلس فيها الزبائن أو الضيوف على مقاعد المطعم او المقهى وتحتسب بالشكل التالي:

$$\text{معدل دوران المقعد} = \frac{\text{عدد المترددين على المطعم}}{\text{عدد المقاعد}}$$

3- المبيعات لكل متر مربع Sales Per Square Meter

تعكس هذه النسبة المبيعات لكل متر أو قدم مربع للمطعم أو المقهى، وهذا المؤشر عادةً يفيد في الحانات "البارات" (**Bars**) أو مطاعم الخدمة السريعة (**Take away**) وفي أثناء إنعقاد الدعوات والحفلات حيث من الصعوبة إحتساب الإيرادات لكل مقعد فيها، وتحتسب بقسمة المبيعات على المتر المربع من مساحة مجال الخدمة في المطعم أو قاعة الحفلات وعلى النحو التالي:

$$\text{المبيعات لكل متر مربع} = \frac{\text{المبيعات}}{\text{مساحة الخدمة بالمتر المربع}}$$

4- **متوسط قيمة قائمة الحساب(الفاتورة) Average Food Check**

وتعكس هذه النسبة متوسط قيمة قائمة حساب الضيف وتحتسب بالشكل التالي:

$$\text{إنتاجية العامل من الإيرادات} = \frac{\text{إيراد الأطعمة والمشروبات}}{\text{عدد الضيوف الذين تم خدمتهم}}$$

5- **إنتاجية العامل من الإيرادات Employee Productivity of Revenue**

يوضح هذا المؤشر مقدار مساهمة كل عامل في تحقيق إيرادات المطعم أو المقهى، فعلى سبيل المثال ففي بريطانيا يتوقع من عاملة الخدمة في المقهى أن تقدم طلبات أو تحقق مبيعات بقيمة (90-120) دولاراً، في حين عاملة الخدمة في المطعم قد تحقق مبيعات بقيمة (120-180) دولاراً، وبالإعتماد على أساس كل ساعة يومياً أو أسبوعياً. ويمكن إحتسابها على النحو الأتي:

$$\text{إنتاجية العامل من الإيرادات} = \frac{\text{الإيرادات}}{\text{عدد العاملين}}$$

6- **إنتاجية الأجر من المبيعات Salary Productivity of Sales**

إن مؤشر الإنتاجية يختلف وفق نوع ومجال العمل، فمثلاً في مجال الخدمة السريعة يفترض أن يكون له مؤشر إنتاجية عال كما إن تكاليف العمل تكون منخفضة

نسبياً، أما المطعم الذي تكون نسبة الملاك فيه إلى الضيوف مرتفعة فتعني إن إنتاجيته منخفضة نسبياً. إذ إن تكاليف الأجور يمكن التحكم بها وأنها يجب أن تكون مرتبطة بحجم تنبؤات العمل.

إن الأجور العالية بإمكانها أن تعزز من إنتاجية العاملين. ففي كثير من الأحيان يلاحظ أن العاملين يستعملون نفس الطرق والتجهيزات ليعطوا الإنتاج نفسه كما هو الحال في السنين السالفة، وإذا إستطاعت خدمة الأطعمة أن تنجح بتقديم أفضل الخدمات لضيوفها وتهيأ العاملين بشكل كاف فالإنتاج بدوره يجب إن يتطور من خلال الطرق الجديدة والمبتكرة، ويمكن إحتساب هذه النسبة على النحو التالي:

$$\text{إنتاجية الأجر من المبيعات} = \frac{\text{المبيعات}}{\text{تكاليف العمل}}$$

7- إنتاجية العامل من خدمة الضيوف Employee Productivity of Guests

قد تقاس إنتاجية العامل على أساس كل ساعة يومياً أو أسبوعياً، فمن المتوقع على سبيل المثال أن عاملة الخدمة في المقهى ربما تخدم من (45-60) شخصاً في فترة وجبتي طعام، في حين عاملة الخدمة في المطعم قد تخدم من (25-30) شخصاً، ويمكن إحتساب إنتاجية العامل على النحو الأتي:

$$\text{إنتاجية العامل من خدمة الضيوف} = \frac{\text{عدد الضيوف}}{\text{عدد العاملين}}$$

8- إنتاجية العامل بساعة العمل Employee Productivity by The Hour

يمكن إحتساب هذه النسبة من خلال قياس الوقت المطلوب لإنجاز وظيفة أو عمل ما. حيث تقوم إدارة المطعم بتوظيف العاملين بحسب الطلب المتوقع سواء أكان

بعدد ضيوف المطعم أو بنسبة إشغاله، وأحياناً بنسبة إشغال ساحة وقوف السيارات للمطعم، وتقاس الإنتاجية بإعتماد بعض المؤشرات الخاصة بالعاملين ذوي العلاقة. فالعاملين هم كادر عمل لساعات محدودة، لأن وقت العمل محدد بساعات، وعند إعتماد المقاييس لوجبات العمل أو لكادر العمل لمن هم في الواجب فالوقت المضبوط ربما يتغير. فعلى سبيل المثال لو كان هناك (5) من عاملي الخدمة في مطعم معين، قاموا بخدمة (750) ضيفاً في وجبة عمل قدرها (5) ساعات، فهذا يعني أن العاملين قد عملوا (25) ساعة ويكون الإحتساب كالتالي:

= **25 /750**

= **30** وجبة طعام لكل ساعة عمل للعاملين

إن مؤشرات القياس المذكورة أعلاه لا تمثل بأية حال قائمة نهائية للمقاييس في صناعة الضيافة. ويجدر الإشارة الى أن هناك بعض المنشأت المتخصصة التي طورت منهجيات معينة تستخدم بعض المؤشرات ومعاملتها مع عوامل أخرى مؤثرة في بيئة هذه الصناعة والمتمثلة بعوامل كل من البيئة الخارجية " الزبائن والضيوف، المجهزين، المصالح الاقتصادية -الاجتماعية للمجتمع " والبيئة الداخلية " الموارد البشرية، الإدارة الاقتصادية، المبيعات، عمليات الانتاج، البنى التحتية المادية والتقنية والتجهيزات " على حد سواء. كما يجب ألا ننسى دور التدريب الذي يساعد العاملين الجدد في أن يصبحوا ذوي فعالية أسرع مما يتيح للعاملين وطاقم العمل أن يتعلموا من خلال الخبرة، إذ أن تدريب العاملين الجدد سواء قبل العمل أو كجزء من برنامج العمل له نتيجتين مهمتين هما:

1- إن العاملون الجدد المتدربون يصلون بسرعة إلى مستوى الإنتاجية المرغوب فيها.

2- يكون لديهم إنتاج ذو مستوى أعلى وأفضل من العاملون الذين لم يتدربون ببرامج تدريب.

الفصل الثاني عشر

دوران العمل

12 دوران العمل

مع تطورات العولمة التي ساعدت على رفع حدة المنافسة بين المنظمات والمنشأت، بات ضرورياً على المنظمات اليوم أن تطور منتجاتها الملموسة وتعمل على توفير خدماتها بإستمرار، والذي يستند على إستراتيجيات تخلق من قبل عامليها، وكما يقال فالمنشات الجيدة بعامليها. كما وتعتبر القوى العاملة من أعظم الأصول للمؤسسات والشركات بأنواعها بشكل عام ولمنشأت الضيافة بشكل خاص لأهمية العنصر البشري فيها، وعلى المدراء في هذه الصناعة أن يعترفوا بأن العاملين هم مساهمين رئيسيين في نجاحها وفي تحقيق الكفاءة والربحية لها، وفي نفس الوقت فإن القوى العاملة اليوم باتت تكلف منشأت الضيافة معدلات عالية من النفقات من ضمنها نفقات الاستقطاب والتدريب والتأمين ضد البطالة وما الى غير ذلك من النفقات الأخرى.

أغلب المدراء في صناعة الضيافة اليوم يشتكون وبشكل دائمي من نقص في الأيدي العاملة لديهم. كما أنهم وببساطة لا يستطيعون توظيف جميع العاملين الذين يرغبون أن يكونوا عندهم، ويعتبر هذا تحدياً كبيراً بالنسبة اليهم، فهم ليسوا بحاجة لأن يستقطبوا عاملين جدد بإستمرار ويحركونهم خلال عملية إدارة شؤون عاملين مكلفة ومضيعة للوقت. إذ إنه من المخيب للإدارة في هذه الصناعة أن تصرف الوقت والجهد على العاملين الذين يمرون عبر عملية التوظيف ومن ثم بعدها بفترة قصيرة يغادرون العمل. حيث تشير أغلب المؤشرات الى أن بعض العاملين الحاليين يفضلون أحياناً البقاء في المنشأة عندما يكون هناك بيئة عمل يمكن التنبؤ بها. كما أن بعض

حالات دوران العاملين في منشأت الضيافة يكون حتمياً ولايمكن السيطرة عليه، ويبقى دوران العاملين أحد المواضيع التي تمت دراستها على نحو واسع، وعلى الرغم من تقدم عملية البحث إلا إنه لا يزال هناك الكثير من التشويش الذي يجعل العاملين يتركون أو يبقون في هذه الصناعة.

مفهوم دوران العمل

عرف العديد من المختصين مصطلح "دوران العمل "بتعاريف مختلفة منها، إنه نسبة عدد العاملين الذين تركوا العمل خلال فترة زمنية مقسوماً على متوسط عدد العاملين الموجودين في المنشأة خلال الفترة، في حين يرى البعض الأخر على أنه يمثل خروج العاملين من منشأة الأعمال أو دخولهم اليها بسبب الترقية أو النقل أو الفصل أو التقاعد أو لأي سبب أخر. في حين يرى البعض الأخر على أنه الإنفصال الإرادي (Voluntary Separation) والذي يقصد به العاملون الذين يستقيلون من الوظائف في المنشأت، أو الأنفصال اللاإرادي (Involuntary Separation) والذي يقصد به العاملون الذين يفصلون من الوظائف في المنشأت. أما التعريف الأوسع لدوران العاملين فهو " إحلال العاملين الذين تحتاج إليهم المنشأة أو إحلال للوظيفة حيث يترك العاملون الأخرون العمل، ويعكس نسبة العاملين الذين يتركون العمل في المنشأة لأسباب عديدة يمكن تجنبها، وكذلك لأسباب أخرى حتمية لا يمكن تجنبها ".

يتفق العديد من الخبراء في هذه الصناعة إن هناك وجهتي نظر مختلفتين بشأن دوران العاملين فيها. الأولى ترى أن دوران العمل العالي هو معضلة للصناعة. في حين تشير وجهة النظر الثانية إلى أن دوران العمل العالي هو ميزة لا يمكن تجنبها، إذ يروا إنه جيد لمنشأة الضيافة لأنه يجلب للمنشأة أعضاءاً جدد مع مواقف وأفكار متنوعة. وعلى أية حال، فإن بعض المدراء في هذه الصناعة يتركون أنفسهم إلى إعتقاد بأن "دوران العاملين هو أداء أعمال "، ويبررون بأنه لاشيء هناك يمكن عمله

حيال ذلك، وتتواصل دورة الاستقطاب "دوران العمل "لتسبب مشاكل كبيرة للعديد من المنشأت في هذه الصناعة. كما إن معدلاته العالية في بعض المنشأت قد سببت نتائج ضارة جداً نتيجة عدم القدرة على المحافظة على معايير الخدمة النوعية والكلف وحتى القدرة على المحافظة على الفعالية المالية.

إن دوران العمل قد يعكس وجود مشكلات في العمل أو في علاقاته بحيث تؤدى إلى عدم الرغبة في مواصلة العمل في المنشأة أو في إحدى إداراتها. فوجود بعض أوجه الصراع سواء بين العاملين أو الجماعات أو بين العامل والإدارة أو بين الجماعة والإدارة هو شيء طبيعي وإن إنتفاء ظاهرة الصراع لا تعني عدم وجود المشاكل بل على العكس قد تكون هناك مشاكل عديدة مدفونة في أعماق العاملين ولا تجد متنفساً للتعبير عنها إلا عن طريق ترك العمل.

من الجدير بالذكر أن منشأت الضيافة التي تحتضن عاملين ذوو مستويات عالية من الكفاءة، غالباً ما يكون لديها مستويات عالية أيضاً من دوران العاملين، أي بمعنى أخر عدم وجود إستقرار تنظيمي، ويرجع السبب في ذلك الى عدم رضا العاملين عن بعض الإجراءات الإدارية والذي يعتبر أيضاً شيئاً طبيعياً. ومثال على ذلك بعض الإجراءات أو السياسات الإدارية الضعيفة في مجال شؤون العاملين والتي قد تكون منها إجراءات الاستقطاب، أي لم يتم إستقطاب العاملين وفق أسس علمية صحيحة ومدروسة، أو قد يكون السبب ضعف في الحوافز المقدمة للعاملين، مثل عدم منح الحوافز والعلاوات وفق السياسات والتعليمات المنصوص عليها، أو وجود بعض الممارسات الإشرافية الضعيفة أو وجود ضعف في إجراءات التظلم من حيث ضعف معالجة المشاكل أو الشكاوي الموجودة في بيئة العمل، كل أو بعض تلك العوامل قد تسهم في زيادة دوران العمل، وعندها يقرر بعض العاملين ترك العمل. في أحيان أخرى تقوم بعض منشأت الضيافة كالفنادق على سبيل المثال بتوظيف العاملين لديها ضمن شروط معينة، وهذا يقيد العامل من أن يثبت قيمته في العمل حيث تقوم إدارة

الفندق بعد إنتهاء فترة الإختبار والتي قد تمتد لفترة ثلاثة أو ستة أشهر أما بتوظيف العامل أو صرفه من الوظيفة على أساس تقييمه من قبل مديره أو مشرفهِ المباشر، وعلى الرغم من أن مثل هذه الإجراءات تجعل من السهولة طرد العاملين غير الكفؤين أو العاملين من ذوي المشاكل، إلا إنها لا تقلل أيضاً من التكلفة العالية لدوران العمل أيضاً.

دوران العمل وأهميته في صناعة الضيافة

تشير الدراسات إلى أن أغلب منشأت صناعة الضيافة بشكل عام تعتبر من المجالات التي يرتفع فيها دوران العمل. ولإبراز نسبة دوران العاملين العالية في صناعة الضيافة على سبيل المثال يقول السيد (Karen King) وهو مدير لشركة (McDonald's) " نحن ندرب أشخاصاً أكثر من الجيش الأمريكي "، ويرى المختصين في هذه الصناعة أنه لا توجد هناك في الوقت الحاضر دراسات تعاملت مع مقدار تكلفة دوران العمل في صناعة الضيافة بشكل دقيق. فعلى سبيل المثال فإن معدل مستويات دوران العمل في بعض منشأت الضيافة كالفنادق مثلاً قد تصل أحياناً إلى أكثر من (75%)، كما إنه يتفاوت بين فندق وأخر حسب حجم ونوع الفندق. كما وجد أن الفنادق الكبيرة لديها معدلات دوران عمل أدنى من الفنادق الصغيرة. أي ما يكفي لجعل أرباب العمل في هذه الصناعة أن يكونوا في أرق دائم جراء التكاليف الملموسة وغير الملموسة الناشئة عن هذا الدوران، وأدناه بعض الأرقام بهذا الخصوص:

1. قدرت شركة سلسلة فنادق(Marriott) العالمية بأن كل زيادة مقدارها (1%) في نسبة دوران عامليها، تكلف الشركة مابين (5-15) مليون دولار من الإيرادات سنوياً.

2. قدر رئيس إدارة فندق (Richfield) في الولايات المتحدة الأمريكية، إن صناعة الفنادق تخسر سنوياً مايقارب (1.8%) بليون دولار بسبب دوران العاملين. وإن كل

دوران عامل يكلف فندقه مايقارب (1400) دولار. كما حققت إدارة الفندق معدل إحتفاظ بالعاملين بنسبة تتراوح من (35% - 40%) بعد أن قامت بتطبيق برنامج صيانة العاملين، وأن الهدف الذي ينشده هذا الفندق هو الوصول الى نسبة(50%) من الاحتفاظ بالعاملين.

3. لسلسلة فنادق(Ritz-Carlton) وسلسلة فنادق (Four Season) نسبة دوران أقل من (20%). ويكمن العامل الرئيس وراء هذه النسبة المنخفضة في فنادق هاتين السلسلتين إلى إجراءات عملية التعيين المكثفة والتي يخضع لها العاملون قبل التوظيف الفعلي. إذ تشتمل هذه العملية على مقابلات تفصيلية مع عدة مديرين تتضمن إختبار المهارات والشخصية للتأكد من أنهم يتمتعون بالمهارات التي تميزهم عن أقرانهم وإنهم قادرون على الإنخراط في العمل في هذه الصناعة.

4. تشير الإحصائيات ووفقاً لـ(Nation's Restaurant News) إنه في الولايات المتحدة الأمريكية في عام (2011) بلغت نسبة إستبدال العاملين سنوياً في مطاعم الخدمة السريعة ما مقداره (50%) مكلفةً بذلك الصناعة بحدود(3.4) بليون دولار من تكاليف تشمل عمليتي الاستقطاب والتدريب، في حين بلغ دوران العمل في مطاعم العشاء الكلاسيكية ما مقداره (44%)، والأرقام أعلاه تؤكد الأهمية البالغة لتوظيف وإستبقاء أفضل المرشحين في هذه الصناعة.

إن لدوران العمل تأثير فوري على الزبائن والضيوف وخاصة في المرافق أو المناطق التي تعتمد على الخدمة. حيث الوظيفة الشاغرة تعني المزيد من العمل للعاملين الباقيين. إذ عادةً تسجل منشأت الضيافة ذات معدلات الدوران المنخفضة قناعة ورضا زبائن وضيوف عالية وكذلك نسبة أرباح عالية. إن دراسة دوران العمل هو خطوة مهمة في مجال إتخاذ القرارات الإدارية لإستخدام وتطوير الكوادر وكذلك لمنح التعويضات الإضافية المنصفة للتخفيض من معدلاته، مع الأخذ بالاعتبار عرض الأيدي العاملة في سوق العمل. كما أن لهذه الظاهرة أثار خطيرة على

الإنتاجية فضلاً عن أنها مكلفة، حيث إن كلفة الدوران لوحدها هي محفزة بما فيه الكفاية للأخذ بالاعتبار كيف تتم مواجهة تحديات الأيدي العاملة. إضافة الى أن الإهتمام بهذا الأمر يساعد على كشف مدى إستقرار القوة العاملة بمنشأة الضيافة.

يرى كثير من المهتمين في هذه الصناعة، بإن لدوران العمل علاقة مهمة وكبيرة بالإقتصاد. حيث في أغلب الأحيان يفضل العاملين البقاء في وظائفهم عندما تكون فرص العمل المتوفرة قليلة، أي أن دوران العاملين يزداد في الأوقات الاقتصادية النشطة بسبب فرص التوظيف الأكبر. إذ أن إرتفاع معدلات دوران العمل يزيد من إنتعاش الإقتصاد ويعتبر مؤشر جيد لقوته، بسبب توظيف المزيد من العاملين نتيجة دورانهم.

أسباب دوران العمل

بشكل عام هناك أسباب عديدة لدوران العمل، وتقسم في الغالب إلى أسباب يمكن تجنبها وأخرى لا يمكن تجنبها. فمن الأسباب الممكن تجنبها هي الضغوط المرتبطة بالعمل، وعدم الإلتزام بالمنشأة وعدم القناعة بالعمل فيها، ومن أهم تلك الأسباب " عدم القناعة بالأجور والمزايا الإضافية، ضعف العلاقة مع الإدارة، ضعف الإشراف، إفتقار أو ضعف التدريب، ضغط العمل وسيره، العلاقة مع العاملين الأخرين، ساعات العمل غير المناسبة، الصورة السيئة للمنشأة، ظروف العمل غير المناسبة، عدم وجود فرص التقدم الوظيفي، توظيف الشخص الغير مناسب للعمل "، ويضاف اليها بعض العوامل المساعدة الأخرى إلا وهي العوامل الخارجية مثل سوق الأيدي العاملة، وكذلك خصائص العامل الشخصية " مثل الذكاء والكفاءة، والتاريخ الشخصي، والجنس، والعمر، وطول مدة الخدمة "التي لها أهمية كبيرة في التأثير على دوران العمل.

أما في صناعة الضيافة يرى الكثير من المتخصصين أن هناك أسباباً أخرى إضافة إلى الأسباب الواردة أعلاه ومن أهمها:

- الحصول على فرصة عمل أخر أفضل.
- أسباب شخصية تخص العامل نفسه " الزواج، الدراسة، الانتقال من السكن، توفير الرعاية للأطفال، أو الأقارب أو المسنين ".
- الاستقالة من العمل بدون إشعار.

أما الأسباب التي لا يمكن تجنبها فهي:

- نهاية التوظيف المؤقت.
- تخفيض في القوة العاملة.
- الأداء السيئ للعامل.
- خسارة الرخصة الخاصة بالمنشأة أو " إجازة ممارسة المهنة " والذي قد يكون سبباً في تسريح العاملين من العمل.
- العجز عن إنجاز العمل.
- السلوك غير الجيد للعامل كزيادة معدل الغياب والتأخر المستمر عن العمل.
- سوء التصرف كالخداع أو التضليل والتمرد.

تحليل حالات وأسباب ترك الخدمة

من الأهمية دراسة حالات ترك الخدمة وتبويبها وكذلك تحليلها بحسب أسباب ترك الخدمة. ويمكن تحديد أهم أسباب ترك العمل في المنشأة بما يلي:

أ. التقاعد (Retirement)

ويمثل نهاية خدمة العامل في المنشأة لبلوغه السن القانوني المقرر للتقاعد أو إكماله المدة القانونية للعمل والتي تسمح بها القوانين في ذلك البلد أو تقاعد مبكر إختياري أو تقاعد إجباري بسبب المرض. حيث ينبغي أن يخضع التقاعد لبلوغ السن المقررة للتحليل المسبق، ويفيد في هذا الشأن إعداد قائمة يدرج بها أسماء ووظائف العاملين الذين سيتقاعدون في تواريخ معينة عن فترة مستقبلية كأن تكون لفترة " خمس

سنوات مثلاً" ، وذلك لتكون إدارة المنشأة مستعدة لعمليات الإحلال قبل التقاعد بوقت كاف لتجنب حدوث أي فراغ في العمل وتأثير ذلك على سير الخدمات في منشأة الضيافة، خاصة في الأوقات الحرجة والمواسم وضغط العمل.

ب. الفصل (Discharge) أو (Termination)

لعدم الملاءمة للعمل تنهي منشأة الضيافة خدمات بعض عامليها أو ما يسمى أحياناً بالفصل التأديبي بسبب سوء السلوك أو التصرف. وهناك التسريح من العمل، حيث تضطر بعض المنشأت الى تقليص حجم الأيدي العاملة لديها، فتقوم بتسريح بعض عامليها أو إعادة هيكلة المنشأة بسبب الزيادة عن الحاجة "حاجة المنشأة" أو بسبب الوضع الإقتصادي للبلد أو المنشأة نفسها أو بسبب تغير ظروف السوق، ويجب على الإدارة أن تهتم بحالات الفصل وتحليل أسبابها والتأكد من إستنادها إلى أسس موضوعية، وأن تأخذ جانب الحيطة والحذر في معالجتها.

ت. الوفاة (Death)

ث. الإستقالة الإختيارية (Voluntary Resignation)

قد يكون سبب الإستقالة هو الدراسة أو الزواج أو الحمل أو المرض أو الهجرة أو ترك منطقة السكن وما إلى غير ذلك. كما قد ترجع أسباب الإستقالة إلى ظروف وبيئة العمل أحياناً، وقد يكون دوران العاملين العالي بسبب من الأسباب التي يمكن تجنبها، وعلى المدير الناجح أن يديرها وأن يحاول مجاراتها مع توقعات العامل.

تشير الدراسات بشكل عام والتي أجريت لدراسة ظاهرة الخسارة في القوى العاملة في صناعة الضيافة إلى عدد من الخصائص المميزة ومن أهمها:

• ينخفض معدل الضياع والتسرب في الأيدي العاملة بحسب طول مدة الخدمة، حيث تتولد القناعة لدى العامل بأن مكان عمله هو الأفضل، وأنه من الخبرة التي تؤهله ليكون مميزاً عن أقرانه في العمل، وبسبب الراحة التي يراها مناسبة والأفضل له

بسبب قضاءة فترة طويلة بنفس مكان عمله، وفي نفس الوقت قد يزداد معدل الضياع في الأيدي العاملة مع زيادة المهارة والخبرة، خاصة إذا كانت بيئة العمل غير مريحة بالنسبة لهم. حيث يرى الكثير منهم وخاصة الذين يملكون المهارة والخبرة المتراكمة في أداء مهمات معينة أنهم عملة نادرة ويفضلون أن يتنقلون من مكان عمل لأخر بحثاً عن أجور أعلى لتحسين وضعهم المعاشي.

- يكون معدل الضياع والتسرب في الأيدي العاملة في هذه الصناعة أعلى بين الإناث عنه بين الذكور، ويعزى السبب في كثير من الأحيان بسبب المضايقات التي تواجهها الأناث في العمل في هذه الصناعة سواء من أرباب الأعمال أو من قبل الزملاء أو من قبل الزبائن والضيوف أحياناً كما هو الحال في بعض البلدان، وعدم وجود تشريعات أو قوانين تحميها وتمنع التمييز ضدها من جهة، إضافة الى المشاكل التي تتعلق بعادات وتقاليد المجتمع والأمومة ورعاية الأطفال والأسرة من جهة ثانية.
- ينخفض معدل الضياع في الأيدي العاملة بزيادة مستوى الأعمار، حيث يرى العامل أنه ليس من الضروري تغيير مكان العمل خاصة مع زيادة عمره، والبحث عن عمل جديد والبدء من جديد مرة أخرى، على الرغم من توجه بعض إدارات منشأت الضيافة الى إختيار عناصر شابة في مقتبل العمر عند إجراء عمليات التوظيف والاختيار لأداء المهام وخاصة تلك التي تحتاج الى الجهد والطاقة والنشاط لطبيعة هذه الصناعة هذا من ناحية، ومن ناحية ثانية فإن القوانين الصادرة في بعض البلدان تمنع التمييز على أساس العمر سواء عند التوظيف أو في أثناء العمل.
- يتوقف معدل الضياع في الأيدي العاملة على حجم المنشأة في هذه الصناعة، وطبيعة العلاقات التي تربط العاملين فيها. فمنشأت الضيافة التي تفتقر إلى العلاقات والمشاعر الشخصية يتوقع أن تواجهها مشاكل كثيرة من أهمها مشكلة الاحتفاظ بعامليها لفترة طويلة وكذلك زيادة في معدلات دوران العمل.

إحتساب دوران العاملين

إن دوران العاملين العالي يكبد الإدارات في هذه الصناعة تكاليف عالية، سواء أكانت مباشرة أو تكاليف غير المباشرة، لذا أصبح من الضروري للمنشأت العاملة في هذه الصناعة إيجاد طرق لإحتساب دوران العاملين للسيطرة على تلك التكاليف وتقليلها لأدنى مستوياتها. كما إن من أهم تكاليف مغادرة العامل للمنشاة في أي وقت أضافة الى ماورد أعلاه هي خسارة المعرفة والخبرة وخسارة المخرجات. ومن أهم الأعباء والتكاليف التي تتحملها منشأة الضيافة من ترك العاملين للعمل هي:

1. تكلفة إستخدام شخص أخر، وتشمل تكلفة وقت الإدارة المصروف في إجراءات الاستقطاب، المقابلة، الإختيار، التعيين، التوجيه، التدريب، العاملين المؤقتين وتكلفة الفرصة البديلة لوقت الإدارة المفقود.

2. تكلفة التدريب متضمنة وقت المشرف أو المدرب وقسم إدارة الموارد البشرية وتكلفة المتدرب نفسه.

3. توجه الإدارات في منشأت الضيافة أحياناً الى إعتماد سياسة العمل الإضافي أو ما يسمى بألـ(Overtime) لمجاراة الطلب الحاصل على الخدمة أو الإنتاج فيها وخاصة في أوقات الذروة أو التشغيل العالي في المواسم. أي تحمل تلك المنشأت لتكاليف ونفقات إضافية أخرى ألا وهي تكاليف الساعات الإضافية، ويتبع عادةً هذا الأجراء عند زيادة حالات ترك العمل.

4. إنخفاض معدلات الإنتاجية، وخسائر في الإنتاج بسبب أخطاء العمل نتيجة نقص التدريب والكفاءة، إضافة الى أن أجر العامل الجديد عادة ما يكون أعلى من إنتاجيته خلال فترة تدريبه، وذلك بسبب إفتقاره الى الكثير من المعلومات وطبيعة العمل في هذه الصناعة، من حيث كثرة الأخطاء التي يرتكبها والتي تعتبر خسائر للمنشأة.

5. إنخفاض الروح المعنوية للعاملين، والضغط على باقي العاملين في منشأة الضيافة وكذلك تكلفة إختلال التوازن الاجتماعي جراء الأثر النفسي لدوران العاملين.

6. تحمل المنشأة لتكاليف الإعلان عن الفرد البديل، وأجور مكاتب التوظيف وماشابه.

7. تدني مستوى ونوعية الخدمات المقدمة في منشاة الضيافة وزيادة معدل الشكاوي بسبب عدم قناعة الزبائن والضيوف.

قياس دوران العاملين

تتفاوت الدراسات حول كلفة دوران العاملين، ويرى البعض إن كلفة دوران العامل للوظيفة تعادل راتب ومنافع سنة واحدة لتلك الوظيفة، ويتم إحتساب دوران العمل من خلال إحتساب الكلف المباشرة وكذلك الكلف " الكامنة " المخفية عندما يقرر العامل ترك الوظيفة، وبافتراض إن عدد الذين تم توظيفهم في منشأة ضيافة ما خلال فترة زمنية معينة ولتكن "سنة" مثلاً هو (40) عامل، وعدد الذين تركوا العمل خلال نفس الفترة هو (45) عامل، وكان متوسط العدد الكلي للعاملين في المنشأة خلال الفترة هو (438) عامل فان:

$$\text{معدل الداخلين إلى العمل} = \frac{40}{438} \ x \ 100 = 4.7\%$$

$$\text{معدل تاركي العمل} = \frac{45}{438} \ x \ 100 = 5.9\%$$

$$\text{متوسط مدة خدمة العاملين الموجودين} = \frac{\text{إجمالي عدد سنوات خدمة كافة العاملين الموجودين}}{\text{إجمالي عدد العاملين الموجودين}}$$

$$\text{متوسط مدة خدمة العاملين التاركين} = \frac{\text{إجمالي عدد سنوات خدمة العاملين التاركين}}{\text{إجمالي عدد العاملين التاركين}}$$

وأدناه عدد من المقاييس الشائعة والتي يمكن الإعتماد عليها في حساب معدل دوران العمل والتي يمكن تطبيقها:

معدل دوران العاملين= (عدد العاملين التاركين العمل ÷ متوسط عدد العاملين) ×100%

كما أن هناك عدداً من المقاييس المعتمدة من قبل بعض المنشأت لحساب ما يطرأ من تطور على عدد العاملين فيها ومن أهمها:

معدل الفصل (Separation Rate)

إن الفصل يكون على نوعين. الأول يطلق عليه بالفصل الطوعي أو الإرادي (Voluntary Separation) ويقصد به العاملون الذين يستقيلون من الوظائف في المنشأت، والثاني هو الفصل اللاإرادي (Involuntary Separation) ويقصد به العاملون الذين يفصلون من الوظائف لسبب أو لأخر، ويمكن الحصول على معدل الفصل الإرادي واللاإرادي من المنشأة من خلال قسمته على العدد الكلي للعاملين. والمؤشر الأساسي هنا هو حجم الأيدي العاملة التاركة للمنشأة لأي سبب من الأسباب معبراً عنه كنسبة مئوية من متوسط العدد الكلي للأيدي العاملة.

معدل الانفصال = (عدد العاملين الذين تركوا العمل خلال فترة زمنية معينة ÷ متوسط عدد العاملين الذين تم توظيفهم خلال نفس الفترة) ×100%

والمعادلة المذكورة لا تميز بين العاملين الذين يتركون العمل لأسباب يمكن تجنبها كالفصل والإستقالة والنقل، وعدد العاملين الذين لا يمكن تجنب تركهم العمل بسبب بلوغهم سن التقاعد أو الوفاة أو الإصابة بالعجز الكامل، ويمكن الإعتماد على أحدى المعادلات التالية (هاشم،1994، ص238):

$$\text{معدل دوران العمل (الانضمام)} = \frac{\text{عدد العاملين المعينين خلال الفترة}}{\text{متوسط عدد العاملين خلال نفس الفترة}}$$

أو

$$\text{معدل دوران العمل(الإحلال)} = \frac{\text{عدد العاملين المعينين خلال الفترة – الذين لايمكن تجنب تركهم العمل}}{\text{متوسط عدد العاملين خلال نفس الفترة}}$$

أو

$$= \frac{\text{متوسط (عدد المعينين + التاركين) خلال الفترة}}{\text{متوسط عدد العاملين في بداية الفترة ونهاية الفترة}} \times 100\%$$

ويعتبر إرتفاع هذا المعدل بصفة عامة مؤشراً لهبوط معنويات العاملين وعدم إستقرار قوة العمل وما لذلك من نتائج سلبية على جداول العمل فضلاً عن تحميلها للمنشأة تكاليف باهظة. كما يستعان بالمعادلة التالية لتحديد نسبة تاركي العمل خلال فترة ما إلى عددهم خلال سنة محددة.

$$\frac{\text{عدد التاركين بعد ثلاثة أشهر}}{\text{عدد التاركين الكلي لهذه السنة}} \times 100\%$$

$$\frac{\text{عدد التاركين بعد ستة أشهر}}{\text{عدد التاركين الكلي لهذه السنة}} \times 100\%$$

الاحتفاظ بالسجلات الخاصة بدوران العاملين

إن علاقة التوظيف يجب أن تكون علاقة طيبة في صناعة الضيافة، لأن أرباب الأعمال يعملون في البيئات التي يخضع فيها الطلب للتقلب السريع. إضافة الى إن تكلفة العمل تمثل نسبة مهمة من التكلفة الكلية والتي تؤثر على المعادلة الربحية. لذا فعليهم أن يفكروا ملياً بموضوع التقليل من دوران الأيدي العاملة لأن ذلك يخلق شعورا بالأمن والثقة بين العاملين ويؤدي الى تحسين التوجه للعمل والإهتمام بالزبائن والضيوف. فإذا لم يطبق هذا المبدأ لأي سبب وتم تعيين عمالة منخفضة الأجور بشكل عشوائي فإن دوران الأيدي العاملة سوف يزداد بالتأكيد. الأمر الذي يعتبر مكلفاً جداً سواء من حيث الأجور والتوظيف وزيادة التكاليف الإدارية بالإضافة إلى الخدمة الضعيفة وبالتالي ضعف الأداء.

يرى الكثير من المتخصصين في صناعة الضيافة إن كثيراً من المديرين لا يحتفظون بسجلات بعدد العاملين الذين تركوا العمل أو الذين تم إستبدالهم. مما يعني إن هؤلاء المديرين ليس لديهم أية وسائل لمراقبة دوران العمل لديهم ولا يستطيعون تقييمه أو حتى إحتساب تكاليفه. لذا فإن قياس دوران العاملين في هذه الصناعة هو خطوة أولى للتعرف على طبيعة هذه المشكلة ومن ثم حلها.

اليوم بات من الضروري لمدير منشأة الضيافة أن يحتفظ بالسجلات الضرورية بهذا الخصوص، ومراقبة معدلات دوران العمل بإستمرار والرجوع الى البيانات والمعلومات والإحصائيات ذات العلاقة بهذا الموضوع عند الحاجة لها لتصحيح مسار المنشأة من هذه الناحية وإيجاد أفضل الحلول وتطبيق أفضل الإجراءات للتقليل من معدلات دوران العمل العالية. كما عليه في نفس الوقت أن يراقب الأداء جيداً ويحسب

تكاليف دوران العاملين في الأقسام المختلفة بشكل دوري. إضافة الى أن الاستقطاب الحذر والإختيار والتعيين الجيد يؤديان إلى تدريب نوعي مميز، ويزيد من الإستقرار الوظيفي للعاملين من خلال زيادة رضاهم وقناعتهم بالعمل وصولاً الى دوران عاملين منخفض وبالتالي الحصول على أداء مميز.

أثر دوران العمل على الأداء في صناعة الضيافة

في بيئة تنافسية مثل صناعة الضيافة بات من الصعب اليوم الإحتفاظ بالعاملين وعلى الإدارات فيها أن تشعر بشعور عامليها داخل وخارج المنشأة، وأن يوفر العمل ذاته الفرصة لرضا العاملين وإشباع حاجاتهم (Job Satisfaction) حيث إن عدم العدالة في الأجور وعدم عدالة نظام الحوافز أو عدم وجود مناخ ملائم للعمل ممكن أن يؤدي إلى هبوط معنويات العاملين لا بل من المحتمل أن يكون له تأثير مضاد على الروح المعنوية ويخلق حالة من عدم الرضا ويرفع من معدلات الغياب ومعدل دوران العمل وتأثير ذلك على مستوى الأداء التنظيمي ورضا الضيف، وبالتالي إنعكاس تأثير ذلك سلباً على ربحية المنشاة من خلال تكاليف أخرى كثيرة من أهمها فقدان الإنتاجية وقلة المبيعات إذا لم تستطع إدارته بالشكل الجيد والملائم. كما إن له تأثير معرقل على استخدام الوقت الإداري. لذا تقوم العديد من الإدارات بعمل مسوحات دورية لقياس مدى رضا عامليها، لإكتشاف مناطق الخلل ووضع الإجراءات والحلول المناسبة لها.

على العاملين في هذا القطاع أن يكونوا مخلصين لعملهم وللمنشأة، وأن يكون جل إهتمامهم هو خلق ذكريات ممتعة للزبائن والضيوف من خلال تلبية حاجاتهم ورغباتهم وصولاً الى إشباعها وحصولهم بعد ذلك على القناعة والرضا. حيث كلما كانت قناعتهم جيدة كلما عاودوا الزيارة للمنشأة أو المرفق مرة أخرى أو لعدة مرات، وأحياناً لا يتنازلون عن خدماته لصالح مرفق أخر، ومن جهة ثانية يكونون بمثابة سفراء له

من خلال أعطاء السمعة الجيدة له ولخدماته لزبائن وضيوف أخرين. وأن تكرار الزيارة بحد ذاته أمر مهم للمرفق ولإدارته من خلال زيادة هامش الربح المتأتي من زيادة المبيعات وهذا ماتبغيه الإدارة كأحد الأهداف الإستراتيجية كون المرفق منشأة تجارية خدمية، ومن ثم تحقيق المنفعة للعاملين من خلال زيادة أجورهم أو مكافأتهم أو منحهم نسبة من المبيعات أو زيادة التعويضات والمزايا الممنوحة لهم من قبل الإدارة، وبالتالي إنخفاض معدل دورانهم، ويمكن ملاحظة ذلك في الشكل رقم (22).

إن العاملين في هذه الصناعة ليسوا أقل أهمية من الزبائن والضيوف، وعلى أرباب الأعمال والإدارات فيها رعايتهم وتفهم متطلباتهم وحاجاتهم لغرض خفض معدلات دوران العمل في منشأتهم قدر الأمكان والسيطرة عليه، ليتسنى لها الحصول على العوائد المرجوة منهم.

اليوم تبذل كثير من منشأت الضيافة جهوداً كبيرة من خلال تبني حلولاً ستراتيجية للسيطرة على دوران العمل وتقليل تكاليفه قدر المستطاع من خلال الإحتفاظ بالعاملين الموهوبين وذلك من خلال توفير جداول عمل مرونة، منح العاملين مرتبات تنافسية مناسبة، مزايا وتعويضات جذابة، ساعات عمل كافية من دون إثقال كاهلهم، مع توفير فرص التقدم الوظيفي "الترقية"، كونها من الطرق الناجحة للإحتفاظ بالعاملين. إضافة الى تدريب المدراء لتحسين مهارات إتصالاتهم ووضع خطط عملية لتسوية النزاعات بين العاملين وتحسين إنتاجيتهم. وبالفعل حققت الكثير من منشأت الضيافة النتائج المرجوة عند تطبيق تلك السياسات.

القدرة على الإحتفاظ بالعاملين

إن القدرة على الإحتفاظ بالعاملين (Employee Retention) هـي العكس الدقيق لدوران العاملين، وفي كلا الحالتين سواء الإحتفاظ بالعاملين أو دوران العاملين، فإن كلا الموضــوعين يعتبران أمراً مهماً يتوجب الإهتمام بهما في صنـاعة الضـيافة

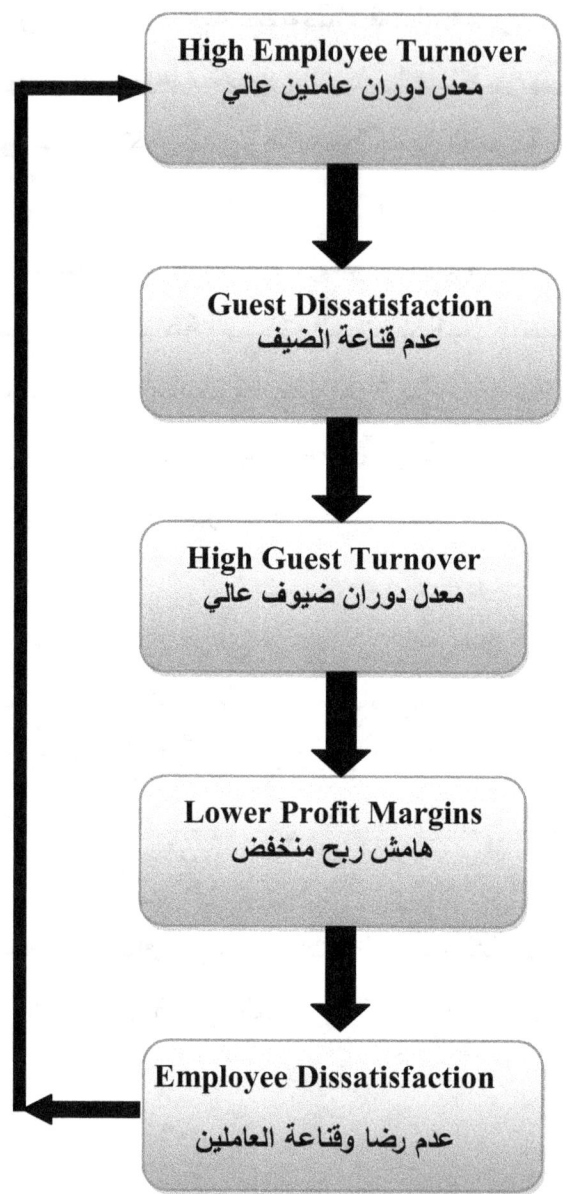

شكل رقم(22)

يوضح دورة دوران العمل العالي وعلاقته بالخدمة ورضا وقناعة الضيف

عموماً، ولمدراء الموارد البشرية خصوصاً. فمدراء الموارد البشرية في صناعة الضيافة اليوم يدركون وبثبات أهمية توفر الأيدي العاملة، والإحتفاظ بها، وزيادة معدل إنتاجيتها، ويجب أن تكون لديهم الخبرة والخلفية القانونية لذلك. حيث يتوجب عليهم التركيز على إدارة العاملين بشكل مباشر، إذ في الغالب، المدراء هم المسؤولون بالنتيجة إذا لم يقم العاملين بخدمة الزبائن والضيوف بالشكل الصحيح. على مدراء الموارد البشرية في صناعة الضيافة اليوم التخطيط السليم لغرض إستبقاء والحفاظ على العاملين، وإعتماد أساليب إدارية وإستراتيجيات خاصة لهذا الغرض ومن أهمها:

أ. الإحترام: من المهم جداً لأرباب العمل ومنشأت الضيافة إحترام ثقافات وتقاليد وأعمار عامليها، خاصة لتميز هذه الصناعة عن الصناعات الأخرى بالتنوع الثقافي للعاملين فيها.

ب. شفافية السياسات والإجراءات: حيث إن العاملين دائماً في حاجة الى التوعية بشأن سياسات وإجراءات العمل في منشأة الضيافة. أي أن تكون تلك السياسات والإجراءات واضحة وشفافة وعادلة وتساعد العاملين على رؤية الإدارة بشكل جيد.

ت. تقدير أداء العاملين: على الإدارة الناجحة أن تقدر جهود عامليها بإجراءات أكثر من المديح والربت على الظهر، ويتم ذلك من خلال إعادة النظر وبإستمرار بنظم الأجور، ومنحهم الحوافز والتعويضات المناسبة كتقديم تغطية التأمين والمكافأت والعلاوات، وكذلك مقارنة أداء العاملين بأقرانهم في العمل. حيث من الضروري أن تكون هناك إستراتيجية إعتراف الإدارة بالأداء الجيد والمميز وتقديم الإكراميات المستندة على الأبداع.

ث. برامج التدريب: يتوجب على إدارات منشأت الضيافة جعل التدريب والتطوير جزءاً من الوظيفة. حيث إن التدريب المتكرر هو طريقة جيدة لغرس مفاهيم معينة في أذهان العاملين، ومثل هذه المبادرات تساعدهم على صقل مواهبهم وفي الوقت نفسه تسمح للإدارة بإستخدام العاملين طبقاً لحاجة المنشأة. إضافة الى أن العاملين أنفسهم

سيكونون سعداء بإحتمالية تطوير الوظيفة من خلال التدريب المستمر. إضافة الى أن للتدريب علاقة وطيدة بالترقية فتدريب العاملين يمكنهم من إكتساب المهارات اللازمة للحصول على وظيفة متقدمة مستقبلاً.

ج. مناقشة المسار الوظيفي: إن التطوير الوظيفي في ذهن جميع العاملين، وعلى المدير الناجح أن يقدم المشورة والمساعدة في تطوير مسارهم المهني، ويتم ذلك من خلال تسليط الضوء على العمل ووضع خطة واضحة للتقدم إلى مستويات وظيفية أعلى من خلال الترقيات.

ح. الإدارة الودودة: على الإدارة الناجحة أن تجعل عامليها يشعرون بالراحة بما فيه الكفاية، من خلال سماع شكاوى ومشاكل العاملين والعمل عل حلها بشكل مستمر، ويتم ذلك من خلال قيام المدراء بعمل جولات أسبوعية في الأقسام.

خ. معرفة أسباب دوران العمل: حيث على الإدارة معرفة الأسباب التي أدت الى معدلات دوران عاملين في منشأتهم، ويمكن معرفة ذلك من خلال عمل مقابلات مع العاملين الذين ينوون مغادرة المنشأة أو الخروج منها. إذ من الواجب تدريب كادر قسم الموارد البشرية على هذا الأمر لإستخلاص النتائج من الأسئلة الموجهة الى هؤلاء العاملين، والتي بالتأكيد ستعطي فكرة واضحة عن إحتياجات العاملين ومشاكلهم المكبوتة. مما يتيح للإدارة فرز مناطق المشاكل لديها.

د. عمل إستبيانات للعاملين: ويتم ذلك من خلال توزيع إستبيانات للعاملين بشكل دوري، لغرض التعرف على ما يشغل بال العاملين في المنشأة، والذي بالتأكيد سيطرح القضايا التي تحتاج الى إهتمام فوري ومعالجة قبل خروج الأمور عن مسارها وفقدان زمام السيطرة عليها. إن معرفة أسباب الترك تلك قد لا تقدر بثمن في منع فقدان عاملين جيدين أخرين في المستقبل وتسربهم الى المنافسين في الصناعة. كما إن أحد أهم الطرق لمعرفة الأسباب الحقيقية لمغادرة العاملين هي عن طريق "شخص ثالث" وليس مدير العامل او مشرفه المباشر.

ذ. جعل بيئة العمل في منشأة الضيافة أكثر متعةً وتشويقاً: وذلك بهدف زيادة معنويات العاملين وإستبقاءهم، ويتم ذلك من خلال تشكيل مجموعات إجتماعية داخل المنشأة تتولى القيام ببرامج ونشاطات ترفيهية أو توفير خدمة رعاية الأطفال. كما يتولى مدير الموارد البشرية توثيق تلك النشاطات بنشرة يومية خاصة بالمنشأة يتم وضعها في لوحة الإعلانات داخل المنشأة، ليطلع عليها العاملين. إذ تشكل تلك النشرة أهمية كبيرة بالنسبة للعاملين لكونها إداة للتواصل بينهم وبين المنشاة وإدارتها.

مع إنتشار ظاهرة ترشيق هياكل المنشأت في الدول الرأسمالية ومنها بعض منشأت الضيافة وتسريح البعض الأخر من العاملين بسبب الأزمة الإقتصادية وأثارها السلبية على المنشأت الصناعية عامةً والخدمية منها خاصةً. أصبح هناك اليوم عدداً أقل من المستويات الإدارية والمهنية للعاملين للوصول إليها الأن عما كان عليه الوضع في السابق بسبب تقليص عدد تلك المستويات الإدارية وإعادة هيكلة بعضها الأخر، وقد أدى ذلك الى معاناة مديري الموارد البشرية في إدارة عمليات التسريح وإنهاء العمل ويعود السبب في ذلك هو تكلفة أنهاء خدمات العاملين الباهظة. حيث إن كلفة إنهاء الخدمات تعني فقدان كلفة التدريب، بالإضافة الى الأضرار ودفع الرسوم القانونية الناتجة عن دعاوى إنهاء الخدمات الغير المشروع أحياناً، ولتوفير المال وتقليلاً للتكاليف تقوم العديد من المنشأت بإستخدام أيدي عاملة مؤقتة أو الإستعانة بعاملين لوظائف معينة من مصادر خارجية. وإضافةً إلى تسريح الأيدي العاملة، فهناك وسيلة أخرى تستخدمها بعض منشأت الضيافة لتقليص حجم الأيدي العاملة لديها إلا وهي تقديم مزايا وإستحقاقات التقاعد المبكر لإغراء كبار السن من عامليها " والأكثر تكلفة من ناحية الأجور " للتقاعد. وهذه المزايا عادة ما تنطوي على حوافز مالية، مثل المدفوعات النقدية لمرة واحدة والتي تعرف في بعض الشركات بمصطلح (Golden Handshakes) ويفضل منح مزايا وإستحقاقات التقاعد المبكر

على تسريح العاملين بسبب أن التقاعد المبكر يزيد من الروح المعنوية للعاملين. كما إن تقاعد العاملين الكبار السن يزيد أيضاً من فرص الترقية للعاملين الأصغر سناً.

نقل العاملين والترقية

وجدت العديد من منشأت الضيافة أن الترقية ضمن منشأة الضيافة نفسها تحسن بل تزيد من معنويات العاملين وولائهم لمنشأة الضيافة وتسهم بشكل كبير في بقائهم فيها، إضافةً الى أنها تعتبرها أمراً فعالاً من حيث التكلفة. حيث إن العاملين أنفسهم يدركون ذلك ويحفزهم لبذل المزيد من الجهد والولاء لمنشأة الضيافة. فالمنشأة تفضل أن ترقي عامليها الحاليين على أن تستقطب وتجلب عاملين جدد من خارج المنشأة، ذلك بسبب توافق أولئك العاملين مع سياسة وثقافة المنشأة. كما إن الإجراءات الخاصة بالترقية لا تحتاج الى قضاء وقت ثمين على التوجيه الأساسي للعاملين، حيث من الطبيعي أن لا يبقى العاملين في نفس وظائفهم التي شغلوها عند بدء تعيينهم في المنشأة، فقد يتفوق بعضهم في مجال عملهم فيتم ترقيتهم ونراهم يرتقون سلم المنشأة بسرعة، في حين قد يفشل بعضهم الأخر ويخرجون من الباب الأمامي للمنشأة.

يقصد بالترقية (Promotion) هي نقل العاملين إلى وظائف أعلى إدارياً، وبالتالي تتسع دائرة السلطات والمسؤوليات وفي أغلب الأحيان يزداد الأجر وبعض المزايا الإضافية. في هذه الحالة يصبح النقل حافزاً إيجابياً للعامل طالما إنسجم مع حاجات المنشأة وظروفها الخاصة. أما النقل (Transfer) فيقصد به نقل العاملين بين الوظائف في نفس المستوى الإداري، حيث لا يصاحب هذه العملية أي تغيير في الأعباء والمسؤوليات أو زيادة في الراتب أو في المزايا الممنوحة لهم، وهو أمر تتطلبه متطلبات وطبيعة العمل في المنشأة.

نفس الحال ينطبق على منشأت الضيافة إذ تلجأ إداراتها عادةً الى خيار نقل العاملين أو تدويرهم بين الأقسام لغرض معالجة بعض الأمور أو المشكلات التي تلازم العمل وطبيعته كما هول الحال في مواسم التشغيل العالي. كما قد تلجأ اليه في حالات أخرى عندما تكون لدى الإدارة معرفة بالعاملين الذين هم بحاجة فعلاً إلى النقل إلى وظائف أخرى تتلائم وقدراتهم، فقد يصادف تعيين عامل في وظيفة ما لا تتلائم وصفاته ومميزاته الشخصية وطاقاته أو بسبب قصور في أداء عمله بشكل جيد فيصبح من الضروري نقله إلى وظيفة أخرى تتلاءم وقدراته بحيث تمكنه من زيادة كفاءته وإنتاجيته في العمل، ويمكن إعتبار هذا النوع من النقل إستجابة لظروف العامل أو إستجابة لظروف العمل. وقد يكون سبب نقل العاملين هو نتيجة لتغير في أساليب الإنتاج أو الخدمة في العمل كما هو الحال في بعض منشأت الضيافة.

إن لجوء الإدارات الى نقل عامليها الى وظيفة جديدة بدلاً من نقلهم الى وظيفة أعلى يسهم وبشكل كبير في مساعدتهم على تطوير وعرض مهارات جديدة، إضافةً الى معرفة المزيد عن منشأة الضيافة بشكل عام. كما وتعتبر هذه العملية أحدى السبل الشائعة لتحفيز العاملين من ذوي الخبرة للبقاء في المنشأة مع عدد قليل من الفرص.

غالباً ما تستخدم التنقلات في منشأت الضيافة لغرض وضع الأفراد العاملين في الوظائف التي تحقق لهم رضا عالي وتجعلهم يسهمون بشكل أفضل في تقديم الخدمة للزبائن والضيوف ولخدمة المنشأة في وقت واحد. لذا يمكن القول إن من أهم أسباب نقل العاملين:

- أسباب تنظيمية: قد تلجأ العديد من المنشأت إلى إعادة توزيع العاملين الموجودين لديها على الأقسام. أو إعادة النظر في أساليب العمل المتبعة في المنشأة مما يتطلب ذلك إعادة تحديد مسؤوليات العاملين وواجباتهم.
- أسباب علاجية: ويقصد بها تعديل وتصويب وضع العاملين، إذ إن تثبيت العامل في وظيفة معينة عند تعيينه في الأصل قد لا يكون سليماً من حيث إنسجام مؤهلاته

وخبراته مع طبيعة الوظيفة التي تم تعيينها فيها، وقد يتم إكتشاف ذلك لاحقاً، حيث يكتشف أن لدى ذلك العامل مهارات وقابليات وقدرات لوظيفة ذات مستوى أعلى أو العكس.

- أسباب تدريبية: ويقصد بها مقتضيات تلبية تطلعات سياسة المنشأة في إتاحة الفرصة لموظفيها لإكتساب خبرات ومهارات إضافية.

الفصل الثالث عشر

التمكين

13 التمكين

إن المدراء في منشأت الضيافة ومنهم مدراء الموارد البشرية هم بحاجة إلى أن يصبحوا أكثر فعالية من الناحية الإدارية عن طريق تعلم كيفية الحصول على الموارد البشرية وتطويرها وتحفيزها لأنها أضحت متنوعة ونادرة بشكل متزايد وكذلك باهظة التكاليف. كما يتطلب من الإدارات اليوم، إستبدال الإسلوب الدكتاتوري في الإدارة بطريقة أخرى تقوم على أسس المشاركة مع العاملين وتمكينهم حيث يتوقعون الكثير منها، وبالتأكيد فإن هذا يتطلب مهارات إتصالات جديدة ودعم التنوع الثقافي في تلك المنشأت.

مفهوم التمكين

تشكك كثير من الدراسات من إمكانية أو واقعية تطبيق مفهوم التمكين في الإدارة خاصة في البلدان العربية، حيث لا زالت الكثير من المؤسسات والشركات فيها تستخدم الأسلوب المركزي في الإدارة الذي يكبح جماح الإبداع والتفكير والتميز، إلا إن الكثير من الشركات العالمية ومنشأت الأعمال في الدول المتقدمة قد قطعت أشواطاً سريعة في تطبيق وممارسة مفهوم التمكين، وحصدت بذلك نتائج مذهلة ومتميزة على صعيد رضا الزبائن والحصول السمعة الجيدة من ناحية، وعلى الصعيد المادي من خلال تحقيق الأرباح والإيرادات من ناحية ثانية.

فعلى الرغم من إن العامل يعرف واجباته ومسؤولياته، إلا إن بعض المدراء لا زالوا متمسكين بالإسلوب البيروقراطي في الإدارة الذي يعتمد على تسلط المدير على

العامل ومراقبته المباشرة والمستمرة له، مما يولد بينهما نوع من الصراع ينتهي عادةً لصالح المدير. مما ينعكس أثر ذلك سلباً على أداء العامل وإنتاجيته، كما يولد أيضاً نوع من الإحباط النفسي والجمود الفكري للعامل ويحد من إبداعه في العمل مما يبطئ من حركة المنشأة نحو التقدم والتطوير والإبداع، والتمكين هو عكس ذلك تماماً حيث يكمن مبدأ التمكين في إنه أسلوب أفضل لتعامل الإدارة مع عامليها وهو أن تتعامل معهم إدارة المنشأة على إنهم شركاء وليسوا مستخدمين أو أعداء لها.

عرفت الأدبيات مفهوم التمكين بعدة طرق، فعرفه البعض على إنه تمكين العاملين من إتخاذ القرارات من خلال سماح الإدارة للعاملين بمزيد من الإستقلالية وخاصة للذين يتواجدون في الخطوط الأمامية. وعرفهُ أخرين على أنه إعطاء العاملين الصلاحية لإقناع الزبائن من خلال أية وسائل ضرورية وبدون إنتظار موافقة المدير. في حين عرفه البعض الأخر على أنه مشاركة العاملين المهمة، وهنا يمكن القول على إن التمكين "هو عملية تفويض تمكن الشخص العامل من إتخاذ القرارات المهمة والواجب إتخاذها في الأقسام والوحدات التشغيلية الأخرى لغرض تسيير عمل المنشأة بأفضل صورة ممكنة". من هذا المنطلق تسعى الإدارات الى منح عامليها صلاحيات أكثر مع مزيد من المسؤوليات ليشعروا بقيمتهم في العمل، وبأن الإدارة بحاجة لهم وهم بحاجة لها أي أن المنفعة متبادلة الطرفين ولا يمكن بأي حال من الإحوال تحقيق أهداف المنشأة أو أية إنجازات مطلوبة دون هذه الشراكة المتعادلة.

ومن هذا المنطلق، بدأت كثير من الشركات والمنظمات في الأونة الأخيرة، تفكر وبشكل متزايد بتمكين عامليها كتدبير مهم لتعزيز الدوافع الذاتية لهم، وكذلك لغرض تحقيق الفعالية التنظيمية والنمو والتقدم للمنشأة في نفس الوقت. كما إن الميزة التنافسية تكمن في الغالب في قدرات المنشأة ليس فقط في توفير أفضل التسهيلات وإنما إيضاً توفير وتقديم أفضل الخدمات.

أهمية التمكين في صناعة الضيافة

يرى الكثير من المختصين بأن التمكين اليوم بات يستخدم كإستراتيجية إدارية في العديد من منشأت الأعمال، وبما إن التمايز في الخدمة لابد منه في منشأت الضيافة، فقد أصبحت هناك حاجة ملحة خاصة في الوقت الحاضر لإدارات منشأت الضيافة للشروع بتمكين عامليها ليكونوا قادرين على تقديم أفضل وأسرع الخدمات للزبائن والضيوف كوسيلة لخلق خدمة نوعية، وبالتالي خلق ميزة تنافسية لمنشأة الضيافة. حيث وجد إن تمكين العاملين وتحديداً المتواجدين في الخطوط والمكاتب الأمامية لمنشأة الضيافة يؤدي الى نتائج إيجابية مميزة من خلال زيادة مستوى رضا وقناعة زبائن وضيوف المنشأة لكونهم واجهة الإتصال المباشر معهم وبالتالي أثر ذلك على أعمال منشأة الضيافة بشكل عام. لهذا فإن تمكين العاملين هو مفهوم مفيد خاصة لقطاع الخدمات حيث يشرك العاملين ليكونوا مسؤولين مقابل الخدمة المقدمة. كما وجد إن تمكين العاملين في قطاع الضيافة يكسر "دائرة الفشل" ويزيد من معدل رضا الزبائن والضيوف.

إن التمكين وخاصة في منشأت الضيافة يساهم وبشكل كبير في جعل منشأة الضيافة أكثر قرباً من الزبائن والضيوف وأكثر مسؤولية تجاههم خاصة في حالات وجود بعض المعوقات أو المشاكل التي قد يواجهها بعض الزبائن والضيوف أثناء إقامتهم أو إستهلاكهم للخدمة في منشأت الضيافة كالفنادق والمطاعم والمنشأت الخدمية الأخرى، ودور العامل في حلها بشكل مباشر والمقصود هنا ليس فقط عملية بيع الخدمة أو الإنتاج في منشأة الضيافة وإنما يتعدى ذلك الى خلق علاقات متينة لمنشأة الضيافة مع الزبائن والضيوف حتى بعد مغادرتهم للمنشأة، وجعلهم من الرواد والزبائن الدائميين، ومع هذه العلاقة فإن التمكين يعطي العامل مزيد من الإنتماء والإخلاص للزبائن والضيوف من جهة ولمنشأة الضيافة من جهة ثانية.

إن النجاح في صناعة الضيافة مرتبط بالمنشأت القادرة على الإهتمام بالزبائن والضيوف أولاً من حيث تقديم أفضل الخدمات كي تحقق من خلالها أعلى إيرادات ممكنة، مما يسهم في قدرة المنشأة على الأستمرار وزيادة حصتها السوقية بين المنافسين. فعلى سبيل المثال وبهذا الصدد فإن إدارة فندق (Ritz-Carlton) تخول عامليها إنفاق مبلغ (2000) دولار لجعل ضيوفها سعداء(Walker,2012,P.22). حيث تحرص منشأت الضيافة اليوم على الإهتمام باراء ورغبات الزبائن والضيوف من أجل تحقيقها. كما تدرك أن تقديم أفضل الخدمات مرتبط بأداء العاملين لديها والمرتبط بكفاءتهم وخبراتهم ومدى إهتمام الإدارة بهم.

في كثير من الأحيان تربط الكثير من منشأت الضيافة موضوع التمكين بالحوافز من جهة، وبالأداء من جهة ثانية، مما يشجع العاملين على تحملهم المسؤولية بشكل صحيح، أي يتم منح حوافز أكثر للعاملين الذين يحققون نتائج جيدة لصالح المنشأة، وبمعنى أخر فإن من يحقق نتائج أو أداء متفوق يحصل على مكافأة نقدية مع شهادة تقديرية وتوضع صورته في لوحة الشرف. إن هذه الأمور تساعد على إظفاء روح المنافسة بين العاملين في العمل وكذلك بروز الإبداع والتفكير.

أهم العوامل المؤثرة على عملية التمكين في صناعة الضيافة

أثبتت العديد من الدراسات إن هناك العديد من العوامل التي تؤثر وبشكل كبير على عملية التمكين في هذه الصناعة وكما موضحة في الشكل رقم (23) فهي عملية متبادلة. حيث يعتبر التمكين علاقة إيجابية وطيدة وشعور بالثقة المتبادلة والشراكة بين الإدارة والعامل. فكلما كانت عملية تمكين العاملين تسير بالطريق الصحيح كلما زاد من شعور العامل بالولاء للمنشأة التي ينتمي اليها، وهي محصلة لرغبته بالعمل حيث مناخ العمل المناسب والذي يزيد من الرضا الوظيفي له وبالتالي تحسن مستوى أداءه المهني وإنتاجيته التي لها تأثير كبير في صناعة الضيافة.

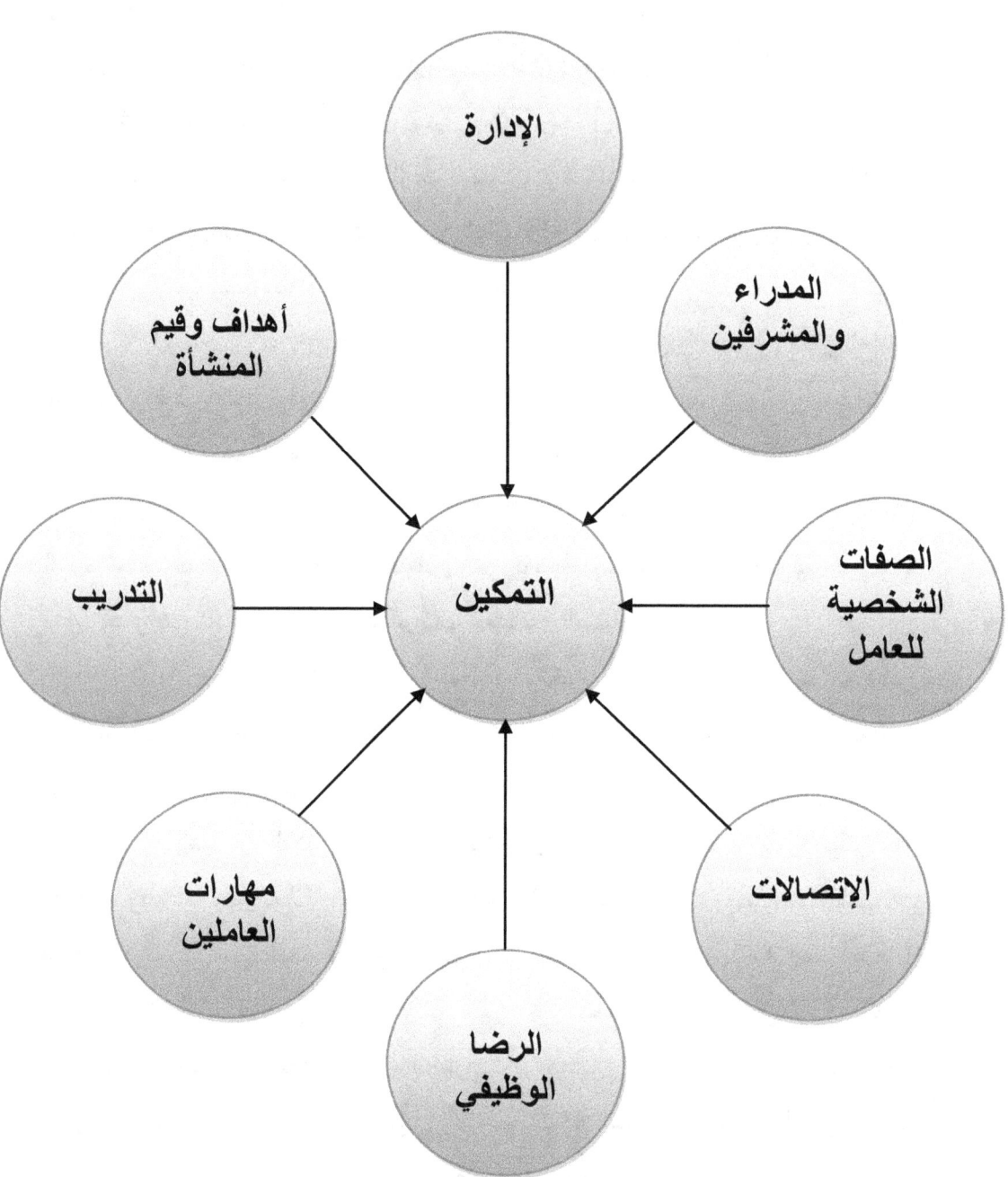

شكل رقم (23) يبين أهم العوامل المؤثرة على عملية التمكين

إن من أهم نتائج التمكين في صناعة الضيافة هو زيادة قدرات العاملين على حل مشاكل الزبائن والضيوف. إذ لمهارات العاملين ومستوى تدريبهم الدور المهم في تسهيل عملية التمكين ونجاحها من خلال مايملكونه من معرفة وخبرات، وبنفس الوقت فإن التمكين يساعد على توفير تكاليف ونفقات باهضة منها تكلفة التدريب والدورات التدريبية الأخرى التي كانت تعقدها إدارة المنشأة لغرض تطوير قابليات عامليها.

كما أدركت ممارسات الإدارات في كثير من المنشأت ومنها منشأت الضيافة تحديداً إن لبرامج التمكين ردود أفعال متباينة من قبل العاملين، حيث إن تقبل العاملين للتمكين يعتمد وبشكل كبير على شخصية العامل نفسه. فالعاملين ذوو سمات أو صفات شخصية معينة من المرجح إن يتقبلوا بمبادرات التمكين ويرحبوا به. في حين البعض الأخر منهم مع مجموعة صفات مختلفة قد يتنكرون له ولا يحبذنوه. فمن المهم تحديد السمات الشخصية للعاملين التي ترتبط بالتمكين الناجح لما لها من تأثير ودور كبير في نجاح مبادرات التمكين في صناعة الضيافة.

من العوامل الأخرى المؤثرة على عملية التمكين هو إدارة منشأة الضيافة نفسها وكادرها الإداري المتمثل بالمدراء والمشرفين ودورهم في تقديم الدعم والإسناد للعاملين في تسهيل مهمة تمكينهم إذ ليس التمكين فقط مجرد تفويض صلاحيات أو مسؤوليات وإنما هو إعتراف من المدير أو المشرف بالعامل ودوره الذي يقوم به دون التقليل من أهميته، وبسبب هذه العلاقة لوحظ تزايد إهتمام إدارة الموارد البشرية في هذه الصناعة لخلق ستراتيجيات لتوظيف مفهوم التمكين. إذ يتضمن التمكين بحد ذاته منح العامل في منشأت الضيافة حرية وإستقلالية أكبر في مجال عمله ويحرره من الرقابة الصارمة والتعليمات الجامدة عن التصرفات والأعمال التي يقوم بها ضمن مجال وظيفته، كما يمنحه حرية إبداء الرأي وصلاحيات للمشاركة في إتخاذ القرار وتحمله لمسوؤلياته بشكل أكبر في مجال الوظيفة المحددة له وبموجب الوصف الوظيفي لها، وبالتالي إطلاق إمكانية العامل ومواهبه الكامنة التي طالما كانت مكبوته في ظل

الإدارات الجامدة، وفي نفس الوقت علينا إن لا نغفل عن إن التمكين في صناعة الضيافة هو أيضاً مشاركة في المخاطر ومحاسبة على النتائج وتحمل للمسؤولية بنفس القدر من التفويض المعطى للعامل عند ممارسته للتمكين.

أما الإتصالات فلها دورها الكبير في تسهيل عملية التمكين فهي تضمن سير تدفق المعلومات بشكل صحيح وباتجاهين بين الإدارة والعاملين من جهة وبين العاملين والزبائن والضيوف من جهة ثانية، لإن أهمية الإتصالات هي لضمان مشاركة العاملين وعندما تتم مشاركة المعلومات مثل رؤية وسياسة الفندق مع العاملين فسوف يمكنهم من تنفيذ مهامهم بشكل جيد. كما إن العاملين يستحقون أن يمنحوا الفرصة للمشاركة في المناقشة بخصوص القضايا المتعلقة بالعمل، لضمان إن العاملين يفهمون مايدور داخل إدارة المنشأة لغرض الوصول لأفضل تعامل مع الزبائن والضيوف. لذلك فمن الأهمية للعاملين أن يفهموا رؤية المنشأة وأهدافها لتكون برامج التمكين فعالة.

من أجل ضمان أن يشعر العاملين في منشأت هذه الصناعة بالتمكين فإن على الإدارة إيلاء العوامل أعلاه الإهتمام الكافي، كما عليها زيادة إستثماراتها في تدريب عامليها ليتقنوا عملهم بشكل أكبر فعندما يكتسب العاملون الخبرة فإن قوتهم ستزداد، وسوف يؤدي ذلك الى تصور إيجابي نحو التمكين، ومثال جيد على التمكين هو ما يحصل في فنادق السلاسل الفندقية الكبيرة والتي تحوي على عدد كبير من الغرف حيث في العادة يكون هناك طابور على المكتب الأمامي في إنتظار الخدمة من موظفي الإستقبال إذ يجب أن تكون خدمات المكتب الأمامي فعالة وسريعة، حيث تمنح إدارات تلك الفنادق موظفي الإستقبال صلاحية خصم أو حذف فقرات من قائمة حساب الضيف كخصم إقامة ليلة واحدة أو حذف بعض الفقرات كوجبات الطعام والشراب لمعالجة شكاوي بعض الضيوف أثناء إقامتهم في الفندق من جراء الخدمة الضعيفة، أو نقص في بعض الخدمات المطلوبة أو تأخرها، أو جراء موقف ما، كأن

يكون تصرف غير سليم من أحد العاملين أثناء إقامة الضيف في الفندق أو إستهلاكه لخدماته. لإنه لو كان موظف الإستقبال في حاجة الى مدير القسم لكل شكوى ضيف لغرض إتخاذ قرار بخصوصها، فهذا يعني إن تلك الإجراءات بأكملها سوف تتأخر بالتأكيد وسيكون هناك رأي سلبي من قبل الضيوف والزبائن عن خدمات المكتب الأمامي بشكل خاص وعن الفندق وإدارته بشكل عام.

يعتبر التمكين أداة مهمة للإحتفاظ بالعاملين المتميزين كما يسهم في زيادة الإنتاجية لمنشات الضيافة. كما إن الإستخدام الخاص للتمكين قد يؤثر سلباً على أمور أخرى منها إتخاذ قرارت ضعيفة من قبل العاملين. حيث عند تنفيذ تمكين العاملين في منشأت الضيافة على نحو فعال فإنه بالتأكيد سيساعد على:

- زيادة رضا وقناعة الزبائن والضيوف.
- زيادة عدد الزبائن والضيوف نتيجة زيادة رضاهم وقناعتهم، والإحتفاظ بهم كزبائن دائميين.
- تقليل شكاوي الزبائن والضيوف.
- زيادة ولاء العاملين لمنشأة الضيافة.
- زيادة الإلتزام نحو الأهداف التنظيمية.
- تعزيز حل مشاكل العاملين في المنشأة، والقدرة على منع حصول المشاكل.
- زيادة المخاطرة من قبل العاملين، وبروز السلوك الريادي.
- تعزيز التنسيق بين الوظائف.
- تفاعل أكثر دفئاً بين العاملين.
- أداء تنظيمي أفضل، وزيادة المبيعات، وخفض التكاليف، ومن ثم زيادة فعالية منشأة الضيافة.

أحد الأمثلة الجيدة على ممارسة التمكين في منشأت الضيافة يتمثل في أن " أحد رجال الأعمال من ضيوف أحد الفنادق الدائميين قد غادر الفندق ونسي حقيبته الخاصة هناك، مما حدى بأحد العاملين في الفندق وبعد التحري عن مكان إقامة الضيف الدائم من خلال قاعدة البيانات المخزنة في نظام الحاسوب العائد للمكتب الأمامي للفندق الى شحن حقيبة الضيف الى محل إقامة رجل الأعمال وعلى نفقته الخاصة. تلك المبادرة الخاصة من قبل الموظف كانت نموذجاً رائعاً للتمكين إذ تحولت تلك الحادثة الحقيقية الى قصة على كل لسان تحكى في كل مناسبة، وتحول ذلك الموظف الى أسطورة أو بطل. ولو حدثت تلك الحالة في مؤسسة أو منشأة تعتمد الأسلوب المركزي البيروقراطي في الإدارة لكانت مكافأة ذلك الموظف هي التوبيخ وربما عقوبة الطرد من العمل بدلاً من مكافئته وتمييزه".

واقعة أخرى توضح نموذج أخر لعملية التمكين وهي " لاحظ أحد عاملي الخدمة في أحد الفنادق عدم تردد مجموعة من الضيوف من الجنسية الهندية ضمن وفد لمؤتمر على وجبة الإفطار المعدة للوفد في صالة المطعم كل صباح فأثار ذلك إستغرابه، مما دفعه ذلك الى التقصي والإستفسار منهم فتبين إن السبب هو نوعية الوجبات المقدمة في مطعم ذلك الفندق وخاصة في وجبة الإفطار والتي لا تتناسب مع الوجبات التي يتناولونها في بلادهم وكذلك مع ثقافتهم. فتحرى عامل الخدمة عن قائمة طعام الفطور الخاصة والمناسبة التي تلائم تلك الفئة من الضيوف وتمكن في اليوم الثاني وبالتعاون مع رئيس الطباخين من إعداد وجبة فطور شهية على الطريقة الهندية ودعا المجموعة اليها في الصباح، الأمر الذي أثار إعجابهم وإندهاشهم وكذلك إعجاب الإدارة التي كافئت ذلك العامل بمنحه حوافز معنوية ومالية تقديراً لجهوده".

من الملاحظ إنه عند قيام أعضاء الفريق العاملين في المنشأة بالإجراء الصحيح للضيوف والنزلاء، فإنهم بذلك يشجعون قيم منشأة الضيافة، ويقدمون أيضاً وعداً بطرق عديدة تساعد إدارة المنشأة على تقديم أفضل الخدمات للضيوف والنزلاء وتحقيق نتائج

إيجابية لمنشاة الضيافة ولإعضاء الفريق. حيث كلما سعت منشأة الضيافة الى تقديم الخدمة التي تستحق تقييم عالي كلما زاد ذلك من نسبة نجاحها إضافة الى ذلك فإن كل فرد من فريق العمل سيحقق نجاحاً بدوره، وبالتالي سيساهم ذلك في التعرف على نزلائئنا الدائميين والتعرف بإستمرار على مدى ولائهم لمنشأة الضيافة.

دور العاملين في منشأت الضيافة في عملية التمكين

تأمل إدارة منشأة الضيافة الى أن يأخذ كل عضو من فريق العاملين في منشأة الضيافة على عاتقه مهمة إرضاء الضيف أو النزيل خاصة إذا كان يواجه مشكلة ما، إذ عليهم أن يكونوا على قدر كاف من الحكمة ليقرروا كيف يمكنهم ذلك وجعل الزبائن والضيوف سعداء أثناء إستهلاكهم للخدمة أو أثناء إقامتهم. من جهة ثانية فإن هدفنا كمنشأة ضيافة حل تلك المشاكل قبل مغادرتهم لمنشأة الضيافة. فعند عند حدوث موقف، أو مشكلة لزبون أو ضيف ما، وكان الزبون أو الضيوف مستاء منها، وتثير من رد فعله، فعلى العامل وبواسطة الصلاحيات الممنوحة له أن يحول ذلك الموقف أو المشكلة الى ذكرى إيجابية قد لاينساها النزيل أو الضيف. إذ في نفس الوقت قد يحسب حساب على رد فعل العامل من قبل النزيل أو الضيف حيث على العامل أن يقوم بكل ما يستطيع أي " وضع الأمور في نصابها الصحيح " لصالح النزيل أو الضيف. كما يطلب منه توثيق الموقف والمشكلة وكيف تم حلها، وعلى مدير القسم والمشرف المباشر متابعة ذلك إذ إن التصرف الوحيد الخطأ الذي من الممكن أن يقع فيه العامل أثناء حل مشكلة ما هو عد إتخاذه اي خطوة على الإطلاق.

عندما يكرس كل عامل في منشأة الضيافة جزءاً من وقته للتعرف على إحتياجات وإهتمامات كل ضيف أو نزيل فإن ذلك سيسهم بالتأكيد على حل مشاكل الزبائن والضيوف وتلبية وإشباع حاجاتهم ورغباتهم الحقيقية وبالتالي إرضاءهم، وعلى المدراء ورؤوساء الأقسام في منشات الضيافة مسوؤلية إستعراض إرشادات التمكين

(Empowerment Guidelines) بين فترة لأخرى ومواصلة الربط بين التوقعات، سعياً لتجاوزها وحل مشكلات الزبائن والضيوف بأفضل الطرق.

أهم الأدوات والوسائل المساعدة في عملية التمكين في منشأت الضيافة

يتوقع كثير من الزبائن والضيوف خدمة ممتعة وفورية، لاسيما عند تقدمهم بطلب، حيث يجب أن تفوق أفعال العاملين كل توقعات الزبائن والضيوف كجزء من التمكين، ولكي تضمن منشأة الضيافة الحصول على تقييمات عالية يجب عليها البحث عن الطرق التي تجعل خدمة العامل مميزة، وأن تكون له القدرة على تلبية حاجات الزبائن والضيوف بشكل إستباقي قبل أن يدركوا أن لديهم هذه الإحتياجات، أي تلبية إحتياجات الزبائن والضيوف غير المتوقعة أي تبحث منشأة الضيافة عن طرق لتنفيذ الأشياء للنزلاء قبل أن يدركوا هم إنهم بحاجة إليها. فعلى سبيل المثال فقدان نزيل أو ضيف ما لأمتعته الشخصية عند وصوله للمطار، حيث يمكن للموظف في المكتب الأمامي للفندق عندها توقع حاجة الضيف الى شراء حاجيات أساسية يحتاجها الضيف أو الذهاب الى مكان ما لشرائها، كفرشاة ومعجون الأسنان وماكنة حلاقة الذقن، فيقوم موظف الإستقبال بتقديم تلك الإحتياجات الرئيسية للضيف مجاناً وبدون مقابل.

تستخدم اليوم كثير من منشأت الضيافة وخاصة فنادق السلاسل الكبيرة وسائل وأدوات متنوعة للمساعدة على تسهيل إجراءات عملية التمكين وأحدها هي إستمارة (CRM) ويقصد بها (Customer Really Matter) وهي أداة فاعلة تستخدمها كثير من منشأت الضيافة ومنها الفنادق بشكل خاص وذلك لغرض جمع المعلومات بشأن طلبات وإحتياجات النزلاء والضيوف ومتابعة تلبيتها من قبل الأقسام المعنية عن طريق مقسم البدالة. حيث كلما زاد حجم المعلومات التي تم جمعها عن إحتياجات وإهتمامات الزبائن والضيوف كلما تحسنت نوعية ومستوى الخدمات المقدمة لهم،

وساهم ذلك في إنجاح عملية تمكين العاملين، كذلك يمكن لمدراء الإقسام والمشرفين مساعدة العاملين على فهم تلك العملية وإتباعها من أجل إستخدام أفضل لتلك الأداة.

اليوم تنتظر أو تتوقع أغلب إدارات منشأت الضيافة من عامليها أن يستخدموا وسيلة إخرى مهمة لتسهيل عملية التمكين للمساعدة في حل مشاكل الزبائن والضيوف وخاصةً قبل مغادرتهم للمنشأة يطلق عليها (Process for resolving problems) ويرمز لها بعملية (H.E.A.R.T) والموضحة في الشكل رقم (25). حيث تسهم وبشكل كبير على تذليل كثير من الأمور والإشكاليات التي من الممكن أن تواجه ضيوف وزبائن المنشأة، كما تساعد في الوقت نفسه على حل مشاكلهم وشكاواهم، وتبدأ تلك العملية بالإستماع بشكل جيد الى الضيف أو النزيل وعدم مقاطعته حتى النهاية (Hear the guest out) والتعاطف معه (Empathize) والإعتذار منه (Apologize) وحل مشكلته (Resolve) ومن ثم تنتهي العملية بشكر الضيف (Thank the guest)، إذ يعتبر الإعتذار الصادق من الضيف أو الزبون عن المشكلة التي يعاني منها خطوة حيوية في عملية حل المشكلات. كما إن أبداء التعاطف مع النزيل أو الضيف، يعني أن العامل مواكب لشعور الضيف، حيث إنها طريقة ممتازة لكسب ودهم عند مواجهتهم لمشكلة ما.

يتلخص سر التعاطف في أن يكون العامل صادقاً في إختياره للعبارات التي توضح مدى تقديره لشعور الأخر. على سبيل المثال كأن يقول مقدم الخدمة للضيف " أنا أتفهم مدى الإحباط الذي تشعر به... "، لأن هذا النوع من التعاطف هو خطوة هامة، وعادة ما ينساها العاملون في منشأت الضيافة وينتقلون سريعاً الى الإعتذار ومحاولة حل المشكلة.

بعد قبول النزيل أو الضيف بالحل الذي قدمه العامل لمشكلته، على مقدم الخدمة توجيه الشكر له. فإن ذلك سيوضح مدى صدق الموظف في محاولة تقديم حل مرضي للزبون أو الضيف وجعله سعيداً وأن يفكر في تغيير وجهة نظره عن منشأة

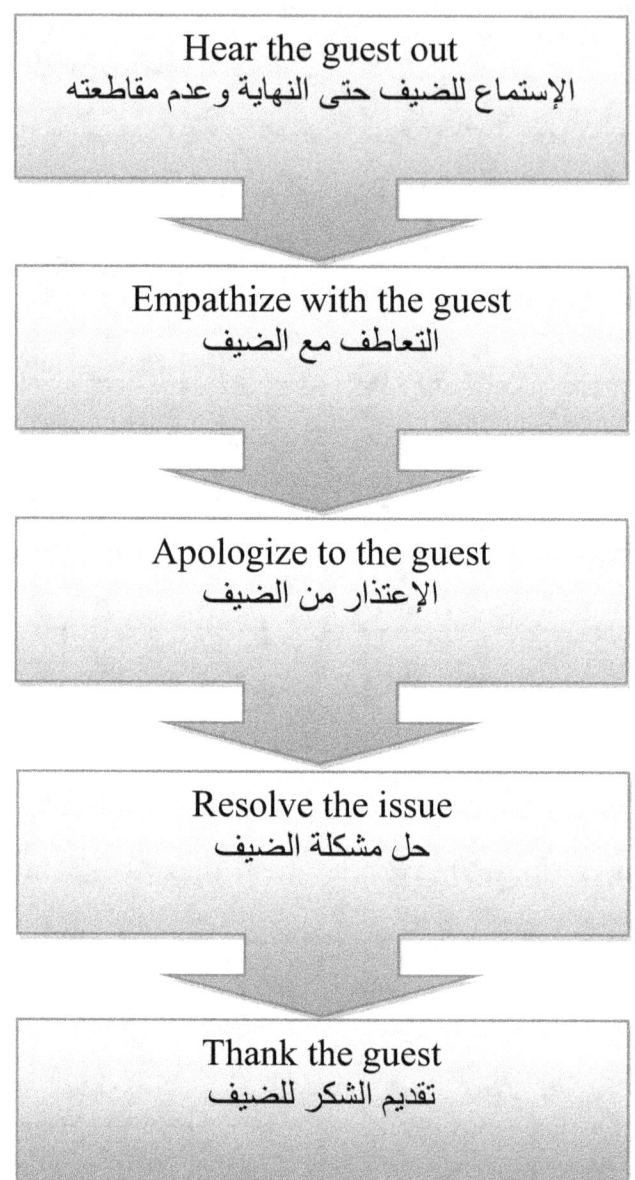

شكل رقم(24)

يوضح مراحل إستخدام ما يطلق عليه (H.E.A.R.T) لحل مشاكل الزبائن والضيوف

الضيافة عندما كان مستاءاً من الخدمة المقدمة له. إضافة الى إنها تأكيد على إن العامل يكن له كل الإحترام والتقدير.

يكمن سر نجاح الكثير من منشأت الضيافة اليوم وخاصة فنادق السلاسل العالمية الى إنها وفقت في عملية التوافق بين ثقافة وأهداف المنشأة "الفندق" ورضا وقناعة الزبائن والضيوف، فهي مكنت من إكساب عامليها الثقافة والرضا من خلال العناية برغباتهم وتحقيق حاجاتهم وطلباتهم، والتي مكنتهم من تحقيق الإنتماء لأهداف منشأة الضيافة وإنعكاس ذلك على أدائهم مما سهل كثيراً من عملية تمكينهم وبالتالي تأثير ذلك إيجاباً على رضا وقناعة الضيوف من خلال جودة ونوعية الخدمات المقدمة لهم. فمنشأت الضيافة معنية بإكساب عامليها القدرة على التمكن خاصة في الحالات التي تستوجب ذلك حيث يشعر العامل بالتوافق والإنسجام بين دوره في التفاعل مع الزبائن والضيوف من جهة ودوره في التعامل مع إدارة المنشأة بشكل إيجابي من جهة ثانية.

لجأت الكثير من منشأت هذه الصناعة في الأونة الأخيرة الى تشجيع عملية التمكين وتشجيع عامليها على ممارسته، من خلال منحهم الإستقلالية وحرية التصرف وتحمل المسؤولية والتشجيع على روح المبادرة وعدم الخوف من التجربة والخطأ، والمشاركة في حل مشاكل الضيوف، والعمل على تقديم الإقتراحات بخصوص تحسين بيئة العمل، وبالتالي حققت تلك السلاسل مستويات عالية من رضا الضيوف.

سياسة تمكين العاملين الناجحة في صناعة الضيافة

في منشأت الضيافة خصوصاً تعتبر الأمور أعلاه هي من أولوياتها كمشروع خدمي، حيث في الغالب تسعى الى تنفيذها لزيادة حصتها السوقية من خلال تقديم أفضل الخدمات والمنتجات، ومن ثم بالتالي تحقيق الربحية كمشروع تجاري، وفي نفس الوقت قد يفشل التمكين وخاصةً في هذا النوع من المنشأت:

1. عندما تكون الإدارة متمثلة بالمدراء والمشرفين في منشأة الضيافة غير مستعدة للتخلي عن بعض صلاحيات إتخاذ القرار.

2. عندما تفشل الإدارة العليا في إشراك المدراء والمشرفين والعاملين في منشأة الضيافة في عملية إتخاذ القرار، وكذلك عندما تفشل في توضيح مسؤوليات المدراء والعاملين بشكل سليم.

3. عندما لا يحصل العاملين على التدريب الجيد والكافي لتطوير مهاراتهم وقابلياتهم والتي تساعدهم على تحليل إجراءات العمل وإستخدام الأدوات والتقنيات المناسبة بشكل صحيح لحل المشاكل وإتخاذ القرار.

4. عندما لايحصل العاملين على التدريب الكافي والضروري لتطوير مهارات الإتصال المطلوبة لتعزيز روح التعاون والتعامل الصحيح بين زملاء العمل. إذ إنهم بحاجة ماسة الى تلك المهارات لغرض حل نزاعاتهم مع أعضاء الفريق. كما إن التدريب غير المناسب يحد من تقديم العاملين لإقتراحاتهم ويعرقل من المشاركة بفعالية في فرق العمل، كما يقلل من قدرتهم على التعبير عن مشاعرهم بطريقة بناءة.

5. عندما لا يعمل نظام العمل وإجراءاته في منشأة الضيافة بشكل صحيح ومنظم، ولا تسعى الإدارة بشكل جدّي الى تصحيحه.

6. ضعف الإتصالات بأنواعها في المنشأة.

7. عندما يمارس المدراء والمشرفين في المنشأة الأسلوب الإستبدادي في الإدارة.

8. عندما لايكافأ العاملين بناءاً على مستواهم من ناحية الكفاءة أو الأداء.

9. عندما ينطوي العمل على أسس روتينية عالية، وتفتقر الوظائف الى التنوع والتحدي.

10. عندما يكون هناك نقصاً في تعريف أهداف العمل.

11. عندما يكون هناك ضعفاً في الأهداف التنظيمية المناسبة والقيم لدعم ثقافة وفلسفة التمكين في المنشاة.

12. عندما يكون العاملين غير متأكدين من مسؤولياتهم وواجباتهم.

وأدناه بعض أهم الحلول لتأسيس سياسة تمكين واضحة لمنشاة الضيافة:

أ. تدريب المدراء والمشرفين: يفضل أن يتم تدريبهم في مواضيع مهمة مثل الإتصالات، بناء فريق العمل، التفويض، وعلى الإدارة أن تتواصل مع رؤية المنشأة وتشرح بوضوح التوقعات.

ب. مساعدة المدراء والمشرفين للعاملين: على الإدارة أن تبرز مهارات القيادة الفعالة، تشجيع المبادرات، دعم ثقافة التمكين ضمن وحدات العمل الخاصة في جميع أقسام منشأة الضيافة.

ت. التأكد من أن التعليمات والإجراءات وحدود التمكين مفهومة بشكل واضح من قبل العاملين: على العاملين أن يكونوا على دراية بالقرارات التي يمكنهم إتخاذها، وأي القرارات تتطلب معلومات أو موافقة إضافية، وعلى المدراء أن يسمحوا للعاملين بالعمل بحرية ضمن حدود المنشأة.

ث. تزويد العاملين بالتدريب المناسب الذي يحتاجونه: يحتاج العاملين الى أن يتعلموا كيفية إتخاذ قرارات فعالة والعمل بالتعاون مع الأخرين في بيئة تمكين، ويشمل هذا التدريب على إتخاذ القرار، حل المشاكل، إتصالات مفتوحة، العمل الجماعي.

ج. إزالة الحواجز والعقبات التي تحول دون سلوك التمكين: تشمل هذه الخطوة التأكد من إن الأدوات المناسبة، الوقت، التدريب، والموارد المالية متوفرة لدعم السلوك الإيجابي لعملية التمكين.

ح. المكافأة: ويقصد بها تمييز ومكافأة العاملين الكفوئين لغرض تحسين إجراءات العمل، وتقديراً للمساهمات التي يقدمونها لمنشأة الضيافة.

خ. تصميم وظائف للتمكين وتشجيع وتطوير ودعم العاملين: يقصد بها دعم عمليات تفويض الصلاحيات الى العاملين من خلال مسؤولياتهم وواجباتهم وعلى جميع المستويات، خصوصاً تلك القضايا المتعلقة بإجراءات العمل.

د. توظيف الأشخاص المناسبين للوظيفة: أي التأكد من إن العاملين الذين تم توظيفهم لديهم القدرة على تحمل مسؤوليات كبيرة، ويتميزون بتقدير عالي، وإحترام كبير للذات، ولديهم قيم وأهداف تنسجم مع المنشأة.

الفصل الرابع عشر

المبادئ التوجيهية للعاملين في صناعة الضيافة

14 المبادئ التوجيهية للعاملين في صناعة الضيافة

في عالم اليوم وبالنظر الى تطور أساليب إدارة المنظمات حيث التغيرات السريعة وتزايد حدة المنافسة، أصبح من الأهمية لمنشأت الضيافة رفد كادرها الوظيفي بالمستوى الجيد والمؤهل واللائق من الأيدي العاملة والتي تعكس الصورة المشرقة والانطباع الجيد عن المنشأة. كذلك يتوجب التأني والحكمة دائماً عند إختيار تلك الكوادر، لما لهذه الصناعة من حساسية من حيث تقديم أفضل الخدمات للضيوف وصولاً للربحية أو العكس. حيث إن العنصر البشري فيها هو المحرك الأساس لنجاحها وزيادة شهرتها وسمعتها. كما إن عدم كفاءة العاملين وأدائهم السلبي له الأثر الكبير في تحمل المنشأة العجز والخسارة.

يتوجب على الإدارات الناجحة لمنشأت هذه الصناعة أن يتحلى كادرها بدرجة عالية من المهارة والصورة المهنية. كما إن الصورة الإيجابية للمنشأة قد تصبح نموذجاً يحتذى به بالنسبة للعاملين والضيوف في أن واحد، من خلال مشاركة هذا الإلتزام بالجودة والتميز، مما يعزز مصداقية المنشاة. لذا ومن هذا المنطلق بات من المهم تثقيف العاملين في هذه المنشأت بأهم الأمور الواجب التقيد بها وإتباع التعليمات اللازمة لغرض عكس الصورة المشرقة للمؤسسة وإضافة نوع من الهيبة والتميز لها.

تثقيف العاملين حول المبادئ التوجيهية

إن على مدير الموارد البشرية، المسؤولية الكبيرة في إختيار عاملين لأن يكونوا رمزاً للمرفق وللمنشأة التي سيعملون فيها، وعلى الرغم من ذلك يتوجب أن تكون

لمنشاة الضيافة مجموعة من السياسات والإجراءات التي تضمن سير العمل بشكل سليم وصحيح. كما من المهم جداً على مدير الموارد البشرية مناقشة تلك السياسات والإجراءات المتمثلة بمجموعة من المبادئ التوجيهية الخاصة بالمنشأة مع مقدم طلب التعيين خلال المقابلة الأولية، وعلى مقدم الطلب أن يوافق على الإمتثال لتلك المبادئ قبل أن يتم عرض الوظيفة له، أي يكون العامل على علم بها وأن يوقع عليها حال توظيفه في منشأة الضيافة لتكون بمثابة تبليغ رسمي له، وأن يقوم بتطبيقها حال بدءه العمل فيها.

إن التطور والتغير الذي طرأ على الحياة المدنية وتطور الموضة وصرعاتها، والتغيرات الأخرى الناتجة عن صعوبات الحياة، أدى الى دخول أمور جديدة الى هذه الصناعة خاصةً تلك التي تتعلق بالمظهر المهني لعامليها، كإرتداء الأقراط أو الحلق من قبل الجنسين أو وضع الوشم وعلى مناطق مختلفة من الجسم وباشكال وألوان وأحجام معينة أو ظاهرة النقش على الشعر أو تلوينه بألوان مختلفة، كل تلك الأمور أدت بإدارات الكثير من منشأت الضيافة الى إعادة النظر بالتعليمات التوجيهية الخاصة بالعاملين وإعادة صياغتها من جديد وبالشكل الصحيح وبما يحافظ على الصورة المشرقة للصناعة قدر الإمكان وعدم السماح بتلك الصرعات بأن تؤثر على هذه الصناعة وعلى طبيعة الخدمات التي تقدمها. فعلى سبيل المثال أثناء عملية التوجيه وكجزء من كتيب العامل، يتم مناقشة جميع المبادئ التوجيهية الخاصة بالمظهر المهني مع العامل المتقدم للعمل بالتفصيل، كما عليه أن يوقع على وثيقة خاصة بهذا الغرض تفيد بأن سياسة المنشأة بهذا الخصوص قد تم شرحها له بالتفصيل وإنه على بينة منها، وأنه قد وافق على الإمتثال لتلك السياسة. كذلك ينطبق الحال على رؤساء الأقسام والمشرفين، إذ عليهم أن يطلعوا على تلك المبادئ ومن الضروري أن يمتثلوا لها أيضاً.

أهمية تثقيف العاملين في صناعة الضيافة بالمبادئ التوجيهية

إن منشأت الضيافة لاتسمح بأية إستثناءات بخصوص تطبيق المبادئ التوجيهية وذلك لسببين مهمين، أولهما تماشياً مع سياسة صناعة الضيافة يتم شمل جميع العاملين لديها بكل الفرص المتاحة والتي تصب في صالح العامل من حيث التدريب، وفرص الترقية، والنقل...إلخ، والثاني إنه يجب المحافظة على تلك المبادىء لكي تستطيع الإدارة معاملة جميع العاملين بطريقة عادلة ومنصفة.

على العاملين في منشأة الضيافة إن يعلموا جيداً بإن عدم الإمتثال لتلك المبادئ يعتبر خرقاً وإنتهاكاً (Violations) لها وقد يخضعهم ذلك لإجراءات تأديبية وقانونية، قد تصل أحياناً الى إلإنذار وفي بعض الأحيان الى الفصل من العمل. إن هذا لا يعني أن الإدارة سوف لا ترى أي تعارضاً من قبل بعض العاملين بخصوص هذا الأمر، كما إن هناك دائماً أولئك الذين هم بحاجة الى بعض التوجيهات عندما يتعلق الأمر بتفسير تلك السياسة، ومع ذلك فإن من مسؤولية المدراء في منشأت صناعة الضيافة إعطاء العاملين التوجيهات اللازمة للامتثال لتلك المبادئ والمعتمدة من قبل الإدارة.

أهم المبادئ التوجيهية في صناعة الضيافة

هناك الكثير من المبادئ التوجيهية التي يراها الكثيرين إنها بديهيات ومعروفة للجميع، إلا إن منشأت الضيافة الكبيرة والمعروفة تعير لتلك المبادئ أهمية كبيرة لما لها من تأثير مهم وقوي على الزبائن والضيوف من جهة وعلى طبيعة الخدمات المقدمة من جهة ثانية. كما تسعى إدارات تلك المنشأت وبشكل جدي الى مناقشتها مع العاملين حتى بعد توظيفهم و بشكل مستمر لعكس الصورة الحسنة لهذه الصناعة، ومن أهم تلك الأمور:

- **الزي الموحد Uniforms**

بموجب العرف المهني في هذه الصناعة يقتضي إرتداء الزي الرسمي الخاص بالعاملين والمحدد من قبل الإدارة عند اللقاء أو خدمة الضيوف والزبائن، من جانب الإعتزاز في عكس الصورة المشرقة للمنشأة وإبراز الصورة المهنية اللائقة للعاملين من خلال المظهر الأنيق والزي المناسب للأعمال.

في الغالب توفر كثير من منشأت الضيافة الزي الرسمي لعامليها والمتمثل عادة بطقم من الزي الموحد، وعلى الإدارة فيها تحديد نوع ذلك الزي من حيث المقاسات الشكل واللون، وأن يكون له علاقة بشعار المنشأة من حيث الشكل أو اللون وأن يعطي أنطباعاً عنها. كما يجب أن يكون هذا الزي نظيفاً، أنيقاً، ومكوياً على الدوام، ويكون جميع العاملين مسؤولين شخصياً عن الإهتمام وتنظيف وتصليح الزي الموحد الخاص بهم، حتى إذا كان الزي الموحد عائداً للمنشأة التي يعملون فيها.

كما يجب أن يكون الزي مقبول مهنياً، كأن يكون بدلة نسائية مع بلوزة أو سترة رسمية للعنصر النسوي أو تنورة مع بلوزة أو سترة، أما إذا كان البنطرون جزءاً من الزي، فيجب أن يكون طويلاً ليمس أسفل الكاحل. كما يمكن إرتداء قميص بأكمام قصيرة أو طويلة مطرزة بشعار منشأة الضيافة أو الفندق. أما بخصوص العنصر الرجالي فيجب أن تكون تلك الملابس من الأقمشة المقبولة تقليدياً للرجال كبدلة كاملة، أو بنطرون مع قميص مع جاكيت. إن إرتداء أي شئ مخالف للزي المعتمد من قبل المنشأة كإرتداء القمصان بدون ياقات أو بناطيل الجينز والملابس الرياضية وماشابه ذلك يعد غير مقبولاً، وربما قد تتم معاقبة العامل لعدم إلتزامه بالتعليمات الخاصة بالزي الرسمي أو قد يرسل العامل الى داره لتصحيح هذا الخطأ. كما على العاملين في الأقسام التي ليس لها أي إتصال مع الضيوف أن يرتدون الزي الخاص بهم كملابس العمل المهنية أو بدلات العمل الخاصة أو إرتداء معطف أو سترة معينة، بحكم إنهم يعملون في أماكن لا يتواجد فيها الضيوف.

على جميع العاملين إرتداء الزي الموحد الخاص بهم عندما يكونون في موقع العمل. إلا في الحالات التي تقتضيها الضرورة بعدم إرتداءه، كأن تكون هناك توجيهات خاصة صادرة من قبل إدارة منشأة الضيافة بهذا الخصوص، حيث يجوز وبموافقة المدير العام حصراً إرتداء ملابس أو فانيلات خاصة عند الإحتفال بالمناسبات الخاصة أو عند القيام بالحملات الخيرية أو حملات جمع التبرعات أو دعم الجمعيات الخيرية أو ماشابه ذلك.

من الجدير بالذكر إن أغلب منشأت الضيافة تمنح الزي الموحد لعامليها مجاناً وبدون مقابل عند بداية عملهم، وعندما يصبح الزي رثاً ومستهلكاً بسبب الإستعمال، أو يتعرض للتلف من جراء عملية الغسل والكوي المتكرر، فعلى العاملين أنذاك إبلاغ مدرائهم لغرض تبديله، وفي أغلب الحالات يكون أيضاً مجاناً وبدون مقابل.

أما في حالة فقدان الزي الموحد أو سرقته بسبب تقصير العامل نفسه، فإن إدارة المنشأة تكون غير ملزمة أو غير مسؤولة عن ذلك الأهمال، وعلى العامل أن يدفع قيمة ذلك من أجره الإسبوعي أو الشهري، وفي حالة إن العامل إختار عدم إستبدال زيه الموحد المفقود بواحد جديد فإنه سيكون غير قادراً على الحضور الى موقع العمل، وبتكرار ثلاثة أيام من عدم الحضور فسيترتب على ذلك تخليه عن الوظيفة حسب تعليمات المنشأة النافذة. أما في حالة عدم إرجاع العامل لأي قطعة من الزي الموحد للمنشأة في أخر يوم عمل له فيها بسبب تركه العمل فسيترتب على ذلك العامل أن يشتري ذلك الزي، ويعني ذلك إستقطاع قيمة الزي الموحد من مستحقاته المتبقية لدى المنشأة.

- **الأحذية Shoes**

تعتبر الأحذية والجوارب (Shoes and Hosiery) من متممات الزي الرسمي، ما لم يوجد هناك ما ينص خلاف ذلك، إذ يلزم جميع العاملين بإرتداء أحذية عادية

مناسبة بالعمل، وأن تكون جيدة الصنع وملمعة على الدوام، وفي بعض أقسام منشأت الضيافة كالفنادق مثلاً يتطلب أو يوصي للعاملين بأن يرتدوا أحذية خاصة أثناء أدائهم لعملهم، كأن تكون أحذية مطاطية بدون كعب أو أحذية مانعة للإنزلاق خاصةً في المواقع ذات العلاقة بإنتاج الطعام، أو أحذية مطاطية مريحة للعاملين في أقسام التدبير الفندقي والصيانة، والتي في الغالب تكون متوافقة مع قوانين السلامة المهنية للعاملين، وفي العديد من الفنادق العالمية توجد هناك إتفاقيات خاصة بين إداراتها وبين شركات خاصة تقوم بتجهيز العاملين في تلك الفنادق بأحذية وفق مواصفات خاصة ومحددة تتلائم مع عمل العاملين في مختلف الأقسام، وبأسعار معتدلة أو مخفضة أحياناً.

كما يجب أن تتناسب أحذية العاملين مع الزي الرسمي المقرر من قبل منشاة الضيافة، فالأحذية الخفيفة، مثل الأحذية الرياضية وأحذية التنس أو حذاء رعاة البقر أو الصنادل، فهي غير مقبولة إطلاقاً ولا تعتبر أحذية من النمط المهني. وفي حال تم إرتداء الأحذية الطويلة " البوت " من قبل العاملين فيجب أن يتم تغطيته بالتنورة أو البنطلون. كما يجب أن لايتجاوز كعب الحذاء (2.5) أنج من الأرتفاع.

- القبعات **Hats and Head wraps**

تسمح إدارات بعض منشأت الضيافة وبمناسبات خاصة فقط بإرتداء القبعات كجزء من الزي الخاص من المنشأة. وبعكس ذلك يمنع إرتداء أي نوع من القبعات وخاصة التي ترمز لأسباب ثقافية أو دينية معينة.

- الأظافر **Fingernails**

يجب أن تكون الأظافر نظيفة ومشذبة وحسنة المظهر، حيث إن الأظافر الطويلة غير مقبولة إطلاقاً في موقع العمل، كما يجب أن يكون لونها طبيعياً على الدوام،

ومن المفضل إن لا يتجاوز طول الأظافر "¼" إنج "ما بعد الإصبع. وإذا تم إستخدام الأصباغ من قبل النساء العاملات فيجب أن تكون مكملة للمظهر المهني. حيث إن تلميع الأظافر بالأصباغ أو الألوان المدقعة كاللون الأسود، واللون الذهبي والفضي والمتعددة الألوان غير مقبول بتاتاً، كما لا يجوز وضع الإشارات أو النقش على الأظافر.

• العطور وأنواعها   Perfumes

أما بخصوص العطور (Perfume) وأنواعها، كالكولونيا(Cologne) ومزيل العرق(Deodorant) وكولونيا ما بعد الحلاقة (After Shave)، ونظراً للاتصال الوثيق للعاملين بالضيوف والعاملين الأخرين، فينبغي أن تكون رائحة أجسامهم مقبولة على الدوام من خلال الإستحمام الجيد، وإستخدام مزيل العرق بشكل يومي وكذلك فرش الأسنان بشكل جيد وأن تكون نظافة الفم عطرة على الدوام كما يحظر إستخدام الروائح القوية والثقيلة. حيث على جميع العاملين مراعاة مشاعر الضيوف والأخرين من خلال وضع عطور مقبولة وخفيفة.

• شارة الأسم، الدبابيس والزينة   Name Tags, Pins and Decorations

أحد أهم القواعد المتبعة في هذه الصناعة هو أن يرتدي عامليها وبكل فخر شارة الأسم (Name Tag)، كأداة تعريفية بهم. إذ تعتبر جزءاً لا يتجزأ من الزي الخاص بالعامل إذ ينبغي أن تكون دائماً واضحة للعيان ليتمكن بذلك الزبائن والضيوف من قراءتها بشكل سهل، وتوضع شارة الأسم عادةً على الصدر في منطقة الكتف اليسرى وبشكل مستقيم وفي بعض الأحيان يختلف موقعها طبقاً لتصميم الزي الخاص بالعامل. كما لا يجوز وضعها على الأربطة أو على الياقة. إضافة الى ذلك تشترط بعض منشأت الضيافة أن يكون أسم العامل على الشارة كاملاً وبشكل قانوني، حيث تختلف البيانات الموجودة على شارة الأسم بإختلاف منشأة الضيافة فبعضها يضع

الأسم الأول للعامل ومسقط رأسه كالمدينة والبلد وخاصة لمنشأت الضيافة الكبيرة والتي تمتاز بالتنوع الثقافي لعامليها. وبعضها الأخر يضيف لها العنوان الوظيفي للعامل. في حين تشمل شارة الأسم الخاصة بالمدراء في الغالب على الأسم الأول والأخير، وكذلك الوظيفة.

ينبغي على جميع العاملين رفع شارة الأسم عند الإنخراط في أية نشاطات معينة لا صلة لها بالعمل، كتناول وجبات الطعام داخل وخارج منشأة الضيافة، أو عند زيارة أماكن معينة خارج العمل. كما إن لكل منشأة تعليماتها الخاصة بهذا الصدد. إذ تسمح بعض منشأت الضيافة بوضع دبابيس على الصدر لها علاقة بنشاطات أو فعاليات المنشأة، أو عند وجود المعارض والوفود أو عند إنعقاد المؤتمرات والمهرجانات أو لإغراض دعم المنظمات الخيرية وماشابه.

● الوشم   Tattoos

بشكل عام، تشترط أغلب منشأت الضيافة على عامليها في جميع الأوقات تغطية الوشم إن وجد في أية أماكن ظاهرة من الجسم وذلك من خلال الزي الخاص بهم كلما كان ذلك ممكناً، وعلى أية حال فإن الوشم يختلف بشكل كبير من عامل لأخر من ناحية الحجم، النوع، الشكل والموقع. فبعض منشأت الضيافة تعتبر الوشم الصغير الغير مثير للجدل وفي أماكن غير مرئية مقبول نوعاً ما. فعلى سبيل المثال وجود وشم على شكل وردة صغيرة على منطقة الكاحل لعامل ما، ليس بمشكلة إذا كان ظاهراً. أما في حالة عرض وشوم على شكل كلمات أو صور، والتي تعتبر مهينة أو ذات طابع عنيف أو ذات طابع عدواني لشخص أو مجموعة من الناس فهي غير مقبولة بتاتاً، ولا يمكن السماح بها إطلاقاً. في بعض الأحيان تلجأ بعض العاملات في هذه الصناعة واللوات لديهن وشم ملفت للنظر في مناطق ظاهرية كوشم في الوجه أو الرقبة أو اليد، والذي من الصعوبة تغطيته بالملابس، الى تغطيته بالماكياج لتبدو

غير مرئية للضيوف. أما في حالة عدم إمكانية العامل من إخفاء الوشم الخاص به، فيمكنه في هذه الحالة العمل فقط في المواقع التي ليس بها أي إتصال مباشر مع الضيوف والنزلاء، وبعكس ذلك فإن العاملين الذين يقررون عمل وشم ما بعد توظيفهم في منشأة الضيافة عليهم الإلتزام بنفس تلك المعايير وأن يكونوا واعيين لقرارهم في عمله من عدمه. بشكل عام وبغض النظر عن حجم ونوع الوشم وكونه مرئياً أو غير مرئياً، فإنه يعتبر غير مناسب أو مهني في أعمال الضيافة.

- **النظارات الشمسية Sunglasses**

يعتبر إرتداء النظارات الشمسية بأنواعها من قبل العاملين أمراً غير محبباً في هذه الصناعة، كونها تمنع الإتصال بالعين مع الضيوف(Eye Contact)، حيث يتوجب عدم إرتدائها عند الإنخراط في محادثات مباشرة مع الضيوف. إذ تسمح بعض إدارات منشأت الضيافة عامليها بإرتداء النظارات الشمسية في أماكن معينة من العمل، إذا كانت تتيح للعامل أداء عمله بإسلوب أكثر حرفية وكفاءة وبشكل أمن.

يجب أن تكون النظارات الشمسية المستخدمة عاكسة للضوء أو داكنة، وأن يكون الضيف قادراً على رؤية عيني العامل من خلالها. كما يفضل عدم إرتداءها في الليل أو في داخل مرافق منشأة الضيافة بإستثناء وجود سبب طبي أو وصفة طبية صادرة من طبيب مختص يستدعي ذلك، ويشترط أن تكون النظارات الشمسية التي يرتديها العامل في عمله بدون ألوان وبإطار وبدون أية أسماء أو علامات أو شعارات. كما إن إرتداء حبال " حمالات " النظارات ليست مقبولة على الإطلاق، ما لم تكن مطلوبة لأسباب تتعلق بالسلامة مع موافقة مسبقة من المدير العام.

- **الشعر Hair**

على العامل في منشأة الضيافة حلق شعره بإستمرار وبعناية، كما يجب أن لا يغطي الشعر أي جزء من الأذنين وأن يكون نظيفاً على الدوام، ولا يكون طويلاً الى

حد ياقة القميص. كما إن مظهر الشعر المفرط كذيل الحصان أو حلاقة النحت على الشعر أو النقش على الرأس غير مسموح به إطلاقاً، إضافة الى صرعات قص الشعر أو الحاجبين. إذ يجب أن يكون شعر العامل مرتباً نحو الخلف والجانبين وبشكل سلس لكي يكون مظهره متوازناً. كما يمكن للعاملين إستعمال مستحضرات أو منتجات الشعر لإدامة نعومة الشعر أو إضفاء المظهر الطبيعي عليه. حيث يجب أن تكون رائحة الشعر نتيجة إستخدام تلك المنتجات أقل ما يمكن. إضافة الى إن إستخدام الشعر "الإصطناعي" من قبل بعض العاملين يعد مقبولاً خاصة إذا كان يبدو طبيعياً، وأن يتوافق مع ما سبق من المتطلبات، وينبغي أن يكون لون الشعر للعاملين طبيعياً ولا يسمح بصباغتة أو تبييضه أو تلوينه، وأن تتم المحافظة عليه بشكل جيد.

أما بخصوص زالف الشعر (Sideburns) فينبغي أن تكون محددة بشكل أنيق، ولا مانع أن تمتد إلى أسفل شحمة الأذن ولا يجوز أن تكون طويلة لتصل الى الحنك، كما يجب أن تكون طبيعية ولا يسمح بأية تصاميم غريبة أو شاذة، وبخصوص العاملين الذين لديهم شوارب ولحى(Mustaches and Beards)، فيجب أن تكون مشذبة وبشكل جيد وأنيق، حيث إن الشوارب واللحية المفرطة غير مقبول بها.

أما بخصوص العاملين من العنصر النسوي فيجب المحافظة على أن يكون تمشيط الشعر بشكل أنيق ومرتب وكلاسيكي، وأن تكون تسريحة الشعر متناسبة ومقبولة من حيث المظهر والتوازن، ولا يجوز الحلاقة المفرطة أو النحت أو النقش على الشعر. كما لا يسمح بوضع الحواجب الصناعية أثناء العمل والمحافظة على تمشيط الشعر الطويل بإستمرار خاصة إذا كان على طول الكتف. إذ يجب أن يكون بعيداً عن الوجه أي" لا ينزل الى الأمام أو على الوجه "أثناء العمل. كما يتوجب على العاملين في مواقع إنتاج الطعام إستخدام أغطية الشعر المعتمدة وعلى النحو المطلوب وبموجب القانون.

تفضل الكثير من العاملات إستخدام أنواع من إكسسوارات الشعر كأمور مكملة للشعر، حيث يسمح للعاملات بوضع الأمشاط أو المشابك أو الدبابيس في حال رفع الشعر للأعلى، وعلى أن لا يزيد عددها عن أثنين فقط. وأن يكون لونها، أبيضاً أو أسوداً أو فضياً أو ذهبياً، ويجب المحافظة على طبيعة ولون الأكسسوارات وأن تتناسب مع الزي الرسمي المعتمد من قبل المنشاة، مع الإنتباه الى عدم الإفراط في إستخدام مستحضرات الشعر.

كما يمتاز العنصر النسوي غالباً بإستخدام منتجات المكياج (Makeup) وذلك لغرض الزينة وتعزيز الملامح الطبيعية للبشرة ولإكمال الظهور المهني العام لها. حيث ينبغي أن يكون المكياج الأساس مكمل للون البشرة الطبيعي للعاملة كما يجب عدم المبالغة في وضع الكريمات أو المساحيق على الخدين، ويمكن وضع ظلال العين أو الكحل بألوان خفيفة ووضع أحمر الشفاه الذي يكمل المظهر.

• المجوهرات Jewelry

يعتبر هذا الأمر مهماً للعاملين سواء من العنصر الرجالي أو النسوي، حيث بالإمكان إرتداء خاتم واحد أو إثنين في أصابع كل يد على أن يكون " خاتم الزواج أو الخطوبة أحدهم ". كما يسمح للنساء من العاملات بإرتداء زوجين فقط من الأقراط التي لا يزيد حجمهما على إنج واحد فقط وأن تكون متطابقة، وينبغي أن يكون لونها بلون الذهب أو اللؤلؤ أو الأحجار الكريمة أو بألوان تتوافق أو تكمل الزي الموحد كما من المقبول أن تتدلى في حدود إنج واحد من أسفل شحمة الأذن. كذلك يسمح لها بوضع البروش، أو ماسكة الوشاح.

من الممكن للعاملات إرتداء القلائد والأساور وأساور الكاحل وبذوق من قبل العاملين على أن تكون مكملة للزي الرسمي وأن لا تنتقص من المظهر المهني للعامل ومن المفضل أن تكون داخل الزي الرسمي قدر المستطاع، وينطبق كذلك الحال على

الأساور الطبية التي يرتديها بعض العاملين لإغراض معينة وعلى المدير العام أن يحدد ما هو مقبول. كما من غير المسموح به بتاتاً في هذه الصناعة عمل الثقوب المرئية في الجسم، أو وضع الحلقات المرئية أو غيرها من الزخرفة على " الأذن أو على الأصابع " وإن وجدت فيجب عدم إرتدائها خلال ساعات العمل، ولايوجد هناك ما يمنع إستخدام ماسك الرباط، أزرار القمصان، الساعات، الحمالات، أو وضع تقويم الأسنان من قبل بعض العاملين.

● الإستثناءات الطبية   **Medical Exceptions**

قد تكون هناك بعض الإستثناءات الطبية لبعض العاملين، والتي قد تكون مقدمة من قبل الطبيب المختص أو مقدم الرعاية الصحية الخاص بمنشأة الضيافة ومدعمة بتقارير أو إثباتات رسمية. إذ يجب أن تكون تلك الإستثناءات موثقة وبشكل خطي الى مدير الموارد البشرية في المنشأة، والذي بدوره يقوم بإبلاغ رئيس القسم والمدير العام بذلك الإستثناء، وعلى مدير الموارد البشرية أن يقوم بتحديث الاستثناءات الطبية الدائمية على أساس سنوي.

الفصل الخامس عشر

قواعد السلوك في صناعة الضيافة

15 قواعد السلوك في صناعة الضيافة

ليس لدى منشأت الضيافة أهم من الثقة التي يوليها زبائنها وضيوفها لها، فهي تكتسب هذه الثقة يوماً بعد يوم من خلال التعامل النزيه، كما إن الكثير من تلك المنشأت قد أكتسب تلك السمعة على مدى عقود من خلال العمل بكل جهد لبنائها، ولكن تصرفاً واحداً دون تفكير كفيل بتدميرها في يوم واحد. إذ لاتوجد صفقة عمل أو هدف إستراتيجي او تصرف ما يستحق التضحية بتلك السمعة، والتي لها كل الحق في أن تفخر بها.

بما إن المنشأت في هذه الصناعة تؤمن بالفروق الفردية بين العاملين، فإن منشأت الضيافة في الغالب تسعى جاهدة لتوفير بيئة عمل مقبولة لجميع العاملين يسودها العدل والأخلاق، وتعمل على تعزيز الإحترام المتبادل والتنوع وتكافؤ الفرص للإرتقاء بها وضمن معايير العمل المعتمدة. كما تكمن قوة المنشأة في المزيج الثقافي والمواهب والخبرات الثرية التي يتمتع بها العاملون وتسعى بشكل جدي الى إستيعاب تلك الفروق كمنشئ قوي للقيمة التي يتم تحقيقها. كما من حق العامل أن يحصل على بيئة عمل إحترافية خالية من أي سلوك أو تصرف قد ينشأ عنه بيئة عمل غير مريحة او عدائية للأخرين.

عادةً ما تحدد السياسة الأخلاقية للمنشأة قيمها ومبادئها، بينما تحدد قواعد السلوك فيها معايير السلوك والممارسات، وتصنف تلك القواعد تحت مسميات مختلفة مثل " ميثاق الأخلاق " أو " ميثاق ممارسات الأعمال " أو " ميثاق القيم " أو " قواعد السلوك " وهو الأكثر شيوعاً، ويقصد بقواعد السلوك مجموعة المبادئ والقيم الأخلاقية التي تلزم

جميع المنظمات والأفراد الذين يتعاملون ويتفاعلون مع المجتمع عند أدائهم لواجباتهم ومسؤولياتهم. حيث تعكس التصرفات المشبوهة للمنشأة أو الحالات الفردية للسلوك غير السوي لعامليها قيم وإتجاهات ومعتقدات ونظم المنشأة التي تحدث فيها. إذ بالإمكان إتهام الإدارة أو المدراء أو المشرفين بالفشل في لعب دور قيادي إذا لم يساهموا وبشكل جدي في تأسيس نظام أو قواعد تشجع على العمل بمعايير سليمة للأخلاقيات والسلوك. إن قواعد السلوك المصممة بشكل جيد تسهل وتحسن من أداء منشأة الضيافة، وبنفس الوقت فإن المنشأت التي تخفق في وضع وتطبيق قواعد للسلوك تعاني من تدني مستويات الإنتاجية، ودوران العاملين العالي، وزيادة في معدلات التعرض للإجراءات القانونية، ناهيك عن بيئة عمل مضطربة جراء الكثير من المشاكل الأخرى ذات العلاقة بالإدارة والعاملين، والذي سيؤدي في نهاية المطاف الى رفع تكلفة رأس المال وخسارة المنشأة.

إن النزاهة أمر مهم، ولأن العمل في صناعة الضيافة يرتكز على النزاهة والرأي الصائب، لذلك دأبت إدارات منشأت الضيافة متمثلة بأقسام الموارد البشرية فيها على إصدار دليل خاص يتضمن أهم القواعد الخاصة بالسلوك داخل المنشأة يطلق عليه(Rules of Conduct) وذلك بهدف تسهيل علاقات العاملين فيما بينهم وبين الإدارة من ناحية ولتحقيق أهداف المنشأة بالشكل الصحيح من ناحية ثانية، حيث على جميع العاملين والإداريين أن يحكموا على كل تصرف يقومون به ليس فقط من حيث كونه قانونياً ومسموحاً به، ولكن من حيث كونه صائباً أم لا. كما إنها تهدف الى ضمان مواصلة النجاح المستمر على المدى البعيد من خلال السلوك اللائق لعامليها بمختلف درجاتهم الوظيفية. إذ توفر لائحة أو قواعد السلوك للعاملين الإطار الذي يحدد كيفية تطبيق قيم وإلتزامات المنشأة في أعمالهم اليومية، وتقوم بشكل خاص بوضع الإرشادات والقواعد العملية التي يتبعها العاملون في المواقف الغير مألوفة كي يتولد لديهم شعور صحي وبناء بالإنتماء المشترك لفريق العمل.

يهدف هذا الفصل الى التوعية والتعريف بأهمية قواعد السلوك في منشأت الضيافة، والتي تسهم في تحسين أدائها ومعالجة أهم المشاكل والمعضلات التي تواجهها. كما تساعد هذه القواعد على إحترام حقوق جميع الأطراف المتأثرة بنشاطات منشأة الضيافة، كما وتسهم في تحسين الأداء وتعزيز سبل الرقابة.

قواعد السلوك الخاصة بالإدارة

تسببت فضائح الكثير من المنظمات والشركات على إختلاف أنواعها في زيادة مستوى القلق أزاء الفشل في إنشاء معايير السلوك السليم أو الإلتزام بها، وتطالب الكثير من الشركات والمنشأت اليوم ومنها منشأت الضيافة تحديداً الى تشديد الإلتزام بالإخلاقيات والنزاهة في العمل كسمة أساس في أسلوب الإدارة.

تدرك العديد من منشأت الضيافة إن للسلوك الجيد والنزاهة في العمل دور كبير في نجاحها، وإن للسلوك الجيد أثر إيجابي على سير أعمالها حيث أن المعضلات الإخلاقية تضر بشكل كبير بسمعة المنشأة على نحو لا رجعة فيه وبالتالي تأثير ذلك على أداء المنشأة المالي. كما إن تسهيل تطبيق السلوك الإخلاقي في منشأت الضيافة سيحافظ وبلا شك على سمعتها الطيبة، ويعطي صورة جيدة للمجتمع.

قد يتبادر للوهلة الأولى إن قواعد السلوك تخص العاملين فقط، إلا أن هذا غير صحيح فللإدارة أيضاً قواعد في السلوك والتعامل وعليها الإلتزام بها لتكون قدوة لعامليها. فعلى سبيل المثال تشمل قواعد السلوك تعامل منشأة الضيافة مع المنافسين حيث ينبغي أن لا تلقى أية إتهامات أو إشارات باطلة من شأنها أن تحط من قدر المنافسين بغير وجه حق أو أن تتدخل بطريقة غير ملائمة في علاقات العمل الخاصة بالمنافسين. كما عليها إحترام الأسرار التجارية والمعلومات التي تخص المنافسين الأخرين، وهناك قوانين خاصة بالمنافسة ومنع الإحتكار على جميع أوجه الأعمال التجارية بما في ذلك الأنشطة الدولية التي قد تخضع لقوانين منع الإحتكار

كما هو الحال في شركات الضيافة الضخمة والسلاسل الفندقية الكبيرة في الولايات المتحدة الأمريكية والإتحاد الأوربي، لذا على إدارة منشأة الضيافة والمدراء فيها أن يكونوا على قدر من المسؤولية وأن يكونوا ملمين بقوانين المنافسة المعمول بها.

إن الغرض من سن قوانين المنافسة هو الحفاظ على الأعمال بمنأى عن الدخول في ممارسات غير تنافسية، خاصة تلك التي تؤثر على الأسعار أو تخصص الأعمال التجارية بصورة غير عادلة، كأن يكون هناك تعاون أو إتفاق أو تفاهم مع المنافسين لحصر المنافسة أو التعاون غير القانوني كالإتفاق على رفع أسعار الغرف أو تخفيضها أو تثبيتها على سبيل المثال، أو الإتفاق على قطع علاقات العمل مع بعض العملاء أو الموردين أو رفض التعامل معهم لإغراض خاصة، أو الإتفاقيات التي تقضي بتنسيق الأحكام والشروط الخاصة بمنح الأجور أو الرواتب والمكافأت للعاملين أو الموردين وماشابه ذلك، فيما عدا تلك المسموح بها وفق أحكام قوانين العمل السارية.

على إدارة منشأة الضيافة أن تعلم إن التنازل عن المعايير الإخلاقية من أجل الحصول على ميزة تنافسية أو لتحقيق أحد أهداف المنشأة بما في ذلك القيام بدفع أو تلقي مبالغ مالية أو هدايا أمراً غير مقبول به إطلاقاً بل يعد تصرفاً لا أخلاقياً وله إنعكاسات خطيرة على مستقبل منشأة الضيافة وعامليها وقد يعرضهما لدعاوي قضائية مدنية وجنائية.

مسؤوليات القيادة في صناعة الضيافة

يتوقع من جميع الإداريون والموظفون والمديرون أن يتخذوا الأساليب الصحيحة وأن يكونوا قدوة ومثالاً للأخرين. فالإلتزام الإيجابي بـ " قواعد السلوك " والإجراءات الأخرى ذات العلاقة بها يعتمد بشكل كبير على قيادة الإدارة. إذ قد يخضع المدراء ومن في حكمهم أيضاً في هذه الصناعة الى إجراءات تأديبية إذا لم يشرفوا على

العاملين الذين هم ضمن مسؤولياتهم بالشكل المناسب والصحيح، وعلى منشأة الضيافة متمثلة بهؤلاء أن يخلقوا بيئة عمل مثالية من خلال:

1. الحرص على مشاركة زملاء العمل بما هو متوقع منهم.

2. أن يكونوا بمثابة النموذج الذي يحتذى به، فالأخرون غالباً ما سيقتفون أثارهم.

3. عدم وضع أهداف غير واقعية من شانها أن تفرض ضغوطاً غير مباشرة على الزملاء فتدفعهم الى التضحية بالمعايير الإخلاقية وبما يؤثر على سمعة المنشأة.

4. الحرص على مكافأة العاملين المتميزين والذين يتصرفون بنزاهة مع الزملاء.

5. الحرص على تعزيز بيئة العمل التي تشجع على الإبلاغ عن إنتهاكات قواعد السلوك وسياساتها.

6. إتباع سياسة (Open Door) لغرض التواصل مع العاملين.

7. الحرص على حماية خصوصية من يبلغون عن الإنتهاكات وحمايتهم من الإنتقام أو الثأر في العمل. إضافة الى عدم تطبيق أي سياسة إنتقامية تجاه العاملين الذين يرفعون شكوى بأمانة وحسن نية.

قواعد السلوك الخاصة بالعاملين

بشكل عام يفضل العاملين العمل في منشأت تلتزم بالقيم والأخلاق، بينما يميل الزبائن والضيوف عادةً الى شراء وإستهلاك منتجات وخدمات من منشأت تلتزم معايير سلوك رفيعة وسلوك متوافق والمجتمع. كما وفي نفس الوقت تسهم تلك القيم والأخلاقيات في طمأنة المستثمرين وغيرهم من أصحاب المصالح. من هنا يتضح تفاني منشأت الضيافة وخاصة السلاسل الفندقية الرائدة في هذا المجال الى توفير خدمات رفيعة المستوى لا بل متميزة لزبائنها وضيوفها، فالتعامل القائم على الإحترام والنزاهة واجب مهم ومقدس. فعلى سبيل المثال ينبغي أن يمنح الضيف والزبون ما وعد به وبالسعر المحدد، لأن أي أساءة الى تمثيل منتجات أو خدمات معينة لمنشأة

الضيافة قد يؤدي الى مساءلة قانونية مكلفة، وقد يعرض ولاء ورضا الزبائن والضيوف للخطر.

في كل يوم يرحب العاملين بمختلف درجاتهم الوظيفية بالزبائن والضيوف، ويقومون بعملهم في منشأة الضيافة من خلال إتخاذ القرارات الضرورية نيابة عن المنشأة، وفي نفس الوقت تواجههم ظروف ومواقف مع الزبائن والضيوف تمثل إختباراً لقيمهم ومعتقداتهم، لذلك فإن سمعة منشأة الضيافة ستبنى على تصرفات أولئك العاملين. لذا ومن هذا المنطلق عليهم أن يفهموا مسؤولياتهم القانونية والأخلاقية بشكل جيد وواضح ليتمكنوا من إتخاذ القرارات الصائبة كل يوم. كما يتوقع منهم وفي جميع الأوقات إطاعة التعليمات والقانون. حيث على جميع العاملين في منشأت الضيافة أن يعلموا أنهم قد يواجهون إجراءات وعقوبات حاسمة في بعض الأحيان في حالة إنتهاكهم لقواعد السلوك المتعلقة بالعمل في المنشأة، وقد تتضمن تلك الإجراءات أو العقوبات رفع دعوى قضائية أو الفصل من العمل أو إجراءات تأديبية أو تنفيذية أخرى مناسبة بحقهم. كما يخضع العاملين الذين يتسترون على سوء السلوك أو يقومون بتزوير السجلات أو يقدمون أية معلومات مضللة عن قصد أو يخفقون في الإلتزام بتعليمات وسياسات المنشاة لإجراءات تأديبية قد تتفاوت من التحذيرات الشفهية أو المكتوبة، وصولاً إلى الإقالة الفورية أو الفصل من العمل طبقاً لتعليمات وسياسة المنشأة وأن لا يتعارض ذلك مع القوانين المرعية بهذا الخصوص. لذا فعند التواصل مع الزبائن والضيوف يجب الإنتباه الى مايلي:

- ✓ الصدق في التعامل وخاصة عند بيان طبيعة وجودة منتجات وخدمات وأسعار منشأة الضيافة. كما يجب أن تكون معلومات العاملين عن تلك المنتجات والخدمات صحيحة.
- ✓ تجنب تضليل الزبائن والضيوف ولو عن غير قصد.

إن إرتكاب أي عمل من الأعمال المدرجة أدناه من قبل العاملين في منشأة الضيافة يعتبر إخلالاً بقواعد السلوك، وعلى العاملين قد المستطاع أن يتجنبوا الأعمال التالية للحفاظ على بيئة عمل سليمة، وتشمل تلك الأعمال مايلي:

- السلوك غير المحترم للعاملين، كالمشاجرة في موقع العمل داخل المنشأة، لعب القمار، التصرفات المشينة كالإكراه، التخويف، التهديد، إستخدام الألفاظ السوقية أو المبتذلة، إستخدام الشتائم، المجادلة، إستخدام لغة مهينة أو جارحة تجاه الضيوف، أو المشرفين أو زملاء العمال الأخرين.

- المضايقات التي يتعرض لها زملاء العمل من العاملين أو المشرفين أو الضيوف، ويشمل ذلك جميع أنواع التحرش ومنها التحرش الجنسي والعنصري.

- الفشل في إعطاء درجة عالية من الخدمة أو المجاملة وبما يتوافق مع المعايير القياسية والمعتمدة في صناعة الضيافة.

- ترك منطقة العمل المخصصة اثناء العمل بدون موافقات أصولية من الإدارة متمثلة بالمدير أو المشرف المباشر، أو عدم أداء الواجبات الوظيفية بإنتظام خلال ساعات العمل المقررة، أو عدم ترك أماكن العمل عند إنتهاء وجبة العمل المحددة للعامل والبقاء داخل منشأة الضيافة دون موافقة أصولية، ويقصد بمنطقة العمل المخصصة بإنها "تلك المنطقة التي يطلب مدير القسم أو المشرف من العامل أداء واجباته المتعلقة بالعمل فيها".

- الفشل في التعاون وعدم مساعدة العاملين في تسيير أعمال منشأة الضيافة بالشكل الصحيح والمطلوب.

- سوء التقدير في أداء المهمة.

- الفشل في إتباع قواعد وشروط السلامة، أو في تطبيق قواعد الدفاع المدني، أو في ممارسات السلامة العامة، أو الفشل في الإبلاغ عن الظروف غير الأمنة أو

عدم الأبلاغ عن أي ضرر يصادف العامل أثناء قيامه بواجبه داخل منشأة الضيافة.

- الفشل في الحد من المكالمات الهاتفية الشخصية خلال ساعات العمل. إذ تشترط الضوابط والتعليمات تلقي المكالمات الهاتفية فقط أثناء حالات الطوارئ.

- التدخين داخل المنشأة ومرافقها، إذ تشترط القوانين والأنظمة عدم السماح لجميع العاملين وبضمنهم الكوادر الإدارية والمدراء بالتدخين داخل منشأة الضيافة، وخاصة قرب المرافق والمناطق المخصصة للزبائن والضيوف، وفي أغلب الأحيان توفر المنشأة أماكن خاصة يمكن لعامليها التدخين فيها.

- العصيان المتعمد وعدم إطاعة التعليمات الصادرة من الإدارة، والخروج من المنشأة بدون موافقات أصولية.

- الفشل في التعاون مع الإدارة في تفتيش خزائن العاملين، أو غيرها من الممتلكات الخاصة بالعامل، أو عند التفتيش للمواد التي في حوزة العامل لدى دخوله وخروجه من المنشأة.

- جلب العامل لمواد ليست مناسبة لمكان العمل أو للمنشأة. وتشمل تلك المواد، الكحول، المخدرات غير المشروعة، المواد الكيماوية، الأسلحة النارية أو أية مواد أخرى مشبوهة.

- تزوير الوثائق أو السجلات أو إعطاء المعلومات الكاذبة لموظفي المنشأة أو الممثلين ذوي العلاقة بأعمال منشأة الضيافة، خاصة عند إجراء التحقيقات.

- الكشف عن أي معلومات سرية لأشخاص غير مصرح بهم، أو التصرف بصفة متحدث بأسم المنشأة.

- إنتهاك السياسات الخاصة بتعاطي المخدرات و/أو سياسات تعاطي الكحول.

- إجراءات غير أخلاقية غير مشروعة أو غير لائقة، كإلتماس أشخاص لأغراض غير أخلاقية، أو المساعدة و/أو التحريض على أي من أعلاه.

- إزالة أو الإستيلاء على ممتلكات الضيوف أو الزملاء العاملين في منشأة الضيافة، أو حجب المعلومات لإنتهاك هذه القاعدة.

- إساءة إستخدام، أو تخريب أو تدمير ممتلكات الضيوف أو ممتلكات الزملاء العاملين.

- أي إنتهاك للأنظمة والقوانين والتعليمات الحكومية أو الصادرة من قبل الدولة.

- التدخل في عمل جداول العمل الخاصة بالعاملين وأوقات عملهم. أو إجراء أية تعديلات غير مصرح بها على الجداول الصادرة من قبل رئيس القسم.

- السماح لأي شخص بالعمل لصالح منشأة الضيافة دون درج أسمه بشكل قانوني وصحيح في قوائم الرواتب الخاصة بالعاملين، بإستثناء رواتب العاملين المتعاقد معهم بعقود مشروعة ويشمل هذا العقود المؤقتة.

- عدم التعاون مع أي تحقيق أو إستفسار يتعلق بمجريات العمل، بما في ذلك التحقيقات الجنائية، أو التحرش أو التحقيق بخصوص حادث ما.

- التغيب المتكرر عن العمل أو التأخير المستمر. حيث عادةً تنص التعليمات على أن لا يتجاوز عدد غيابات العامل عن ثلاثة أيام خلال فترة ثلاثة أشهر كحد أقصى.

- إستهلاك الطعام والشراب أثناء العمل أمام الزبائن والضيوف.

- عدم الإلتزام بقواعد الدوام من خلال التعليمات الخاصة بهذا الغرض كختم الساعة(Clock rules)، ويقصد بها ضوابط الدخول والخروج من منشأة الضيافة. إذ يجب أن لا يسمح لأي عامل أن يطلب من عامل ثاني أن يختم الكارت الخاص به عند الدخول(Punch in) أو الخروج (Punch out). كما لا يجوز لأي عامل أن ينوب عن عامل أخر في إجراءات التوقيع أو البصم عند الدخول أو الخروج من المنشأة. إضافة إنه لا يجوز لأي عامل البقاء في موقع العمل أكثر من ساعاتهم المقررة لإغراض الحصول على ساعات إضافية بدون موافقات مسبقة

من قبل المدير أو المشرف. كذلك ينطبق الحال على عدم ترك موقع العمل في وقت مبكر دون الإلتزام بجدول ساعات العمل المخصصة.

- حضور العاملين الغير مصرح به لبعض فعاليات الزبائن والضيوف وفي مناطق الضيوف. ويشمل هذا غرف الضيوف، قاعات الطعام، الحفلات، البار، أو النادي الصحي، أو إجراء أية إتصالات إجتماعية مع الزبائن والضيوف في منشأة الضيافة.

- الفشل في تقديم درجة عالية من النظافة الشخصية في جميع الأوقات.

- عدم إرتداء الزي الرسمي المقرر وكذلك شارة الأسم والمحددة من قبل إدارة المنشأة، أو عدم إرتداء العاملين في مناطق إعداد وإنتاج الطعام واقيات الشعر أو القبعات الخاصة بذلك.

- مناقشة الأمور الشخصية بين العاملين أو الأمور التي تخص المنشأة غير مأذون بها إطلاقاً، وخاصة في الأماكن العامة حيث يتواجد الضيوف أو الزبائن.

- الحضور الى منشأة العمل بفترة معقولة من الوقت قبل وبعد فترات العمل، وبموجب جداول العمل الصادرة من القسم، بإستثناء ما هو مسموح به من قبل الإدارة.

- توزيع أية منشورات أو معلومات أو وثائق، أو إزالة وثائق معينة من لوحات الإعلانات الموجودة في منشأة الضيافة.

- إضافة أية مبالغ غير مصرح بها الى قائمة حساب " فاتورة " الضيف أو الزبون. كنوع من أنواع التلاعب بالحساب لأغراض الحصول على مكاسب مادية خاصة.

التحرش غير القانوني   Unlawful Harassment

تلتزم منشأت الضيافة في كثير من بلدان العالم بتوفير بيئة عمل خالية من التحرش غير القانوني. إذ تتضمن هذه السياسة حظر التحرش بسبب الجنس والذي يتضمن " التحرش الجنسي، التحرش بين الجنسين، التحرش بسبب الحمل، الولادة، أو

ذات الصلة بالوضع الطبي " ، المضايقات بسبب العرق، العقيدة الدينية، اللون، الأصل القومي، النسب، الإعاقة الجسدية أو العقلية، الحالة الطبية، الحالة الزوجية، العمر، الميول الجنسية، أو على أي أسس أخرى تحميها اللوائح والقوانين الصادرة بهذا الخصوص، والتي تنطبق على جميع العاملين وبضمنهم المشرفين والمدراء وزملاء العمل.

اليوم تحرص كثير من منشأت الضيافة وتشجع عامليها بالإبلاغ فوراً عن أية مضايقات أو حوادث من هذا النوع الى مدير القسم أو المشرف المباشر أو مدير الموارد البشرية لكي تتمكن الإدارة من حل هذا النوع من الشكاوي بسرعة وعدالة، وتشمل تلك السلوكيات مايلي:

1. السلوك اللفظي مثل النكات أو التعليقات المهينة، الإفتراءات الجنسية غير المرغوب فيها، أو التعليقات غير اللائقة.
2. السلوك المرئي أو البصري مثل الملصقات الجنسية المهينة والصور، والرسوم الكارتونية، والرسوم، أو الإيماءات الغير مرغوب بها.
3. السلوك الجسدي أو البدني مثل الإعتداء واللمس غير المرغوب فيه، وعرقلة الحركة الطبيعية، أو التدخل في العمل بسبب الجنس أو العرق، أو على أي أسس أخرى محمية.
4. التهديدات والمطالب التي تقدم لطلبات جنسية كشرط للإستمرار في العمل. أو لتفادي بعض الأمور الأخرى، أو تقديم منافع التوظيف مقابل خدمات جنسية.
5. الإنتقام إذا تم الإبلاغ عن تهديد بالإبلاغ عن المضايقات.

العنف في مكان العمل Violence in the Workplace

الكثير من منشأت الضيافة لديها سياسة خاصة بعدم التسامح مطلقاً مع العنف الذي يمكن أن يحصل داخل موقع العمل أو داخل المنشأة، والغرض من هذه السياسة هو توفير بيئة عمل أمنة وخالية قدر المستطاع من التهديد والعدوانية أو الأفعال

الأخرى غير المرغوب بها. كما تحظر هذه المنشأت أية أفعال أخرى من التهديد بالعنف سواء " اللفظي او الجسدي " من قبل أي عامل في المنشأة أو من قبل عامل سابق أو أي شخص له علاقة بالعامل الحالي أو السابق ضد أي شخص أخر في المنشأة بما في ذلك العاملين والضيوف والمجهزين والزوار.

إذا إتضح بإنه كان هناك دوراً ما لأي عامل في المنشأة أو إشتراك في أي عمل من أعمال العنف، بما في ذلك التهديد بالعنف، فمن واجب إدارة المنشأة عندها إنهاء خدمات ذلك العامل على الفور. وعلى سبيل المثال هناك أمثلة عديدة ومحددة من السلوك المحظور والتي يمكن إعتبارها تهديدات أو أعمال عنف منها ما يلي:

- ضرب أو إيذاء عامل أو شخص ما.
- التهديد بإلحاق الأذى بفرد ما أو بأسرته، أو بصديقه، أو بزميله، أو بالمنشأة.
- التدمير المتعمد أو التهديد بتدمير ممتلكات المنشأة.
- أية مضايقات أو تهديدات أخرى للعامل سواء بواسطة المكالمات الهاتفية أو بالرسائل أو بالبريد الإلكتروني، أو بأي شكل أخر من أشكال الاتصالات المكتوبة أو الإلكترونية.
- مراقبة المضايقات، والمعروفة أيضا بإسم " المطاردة " ، أي متابعة شخص ما عن قصد وخبث لشخص أخر لغرض جعله في خطر وخوف دائم.
- الحيازة غير المصرح بها لأية مواد ممنوعة أو سوء إستخدامها، كالأسلحة النارية وغيرها.

المسؤوليات والتنفيذ Responsibilities And Implementation

تماشياً مع روح وغرض هذه السياسة، وضمان إن منشأة الضيافة ستحقق أهدافها، فإنه يقع على عاتقها وعاتق جميع العاملين فيها مسؤولية منع العنف في موقع العمل والتزام المنشأة بمايلي:

1. إتخاذ إجراءات علاجية فورية، بضمنها إنهاء خدمات العامل الذي يشترك في أحد أنواع السلوك المحددة أعلاه.

2. إتخاذ إجراءات مناسبة في التعامل مع الضيوف، والعاملين السابقين، أو المجهزين أو الزوار الذين يرتادون مرافق المنشأة من الذين يتورطون في مثل تلك السلوكيات، وقد تشمل تلك الإجراءات إبلاغ الشرطة أو الدوائر الأمنية أو غيرهم من موظفي تطبيق القانون ومحاكمة منتهكي هذه السياسة ووفق القانون.

3. منع العاملين الحاليين، العاملين السابقين، الضيوف، والمجهزين والزوار من جلب الأسلحة النارية أو غيرها من الأسلحة غير المصرح بها إلى مباني منشأة الضيافة.

4. وضع التدابير الأمنية لضمان إن مباني منشأة الضيافة هي أمنة ومحمية إلى أقصى حد ممكن، والتعامل بشكل صحيح مع العامة أو مع العاملين السابقين أو العاملين الحاليين خارج أوقات عملهم من الذين ينوون الدخول إلى مرافق المنشأة.

حماية الأصول والموارد

تعتبر أصول منشأة الضيافة الأصول مواد قيمة جداً والغرض منها هو تنفيذ وتسيير أعمالها كما إنها تساعد المنشأة على العمل بإنتاجية وكفاءة أعلى، وعلى الجميع تحمل مسؤولية حماية تلك الأصول من الخسارة أو سوء الإستعمال أو التلف أو التبديد. إذ يتوجب عليهم إستعمالها بشكل مناسب لأغراض المنشأة الشرعية لإجل المحافظة على قيمتها ومثال على ذلك أجهزة الكومبيوتر، الهواتف، الآت النسخ، الفاكس، الكتب، خطط العمل، الملكية الفكرية، قوائم الضيوف والنزلاء، مستلزمات المكاتب...إلخ.

يجب على جميع العاملين في منشأة الضيافة عدم إقحام أنفسهم بالدخول الى الأنظمة أو المعلومات إذا لم يتم تفويضهم بذلك وتمكينهم من إستخدامها، مع الإلتزام بالحدود التي وضعت في التفويض الممنوح لهم حيث لا يجب على الإطلاق إستعمال أصول وموارد المنشأة في نشاطات غير مشروعة. كما إن إساءة إستخدام تلك

الأصول من قبل العاملين يعتبر خرقاً لواجباتهم تجاهها لا بل يعتبر إحتيالاً عليها. كما إن المس بتلك الأصول أو بعضها دون الحصول على إذن مسبق يعتبر سرقة، إضافة الى ذلك فإن عدم المبالاة أو تبديد أصول المنشأة من قبل العاملين قد يعتبر أيضاً إنتهاكاً لمسؤولياتهم تجاهها، وأدناه أهم الأمور الواجب الإنتباه اليها من قبل العاملين:

- **سياسة الإنترنيت والإتصالات الإلكترونية**
Internet and Electronic Communication Policy

توفر أغلب منشأت الضيافة بحكم التطور التكنولوجي ولغرض السماح لضيوفها وعامليها على حد سواء بالإتصال بمصادر المعلومات حول العالم بكل يسر وسهولة منفذ وتقنية خدمة الإنترنت. في الوقت نفسه يشترك الجميع في مسؤولية المساعدة على الحفاظ على سرية ونزاهة توفر معلومات وإتصالات وتقنيات المنشأة.

إن الغالبية من ضيوف وزبائن منشأت الضيافة اليوم هم بحاجة ماسة الى هذه التقنية لتمشية أعمالهم التجارية أو أمورهم اليومية. كما إن العاملين ايضاً في هذه المنشأت هم بحاجة اليها كوسيلة لتسهيل أمور الزبائن والضيوف كمساعدتهم للتعرف على المدينة التي تقع فيها منشأة الضيافة أو مساعدتهم للوصول الى أماكن معينة من خلال تحديد مواقعها للضيوف أو لمعرفة معلومات أو أرقام هواتف مواقع أو أماكن معينة لزيارتها. إضافة الى أن تلك التقنية تعتبر اليوم وسيلة إتصال مهمة فيما بينهم وبين الإدارة حيث أن أغلب التعليمات ترد للعاملين بين الأقسام عن طريق البريد الإلكتروني، وبما إن من مسؤولية كل عامل هو تحسين صورة المنشأة والحفاظ عليها لذا فعلى جميع العاملين إستخدام تقنية الإنترنت بأسلوب صحيح ومنتج وبما يحسن من وضع المنشأة التنافسي، وللتأكد من أن جميع العاملين يستخدمون هذه التقنية بشكل صحيح فقد تم وضع العديد من الضوابط لإستخداماتها ومن أهمها:

• الإستخدامات المقبولة لتقنية الأنترنيت

إن العاملين الذين لديهم الصلاحية بإستخدام تقنية الأنترنيت لإغراض خدمة النزلاء والضيوف هم يمثلون منشأة الضيافة. لذلك فهم مسؤولين عن رؤية أستخدام تلك التقنية بطريقة فعالة وأخلاقية وقانونية، ويمكن إستخدام قنوات الدردشة على شبكة الإنترنت لإجراءات المنشأة الرسمية أو للحصول على المشورة الفنية أو التحليلية. كما يمكن الوصول إلى قواعد البيانات للحصول على المعلومات المطلوبة وحسب الحاجة، ويمكن إستخدام البريد الإلكتروني لإغراض العمل كإجراءات المراسلات بين العاملين والإدارة، ولإغراض زيادة الإنتاجية.

• الإستخدامات الغير المقبولة لتقنية الأنترنيت

لا يجوز إستخدام تقنية الإنترنت لتحقيق مكاسب شخصية أو خاصة أو لأعمال لا تخص المنشأة وأهدافها أو لأية إستخدامات أخرى ممنوعة أو غير مصرح بها، كإرسال الرسائل الإلكترونية الخاصة أو إستخدام شبكة الإنترنيت كوسيلة للتحرش والمضايقة. حيث يمنع منعاً باتاً إرسال الرسائل التي تحتوي على تصريحات مهينة لفرد أو جماعة بخصوص العرق أو الدين أو الأصل القومي، أو ماشابه ذلك. كما على جميع العاملين في المنشأة أن يدركوا إن إستخدام شبكة الأنترنيت يجب أن لا يعرقل بأي حال من الأحوال سير أعمال شبكة المنشأة أو أن يشكل ضغطاً عليها أو على شبكات المستخدمين الأخرين كبقية العاملين في المنشأة أو على الضيوف. كما يجب أن لا يتعارض إستخدام هذه التقنية إطلاقاً مع إنتاجيتهم.

• الاتصالات Communications

من الجدير بالذكر أن العامل يعتبر مسؤولاً مسؤولية مباشرة عن محتوى أي شيء يتم وضعه أو إرساله عبر خدمة الإنترنيت، كنص رسالة، أو صوت، أو صور. إذ

يحظر إرسال الرسائل الإحتيالية أو رسائل المضايقة أو الرسائل البذيئة كما يتوجب أن يلحق أسم العامل بجميع الرسائل التي ترسل عبر خدمة الإنترنت، حيث لا يجوز أن ترسل رسائل إلكترونية مجهولة أو تحت أسماء مفترضة كما لا يجوز للمستخدم محاولة إخفاء أصل أي رسالة أو نشر أية معلومات على شبكة الإنترنت حيث يعتبر ذلك إنتهاكاً وتعدياً على حقوق المنشأة أو الأخرين.

إن برامجيات وأجهزة الكمبيوتر هي أدوات مملوكة لمنشأة الضيافة وينبغي إستخدامها بأفضل صورة ممكنة لأغراض الأعمال الخاصة بها. إذ تدرك منشأت الضيافة إن أجهزة الكمبيوتر أصبحت وسيلة عالمية للتواصل مع الأهل والأصدقاء بالإضافة إلى شركاء الأعمال ولا تحظر إستخدامها في بعض الأحيان لمثل هذه الأغراض على الرغم من إن إدارة المنشاة قادرة على مراقبة الإستخدام الشخصي لمعداتها وتحتفظ لنفسها الحق في معالجة الاستخدام المفرط والغير الصحيح لتلك المعدات ولخدمة الإنترنيت عند إجراء أية إتصالات شخصية. إذ ينبغي أن لا تستخدم هذه الموجودات لنشاط غير لائق وإلا يعتبر ذلك إنتهاكاً لهذه السياسة.

- **إستخدام أجهزة النقال والإستدعاء Cell phone & Pager Use**

تدرك منشأت الضيافة اليوم إن الهواتف المحمولة أصبحت شكلاً رئيسياً من أشكال الإتصالات في عالم اليوم. ومع ذلك فعندما يتم إستخدامها في مكان العمل، فهي تعتبر مصدر إزعاج للإدارة والى الكثير من الزبائن والضيوف. فإذا كان العامل في حاجة إلى هاتفه المحمول بإستمرار بسبب قضايا شخصية أو عائلية، فيجب عليه إتباع التعليمات التالية:

✓ يجب أن تظل جميع الهواتف المحمولة وأجهزة الاستدعاء بعيدة عن نظر ومرأى الزبائن والضيوف.

✔ أجهزة النقال والإستدعاء يجب ان تكون دائماً بوضع "الصامت "أو "الهزاز "بحيث لا يتسنى للضيوف سماع صوت الأجهزة.

✔ إذا كان ولابد لعامل ما من الأجابة فوراً على مكالمة ما بسبب حالة طارئة، فعلى العامل أن يترك موقع عمله حيث يتواجد الضيوف، وأن يجيب على المكالمة من مكان مخصص لهذا الغرض وبعيداً عن أعين الزبائن والضيوف.

✔ يفضل إجراء المكالمات الهاتفية وأرسال أو الإجابة على الرسائل النصية من قبل العاملين خلال فترات الإستراحات المحددة، أو أثناء فترات الغداء وفي المناطق المخصصة لذلك.

بعض منشأت الضيافة وخاصة السلاسل الفندقية الكبيرة تزود المشرفين والمدراء بهواتف خلوية مدفوعة القوائم، لغرض تسهيل أعمال المنشأة والعاملين وكوسيلة للإتصال السريع بين المدراء وكبديل عن إستخدامهم لهواتفهم الخلوية الخاصة لأغراض أعمال المنشأة. كما تشجع بعضها الأخر وبقوة على إستخدام الهاتف المتكلم (Speaker phone)، أو إستخدام موجات الراديو القصيرة " البلوتوث " كوسيلة للإتصال بين العاملين في أقسام منشأة الضيافة.

• الأمن   Security

كل الرسائل التي تم إنشاؤها أو إرسالها أو إسترجاعها عبر تقنية الإنترنت هي ملك لمنشأة الضيافة وينبغي إعتبارها معلومات عامة. كما إن للمنشأة الحق في الدخول ومراقبة جميع الرسائل والملفات على نظام الكمبيوتر كما تراه ضرورياً ومناسباً وحسب تقديرها. كما تنص القوانين على إن رسائل الإنترنت هي إتصالات عامة وهي ليست خاصة إذ يمكن الكشف عن جميع الإتصالات وبضمنها النصوص والصور عند تنفيذ القانون أو لطرف ثالث أخر بدون موافقة مسبقة من المرسل أو المتلقي. فعلى سبيل المثال عند إستخدام تقنية البريد الإلكتروني عبر الإنترنت فهي ليست

خاصة أو سرية. حتى بعد عملية حذفها من الجهاز، وأن نسخاً منها قد تبقى في النظام ويمكن الدخول والوصول إليها من قبل إدارة المنشأة. إضافة الى أن هذه المواد يمكن الدخول والوصول اليها من قبل الغرباء والمشاركين في دعاوى مع المنشأة. فكتابة الرسائل أحياناً وبلا مبالاة والتي قد تحتوي على نكات غير ملائمة على سبيل المثال، أو بعض الصور المسيئة أو بيانات تحتوي على نوع من القذف بحق المنشأة أو الأخرين، يمكن أن تنتج عن دعاوي وبتكاليف باهظة، فضلاً عن ذلك قد تتخذ منشأة الضيافة إجراءات تأديبية ضد العامل. علاوة على ذلك، فإن العاملين في المنشأة ليسوا أحراراً في إستخدام تقنية الانترنت أو البريد الإلكتروني للكشف عن سرية المعلومات العائدة للمنشأة.

• البرمجيات   Software

لمنع إنتقال فيروسات الكمبيوتر خلال الأنظمة والبرامج الخاصة بالمنشأة، والتي غالباً ما تكون محمية، تلجأ العديد من منشأت الضيافة الى منع عامليها من تحميل أية برامج غير مصرح بها، وفي حال ضرورة تحميل برنامج أو برامج معينة على أجهزة الحاسوب الخاصة بالمنشأة لغرض تسهيل العمل وإجراءته، فيتم ذلك بعد الحصول على موافقة الإدارة من خلال قسم الصيانة أو القسم التقني.

• قضايا الملكية   Copyright issues

لايجوز للعاملين بأي حال من الأحوال نقل أية مفردات أو حقوق نشر تابعة للمنشأة على شبكة الإنترنت لأي جهة كانت بخلاف كيان المنشأة نفسها. كما لا يسمح للعاملين بتنزيل أو إعادة توزيع مواد خاضعة لحقوق الطبع والنشر بما فيها الأفلام أو الصور أو نسخ أو نقل أو إعادة تسمية أو إضافة أو حذف المعلومات أو البرامج التابعة لمستخدمين أخرين مالم يحصلوا على إذن صريح بذلك من قبل الإدارة،

وإن ذلك يعتبر إنتهاكاً للقانون والضوابط في العديد من البلدان المتقدمة وإن الفشل في عدم إحترام حقوق التأليف والنشر أو إتفاقيات الترخيص قد يؤدي الى إجراءات تأديبية أو إجراءات قانونية من قبل الإدارة أو مالك حقوق النشر، أو كليهما.

- **المعلومات السرية Confidential Information**

يترتب على بعض العاملين وخلال روتين العمل اليومي في منشأة الضيافة، الوصول إلى معلومات معينة والتي قد تعتبرها المنشأة معلومات سرية، وفي هذه الحالة تقع على العاملين مسوؤلية والتزام لضمان أن هذه المعلومات ستبقى في داخل المنشأة حصراً، ولايحق لأي جهة كانت مشاركة المنشأة بها بدون علمها وموافقتها. حيث يتوجب الحرص والأمانة والعمل بنزاهة في إستخدام تلك السجلات وفي إدخال البيانات بدأً من البيانات المالية ووصولاً الى تقارير الجودة والأمان. حيث يساهم الجميع في الإحتفاظ بدقة المعلومات كما يتوجب عدم تزوير تلك المعلومات أو أية مستندات أخرى ذات صلة بالعمل، ومن بعض تلك المعلومات التي تشمل، المعرفة، التصاميم، الرسوم، المخططات، بيانات الإختبارات، الحسابات، تقارير النفقات المالية، الميزانية، أيرادات المنشأة، التقارير، مستحقات الفوائد، الفواتير، المعلومات الخاصة بحملة الأسهم، الكتيبات، الرسائل، الأسرار التجارية، بيانات وإستراتيجيات المبيعات والتسويق، الإستراتيجيات الخاصة بتطوير المنتجات أو الخدمات الجديدة، البيانات الخاصة بالمنافسين، إسترتيجيات وخطط العمل، المفاوضات والعقود، الأبحاث، المعلومات الخاصة بشان عمليات الإندماج والإستثمارات والمشاريع التجارية المشتركة غير المعلنة، قوائم الزبائن والضيوف، قوائم الموردين، وقوائم الضيوف البارزين (V.I.P) الذين يقيمون في منشأة الضيافة، قوائم بأرقام بطاقات الإئتمان الخاصة بالزبائن والضيوف، البيانات الخاصة بشؤون العاملين، بعض المشاكل الداخلية الخاصة بالمنشأة مع بعض الضيوف..إلخ.

على جميع العاملين أن يكونوا حذرين من الأشخاص من خارج منشأة الضيافة عند محاولتهم الإستفسار عن معلومات أو بيانات متعلقة بالزبائن او الضيوف أو بمنشأة الضيافة نفسها أو من الرسائل التي تصل عن طريق البريد الإلكتروني أو المكالمات الهاتفية بقصد الإحتيال. كما على العامل عند مغادرته منشأة الضيافة في حالة إستقالتة من العمل أو تركه، فعندئذ يجب عليه إعادة أية مستندات خاصة بحوزته تحتوي على أية من المعلومات الواردة أعلاه إلى المنشأة. إذ لا يحق له إستخدام تلك المعلومات ضد المنشأة طالما قد غادرها العامل.

- تسجيل المكالمات الهاتفية   Telephone Recording

يعتبر الرد على جهاز الهاتف جزءاً من الوصف الوظيفي لبعض العاملين، وفي كثير من الأحيان يتم تسجيل المحادثات الخاصة مع الضيوف لأجل تحسين الجودة، أو للمساعدة في تحسين العلاقات مع الضيوف. فمنشأة الضيافة حريصة وبشكل دائمي على الحصول على ردود الفعل من الضيوف حول كيفية تقديم العامل لنفسه على الهاتف، وكذلك عما إذا كان ذلك العامل قد لبى التوقعات المطلوبة. كذلك يتم تسجيل تلك المكالمات لغرض أخر هو تقييم أداء العاملين. إضافة الى إن العامل لا يتلقى أي إشعار مسبق بالمكالمة ليتسنى له القيام بمكالمة عادية قدر المستطاع. كما تشترط بعض فنادق السلاسل الكبيرة كما هو الحال في الولايات المتحدة الأمريكية توقيع العامل على إستمارة خاصة توضح هذه السياسة، أي فهم وقبول العامل على تسجيل المكالمات الهاتفية بغض النظر عن السبب، وحال توقيعه على هذه الإستمارة فإن ذلك يعني موافقته على تسجيل تلك المحادثات.

الفصل السادس عشر

مشاكل إدارة الموارد البشرية في صناعة الضيافة

16 مشاكل إدارة الموارد البشرية في صناعة الضيافة

يعد العنصر البشري أمراً مهماً للغاية، كونه هو المسؤول الأول والأخير عن نجاح أو فشل كثير من الشركات والمنظمات ومنها منشأت الضيافة خاصةً لما تمتاز به هذ الصناعة من إعتمادها الكبير على هذا العنصر. لذلك تولي إدارة هذه المنشأت متمثلة بإدارة الموارد البشرية الإهتمام الكبير به وبتوجيهه وتدريبه وتحفيزه، لا بل تعتبره أفضل إستثمار في هذه الصناعة. كما تعتبر عمليات إدارة العاملين أحد أهم الأمور الضرورية لنجاح وإستمرار منشأت الضيافة على المدى القصير والطويل، والى زيادة قناعة ورضا العاملين، الذي ينعكس أثره إيجاباً على الزبائن والضيوف.

غالباً ما يتميز مدير إدارة الموارد البشرية في هذه الصناعة بالقدرة على الإقناع والتأثير على تصرفات الأخرين. ويكون ذو أفكار إبداعية تساعد على تذليل الكثير من العقبات وتساعد على إيجاذ أفضل الحلول للكثير من القضايا التي تخص العاملين في المنشأة، منها على سبيل المثال البرامج التدريبية، تغيير تقاليد المنشأة والى غير ذلك من القضايا والأمور الأخرى. كما يتحلى أغلبهم بمهارات أخرى أكثر تحديداً منها، الخبرة في التدريب والحاجة إلى مهارات المتخصصين في مجال التدريس وتطوير برامج التدريب، ويتوجب في بعض الأحيان الخبرة اللازمة في أمور النقابات العمالية، والمعرفة الكاملة بالقوانين السارية وتعديلاتها، والتي تؤثر على سير العمل والعاملين على حد سواء، وخاصة تلك المتعلقة بمجال فرص العمل المتساوية. إذ إن عدم الدراية بتلك القوانين ممكن أن يلحق ضرراً كبيراً بمنشأة الضيافة ويسبب فقدان المصداقية مع العامة.

عادةً تخضع عمليات قطاعات الضيافة وعامليها إلى قوانين وأنظمة البلد حول العالم، خاصة إذا كانت منشأة الضيافة ضمن سلاسل عالمية كبيرة كالسلاسل الفندقية. حيث يتوقع بل ينبغي من العاملين فيها في جميع الحالات، الإلتزام بلائحة السلوك المهني وبجميع القوانين والقواعد والتعليمات الحكومية السارية، وإن حصل اي تعرض مع أي فقرة من لائحة السلوك المهني مع القانون الحاكم فإن القانون الحاكم هو الذي يجب تطبيقه.

مصطلحات علاقات العاملين

تبدو المصطلحات المستخدمة في التعامل مع مشاكل علاقات العاملين متشابهة وغامضة لبعض المراقبين. وغالباً ما تستخدم كلمة التظلم بشكل مرادف لكلمة شكوى. وجميع التظلمات هي شكاوى. ومع ذلك، ليست جميع الشكاوى هي تظلمات. فالتظلم هو شكوى فيما يتعلق بالإدراك بإن الحصانة أو الحق المتعلق بالعمل قد أنتهكت، ويقصد هنا بكلمة الإدراك هو الشكوى. أي الإدعاء بأن المعاملة التي يتلقاها العامل غير منصفة وغير عادلة، سواء إذا كان ذلك الإنتهاك قد حصل فعلاً أم لا؟ وبالطبع فإن هذا الإدعاء يتوقف على نتائج التحقيق.

يمكن أن تطلق الشكوى على أي موضوع، ويحق لأي عامل أن يشتكي، خاصة عندما يكون هناك تصور بعدم الرضا بشأن تجربة ما. وهذا بالطبع يختلف عن التظلم، والذي هو إدعاء بإنتهاك حقوق وإمتيازات العامل المحددة. فعلى سبيل المثال، العامل الذي يدعي بأن الطعام في كافتيريا أو مطعم العاملين هو مثير للإشمئزاز هي شكوى بالتأكيد. لكن طبيعة هذه الشكوى ليست تظلم. ومن ناحية أخرى، فإن العامل الذي يشكو من مضايقة المشرف المسؤول عنه ومن سلوكه فيعتبر تظلم.

معظم الشكاوى هي نتيجة تابعة للمشاكل التي تحدث أثناء العمل. فالمشكلة هي الفجوة السلبية بين المعايير الموضوعة لغرض الأداء والأداء الفعلي. فعلى سبيل

المثال، لو أخذنا شكوى إدعاء العامل على أن الطعام في كافتيريا العاملين مثير للاشمئزاز، وبعد الأستطلاع والتدقيق بشكل أوسع، نرى أن المدير يحدد المشكلة الحقيقية، وهي إن كافتيريا العاملين قد قدمت للعاملين مادة الأرز ثلاثة مرات في نفس الأسبوع، وأن ذلك العامل لا يحب طبق الأرز. لذا فإن المشكلة الحقيقة هي ليست في نوعية الغذاء المقدم في الكافتيريا، بل هو عدم وجود مجموعة متنوعة من أطباق الأطعمة ضمن قائمة الطعام الخاصة بالعاملين، وبطبيعة الحال فإن هذه الشكوى أو المشكلة مختلفة وحلها على الأرجح هو سهل وربما يستطيع مدير الكافتيريا حلها ببساطة من خلال إضافة بعض أطباق النشويات والبطاطس كبديل عن مادة الأرز المقدم بشكل متكرر. إن تحديد المشاكل الحقيقية للعاملين يتطلب غربلة الشكاوى، والتي توضح أعراض المشكلة ومتى ما تم تحديد المشكلة، فعادة ما يكون من السهولة وضع الحلول لها. لإن الجانب الأكثر صعوبة في حل المشكلة، يكمن في تحديد المشكلة الحقيقية. لذلك فمن واجبات مدير الموارد البشرية أن ينتبه إلى العاملين ويستمع الى مشاكلهم وإن يتخذ الخطوات المناسبة لتقصي الحقائق، ومن بعد ذلك يجب عليه المتابعة معهم وإتخاذ القرار المناسب بشأن المشكلة.

أنواع العاملين في صناعة الضيافة وكيفية التعامل معهم

الكثير من المنشأت بشكل عام ومنها منشأت الضيافة بشكل خاص تعاني من صراعات داخلية كثيرة فيها. فالصراع هو ليس حالة أو موقف سيء، وعلى المدراء ومنهم مدير الموارد البشرية أن يكونوا من الخبرة ليعالجوا تلك المواقف بحكمة. فالكثير من الصراعات التي تحدث داخل المنشأة يكون سببها الكثير من المشاكل وقد يكون العكس، فقد يكون هناك بعض العاملين المسيئين ومن ذوي المشاكل. فمن المهم ملاحظة أن هناك فرقاً بين عامل مع مشكلة وبين العامل من ذوي المشاكل أي "العامل المشاكس". ففي الحالة الأولى هناك تصور بوجود محنة أو شدة لعامل ما،

أما في الأخرى فان أداء العامل سيكون مسؤولاً عن سلوك وتصرفات قد تسيء الى منشأة الضيافة وسمعتها.

السؤال هنا؟ كيف يمكن أن يكون هناك عاملين من ذوي المشاكل في المنشأة؟ مع العلم إن المنشأة قد طبقت كل التعليمات والضوابط والإجراءات اللازمة بإستقطاب أفضل العاملين؟ على ما يبدو أنه سؤال بسيط إلا إنه يتطلب جواب معقد بعض الشيء. نعم فعلى الرغم من الجهود المبذولة من قبل منشأت الضيافة لإستقطاب أفراد محتملين يكونون أعضاءاً فاعلين في المنشأة إلا أن هذه العملية غير مضمونة أبداً. ففي مجال إدارة الموارد البشرية وفي مجال ومهنة الضيافة تحديداً تحرص إدارة الموارد البشرية الى تحديد وتعيين هؤلاء الأفراد الذين يملكون خصائص (KSAAs) والتي يقصد بها:

- Knowledge "المعرفة"
- Skills "المهارات"
- Attitudes "السلوك"
- Abilities "القدرات" المناسبة لشغل لوظائف الشاغرة.

وبالتالي، فإن بعض العاملين الذين تم تعيينهم وبعد إستكمال فترات الإختبار قد يصبحون عاملين من ذوي المشاكل، ليس بسبب وجود نقص في (KSAAs)، وإنما بسبب الضعف في تصميم بعض الوظائف أو بسبب الخطأ في تحليل العمل أو عدم وجوده أصلاً. حيث إن الغرض من التوثيق لوصف الوظائف ولمواصفات شاغل الوظيفة على سبيل المثال هي للتعبير عن المهام المحددة، الواجبات، والمسؤوليات لكل وظيفة، فضلاً عن قدرات شاغليها، وإن فقدان هذه التوثيق سيولد صعوبة في التعرف وبشكل واضح على السياسات والمعايير والإجراءات الخاصة بمقاييس الأداء، مما يؤدي إلى مستوى من الغموض في العمل قد لا يطاقه بعض العاملين. إضافة

الى إن النقص في المعرفة والمهارات والتدريب اللازم للعاملين يمكن أن تساهم بشكل أخر في زيادة ضغوط العمل، وفي بعض الأحيان قد يكون السبب نتيجة لبعض العوامل النفسية أو العاطفية التي تجعل بعض العاملين غير قادرين على فهم الوظيفة ومتطلباتها داخل المنشأة. بعض تلك الأسباب والعوامل أو جميعها قد تؤدي إلى ضغوط على العاملين مما يؤثر على أدائهم، وقد تتسبب في خلق عاملين من ذوي المشاكل وأن يتصرفوا بطرق معينة ويسلكوا سلوكاً غير مرغوب به في موقع العمل وفي غير صالح المنشأة.

وبغض النظر عن السبب، فهناك نماذج قليلة من العاملين من ذوي المشاكل، ومن الجدير بالذكر إن سلوكيات العاملين من ذوي المشاكل تتراوح من العدوانية إلى خلق المشاكل أحياناً. إن أحدى فئات العاملين من ذوي المشاكل تعرف بإسم (Slacker) أي الشخص "الكسول"، وهو الذي لا يعمل بنفس همة زملائه في العمل ويأخذ وقتاً أكثر للراحة وعادة ما يحضر متأخراً للعمل، ويغادر موقع عمله مبكراً، ويدعي دائماً أن لديه صداع أو موعد مع الطبيب وعندما يبحث هذا الشخص عن شريك له في العمل فإن الجميع يهرب منه في الإتجاه الأخر، كما أنه لا يبالي بخصوص ماذا يعتقد أقرانه في العمل عنه وهو يعتقد بأنهم يحبونه والسبب في ذلك يرجع الى أن هذا النوع من الأشخاص عادة ما يكون في حوزته ميول ونزعات نرجسية زائفة.

غالباً ما نسمع عن نوع أخر عام من العاملين من ذوي المشاكل، وهم هؤلاء الذين يرددون دائماً عبارات مثل " إنها ساخنة جداً، إنها غير عادلة، إنه صعب للغاية، الجميع يختارني، جدول أوقات عملي غير جيد، الكافتيريا مخيفة، والضيوف هم بغضاء، قدماي تؤذياني، زي العمل الخاص بي ضيق جداً، مديري يكرهني، وصك راتبي دائما خطأ، لم يقل لي أحد، منطقة عملي صغيرة جداً، هذا الكمبيوتر لا يعمل " ويطلق على هذا النوع من العاملين تسمية (Whiner) أي العامل "المتذمر"، ومعظم

العاملين من هذه الفئة لديهم حاجة مستمرة للإهتمام، سواء على شكل رثاء، أو معاملة خاصة.

من ناحية أخرى هناك العامل الذي يطلق عليه تسمية (The Arguer) أي " المجادل " وهو الذي يجبر الأخرين على الإعتراف على أنه على حق دائماً، مهما كانت القضية وإن أرائه هي دائماً صحيحة وهو يرى الأشياء دائماً بشكل مختلف عن الجميع. فإذا قلت إنه أسود فإنه يقول إنه أبيض، وبالرغم من تقديم خدمة له فإنه دائماً يشكو وغالباً ما يكون لديه رأي سلبي حول كل شيء وعن كل شخص، والشخص الوحيد الذي يتفق معه المجادل هو نفسه. في الواقع وعلى غرار المتذمر، فالعامل المجادل يبحث عن الإنتباه ويريد فقط بأي شكل من أشكال التحقق من أرائه.

يجب على مدير الموارد البشرية أن يكون بارعاً في تحديد وحسم هذا النوع من الصراعات في موقع العمل، بل إن من مسؤولياته الرئيسية الحفاظ على بيئة عمل عادلة ونظامية ومتماسكة وأن تكون لديه القدرة على التعامل مع شكاوي وتظلمات العاملين للحفاظ على بيئة عمل صحية. وبالرغم من هذه الإختلافات والتي على مدير الموارد البشرية أن يكون على علم ودراية بها، والتي يمكننا تشبيهها بالقطع المعدنية من فئات مختلفة، أي أنها جميعاً من الفضة أي " إنها متشابهة " ولكنها مختلفة في الفئة، فإن هناك أيضاً الكثير من العاملين في منشأة الضيافة مختلفين في السلوك والقدرات والمهارات بإختلاف القطع المعدنية.

في الواقع هناك أماكن في منشأت الضيافة لجميع الفئات من العاملين من ذوي المشاكل بإستثناء العامل الكسول. حيث ببساطة يجب على الكسول البحث عن مهنة أخرى غير مهنة الضيافة حيث الحاجة الى بذل جهود عالية من العاملين فيها، ومن جهة أخرى فالعاملون المجادلون هم جيدين لوظائف معينة، على سبيل المثال فهم مدققي جيدين، محاسبين، مدراء المخاطر، مفتشين، ومنتسبي الصيانة. أما العاملين المتذمرين فهم أشخاص مثاليين يمكن الإستعانة بهم في إختبار المنتجات. فإذا لم

يتمكنوا من العثور على أي شيء ليشتكوا من المنتج، فمن المرجح أن الضيوف والزبائن سوف لا يجدون ما يشتكون بخصوصه.

مشاكل إتفاقيات العمل

تشير الدلائل إن ما يقارب (75%) من الشركات والمنشأت ليس لديها أيه إتفاقات عمل، أو سياسات وإجراءات التوظيف ذات الصلة، وفي حال نشوء نزاع فإن القانون هو الذي سيحسم الأمر، وفي أغلب الأحيان يكون القرار في صالح رب العمل، وذلك بسبب كون أغلب أرباب الأعمال لديهم طرقهم ووسائلهم الخاصة من محامين وعقود لحماية مصالحهم. فعلى سبيل المثال فإن مشاكل التحرش الجنسي في قطاع الضيافة موجودة في أغلب دول العالم وخاصة في الولايات المتحدة الأمريكية التي سنت قانون خاص بهذا الغرض. إذ تشير الإحصائيات الى أن كلفة القضايا من هذا النوع في تصاعد وبشكل مستمر، وفي الولايات المتحدة الأمريكية يتراوح متوسط التكلفة لهذا النوع من الدعاوي مابين (36) و(250) ألف دولار. بل وصل في أحدى الحالات الى مليون دولار أمريكي وبالتأكيد فإن هذه المبالغ سوف تستقطع من أرباح المنشأة في حال حدوث مثل هذا النوع من الدعاوى.

المشاكل المتعلقة بسلوك العاملين

بشكل عام تُقدر إدارات منشأت قطاعات الضيافة قيمة مساعدة العاملين الذين يواجهون مشاكل معينة، والتي يتوجب عليها معالجتها. لذلك فإن أي إنتقام ضد أي عامل يعتبر مخالفة للائحة أو قواعد السلوك المهني. حيث تنص التعليمات بهذا الخصوص إنه لا يجوز إتخاذ إي إجراء وظيفي أو عقوبة ضد العامل الذي يعبر عما يثير مخاوفه بصدق أو عند مشاركته في تحقيق ما، كمعاقبته بتخفيض درجته الوظيفية أو الحرمان المؤقت أو حرمانه من الميزات الممنوحة له أو مضايقته أو

تهديده بإتخاذ إجراءات إدارية ضده أو التحرش به أو مزاولة أي نوع من أنواع التمييز ضده.

هناك الكثير من المشاكل الخطيرة والمتفشية في منشأت هذه الصناعة، منها على سبيل المثال لا الحصر السرقة من المخزون الخاص بمنشأة الضيافة كالفندق أو المطعم كسرقة بعض قناني النبيذ الفاخرة الغالية الثمن أو سرقة الطعام أو سرقة بعض المعدات المستخدمة في مكان العمل أو سوء الإستخدام للمرافق الخاصة بالمنشأة لتحقيق مكاسب شخصية، وكذلك مطاردة العاملين والعاملات من خلال إرسال رسائل بالبريد الإلكتروني أو الرسائل الصوتية عن طريق الهاتف الجوال، أو عن طريق تقديم الهدايا. من المشاكل الأخرى المنتشرة في هذه الصناعة هي إستخدام تقنية الأنترنيت، حيث ثبت وبشكل قاطع إن بعض العاملين في هذه الصناعة يستخدمون ولأكثر من ساعتين يومياً البريد الإلكتروني وخدمات الانترنت لتحقيق مكاسب شخصية والوصول إلى مواقع غير مشروعة ومشبوهة أحياناً مثل المواقع المخلة بالأداب أو مواقع التعارف الإجتماعي ناهيك عن خطوط الدردشة.

يعزي كثير من المختصين إن السبب في أغلب تلك المشاكل، هي إن الكثير من العاملين في صناعة الضيافة بشكل عام وفي الفنادق والمطاعم بشكل خاص يشعرون بأنهم يهربون من شيء ما، ومثال على ذلك يهربون من حياة زوجية تعيسة وغير ناجحة أو من مشاكل مع ذويهم، وعلى الرغم من كون تلك المشاكل هي إستثناءات فريدة في صناعة الضيافة إلا إن الكثير من الذين ينجذبون للعمل في هذا القطاع يؤمنون بإن العمل في هذا القطاع سيساعدهم على الهرب من مشاكلهم وماضيهم.

أهم القضايا والمشاكل المتعلقة بالعمل في صناعة الضيافة

تعتبر القضايا والمشاكل في منشأت الضيافة على وجه الخصوص أمراً مهماً، حيث أصبحت اليوم في تزايد مستمر بل تزيد الأمر سوءاً من حيث الدعاية والسمعة

السيئة لمنشأة الضيافة. إضافة الى دورها الكبير في إرتفاع نسبة معدلات الغياب والإستقالات فيها ما يؤثر سلباً على طبيعة الخدمات المقدمة للزبائن والضيوف. كما يعود السبب الى كثرة المشاكل في بعض المنشأت الى أن الكثير من المديرين لا يفهمون أو ليست لديهم الخبرة الكافية في معرفة كيفية إدارة وقيادة العاملين. فمهارات المدراء ومنهم مدير الموارد البشرية مهمة لغرض نجاح هذا القطاع والتقليل قدر الأمكان من تلك المشاكل.

يقصد بالقضايا والمشاكل ذات الصلة بالعمل، هي تلك المواضيع المرتبطة على وجه التحديد بمنشأة الضيافة وزبائنها وضيوفها وعامليها، وأي قضية خارج هذا المجال فهي بالتأكيد ليست قضية ذات صلة بالعمل وهي خارج نطاق الإدارة وخبرة المدير، وبالتالي فإنه يترتب على المدراء عدم مناقشة مثل تلك القضايا. من الأمثلة على ذلك القضايا المتعلقة بالسياسة أو الدين وبعض الجوانب الأخرى المتعلقة بالمشاكل الشخصية، وعلى الرغم من أن المشاكل الشخصية في بعض الأوقات قد تؤثر أداء العمل والعاملين، فعلى المدير الناجح في هذه الحالات أن يفرق بين القضايا المتعلقة بالعمل وبين تلك التي يفضل أن تترك لإختصاصي الصحة النفسية والعلاجية وذوي العلاقة.

في أغلب الأحيان، كثير من العاملين يقدمون شكاواهم وهم في حالة عصبية أو في حالة غضب أو إضطراب عاطفي. وهذا بحد ذاته معضلة كبيرة بالنسبة للمدير لإنه سيتعامل مع عامل ذو سلوك أو تصرف غير طبيعي، ويدرك المدراء من ذوي الخبرة أن هناك حاجة في هذا النوع من المواقف الى نزع فتيل المشاعر لدى العامل قبل الشروع في أي عمل مع الأخذ بالإعتبار الظروف المحيطة بسلوك ذلك العامل.

إن الشخص الأكثر أهمية في الحياة المهنية للعامل هو مديره أو مشرفه المباشر، حيث يكون بالنسبة له هو المدرب والمعلم والناصح، وبالرغم من ذلك فإن بعض المدراء والمشرفين في صناعة الضيافة يتخلون عن مسؤولياتهم وإن هذا بالطبع

سيؤدي في النهاية إلى خسارة في نفوذهم كمدراء أو مشرفين. لأن المدراء والمشرفين الذين يفشلون في الإستماع الى شكاوى وتظلمات عامليهم، فهم يوفرون الفرص لأشخاص أخرين لتمثيل مصالح أولئك العاملين والتدخل في أمورهم. فحينما يشعر العاملين بإنه لا يوجد هناك من يسمعهم، فإنهم قد يلجئون الى أطرافاً خارجية لتمثيلهم كالنقابات العمالية مثلاً. إن كثير من المدراء والمشرفين الأذكياء يعتبرون ممارسة الإستماع إلى مشاكل العاملين هي فرصة للتعلم منهم وقد يصبحون أبطالاً في الحالات التي يكونون فيها قادرين على حل مشاكلهم.

بعض مدراء الموارد البشرية يشعرون بعدم الراحة مع سياسات الباب المفتوح حيث يمكن للعاملين من خلال هذه السياسة بمناقشة همومهم ومشاكلهم مع شخص أخر غير المشرف، وهي ممارسة جيدة، طالما في حالات معينة يشعر فيها العاملين بعدم الإرتياح من مناقشة مشاكلهم بشكل مباشر مع المشرف. كما من المفضل أن يقوم مدراء المستويات العليا ومدراء الموارد البشرية بسؤال العامل أولاً عن ما إذا تم مناقشة مشكلته مع مشرفه المباشر أم لا؟ فإذا كان الجواب بالنفي فينبغي تحديد السبب، ففي بعض الحالات يكون من المناسب للمدير تشجيع العامل على مناقشة مشكلته مع مشرفه المباشر أولاً، وعند سماع المدير شكوى العامل عليه إختيار التدخل البديل. وفي كلتا الحالتين ينبغي مناقشة وضع العامل مع المشرف المباشر لغرض حل المشكلة. ومن أهم تلك المشاكل:

1. التحرش بأنواعه

إن على الإدارة في جميع مستوياتها، وكذلك على أرباب العمل في منشأت الضيافة المسؤولية على خلق وإيجاد والحفاظ على بيئة عمل مُرضية، وكذلك تجنب السلوك المشين والتصرفات والأقوال العدائية أو الشتم. كما يجب الحفاظ على أن يكون موقع العمل خالياً من جميع أنواع التحرش والجنسي خاصة، والذي تكرر وأزداد

بشكل ملحوظ خلال السنوات القليلة الماضية، وتشمل هذه المسؤولية الإبلاغ فوراً عن هذا النوع من السلوك والذي يعتبر شكل من إشكال المضايقة بالرغم من الجدل الواسع في تعريفه والتعرف عليه إلا إنه يشمل:

- سلوكيات غير مرغوب بها سواء اللفظية منها أو الجسدية ذات الطابع الجنسي والسلوكيات التي يمارسها البعض سواء أكانت صريحة أو ضمنية كشرط للتوظيف، أو تستخدم كأساس لصنع قرارات التوظيف أو إستغلالهم.
- سلوكيات غير مرغوب فيها سواء اللفظية منها أو الجسدية ذات الطابع الجنسي والتي تتعارض إلى حد كبير مع أداء الفرد لعمله، أو إنشاء بيئة عمل عنيفة وعدائية أو هجومية.
- السلوك الغير جنسي والغير مرحب به سواء اللفظي أو الجسدي الذي يشوه أو يظهر العداء تجاه الفرد بسبب الجنس.
- سلوكيات تشمل مقدمات جنسية غير مرغوبة، مثل طلبات لخدمات جنسية وأعمال أو أقوال ذات طبيعة جنسية. من المهم ملاحظة أن البيئة العدائية ليس بالضرورة عليها أن تتورط بطلبات خدمات جنسية. فالبيئة العدائية يمكن أن تكون عن طريق نكات أو تعليقات فاسقة أو تصرفات مباشرة، ولمعالجة هذا الموضوع بطريقة مناسبة على مدير الموارد البشرية إتخاذ الإجراءات التالية:

أ. وضع سياسة تحرش جنسي للمنشأة تبين وبكل بوضوح كل ماهو غير مقبول وغير مرغوب به، وتنص على معاقبة المخالفين لذلك.

ب. رد فعل سريع من قبل الإدارة للتقارير المرفوعة بهذا الخصوص وإجراء تحقيق فوري ودقيق، وإتخاذ تدابير وقرارت صارمة بهذا الصدد.

ت. الحفاظ على سرية جميع التفاصيل.

ث. الحفاظ على الوثائق المناسبة والتقرير على الإجراء التأديبي المناسب.

ج. وضع جدول خاص يصدره مدير الموارد البشرية وعلى فترات زمنية معينة،

بشمول كل المدراء والعاملين في المنشأة بدورات تدريبية تثقيفية مرة على الأقل سنوياً بخصوص سياسة المنشأة تجاه التحرش الجنسي، ويعرض من خلالها أهم الفقرات الخاصة بهذا الموضوع مع عرض أفلام خاصة بهذا الصدد.

عادةً يتم تبليغ العاملين في منشأت الضيافة بضرورة إخطار المشرف أو المدير المباشر أو مدير الموارد البشرية فوراً وبدون تردد أو خوف من الإنتقام في حال شعور أحدهم بإنه قد تعرض لأي نوع من أنواع التحرش أو الترهيب من قبل أي شخص سواء من جانب أحد زملاء العمل أو ضيف أو مجهز أو حتى من قبل الموظفين الإشرافيين أو الإدارة. فمن مسؤولية العاملين تقديم شكاواهم ومخاوفهم للإدارة لتتمكن من حلها ومعالجتها فوراً.

إن من مسؤولية منشاة الضيافة وجميع عامليها منع العنف في مكان العمل وتأخذ هذه الأمور على محمل الجد للحد من هذا النوع من المضايقات، وعليها إتخاذ إجراءات فورية وإجراءات تصحيحية مناسبة ضد أي عامل يشارك في أي من السلوكيات المحددة أعلاه. وفي حال ثبوت مشاركة أحد العاملين في أي شكل من أشكال المضايقات أو التعرض لعاملين أخرين في موقع العمل، فسوف يخضع لإجراءات تأديبية قد تصل أحياناً إلى الإنهاء الفوري لخدماته. كما من الإجراءات المناسبة أيضاً في مثل تلك الحالات أي عند تورط أحد الضيوف أو أحد العاملين القدماء أو أحد المجهزين في مثل تلك السلوكيات هو إخطار الشرطة أو من يمثلهم من موظفي تنفيذ القانون وملاحقة المخالفين لهذه السياسة وبموجب القانون.

2. تشغيل الأيدي العاملة المهاجرة

إن الخوض في هذا الموضوع يعتبر معقداً بعض الشي بسبب صعوبة تعريف عبارات مثل المهاجرة والأثنية، حيث من الصعوبة التمييز بين السكان الأصليين والأيدي العاملة الزائرة أو المهاجرة حيث تلاقي هذه الفئة من العاملين أحياناً التمييز

في العمل في شركات الضيافة مثل الفنادق أو المطاعم تحديداً، من حيث رغبة هؤلاء العاملين الأجانب أو من المهاجرين للعمل لساعات طويلة أكثر من باقي العاملين من أهل البلد وأحياناً العمل لوجبات أكثر وكذلك العمل خلال عطلة نهاية الأسبوع أو أحياناً إستغلالهم من قبل إدارات بعض المنشأت الصغيرة للقيام بأعمال دون الأجر الرسمي مخالفين بذلك التعليمات الحكومية بهذا الخصوص، أو توكيل أعمال لهم لا تتناسب مع أجورهم القليلة، وأحياناً أخرى تمشية العمل في المنشاة أو المرفق بكامله ضمن الوجبات الليلية لوحدهم حيث لا يكونون بمأمن من خطر ما في كثير من الأحيان.

في الغالب قد ترضى هذه الفئة من العاملين الأجانب بهذه الفرص الوظيفية لأنها تكون مفقودة في بلدانهم والبعض الأخر يأتون لتعلم اللغة الإنكليزية أو الدراسة أو لرغبتهم بالسفر، وفي نفس الوقت فإن إستعداد هذه المنشأت لتشغيل العمال الأجانب هو بسبب الصعوبات في إيجاد أشخاص من السكان الأصليين مستعدين للعمل بنوع الأجر المعروض، والتلميح الواضح هنا أنه مهما كانت الوظيفة للعاملين الأجانب في صناعة الضيافة على سبيل المثال مقارنة مع ما يتوفر في بلدانهم فأن الأغلبية تأتي لشغل وظائف في هذه الصناعة والتي هي ضمن الأسوأ من ناحية الأجر.

ومن المنظور التاريخي ولملاحظة دور العاملين الأجانب في صناعة الضيافة فإنه على سبيل المثال في بريطانيا في أواخر الستينات فشل أرباب العمل في بعض الفنادق في جذب العاملين الأهليين العاطلين عن العمل مما توجب عليهم فعلياً أختيار العاملين المهاجرين للإعتقاد الراسخ بانهم أكثر قابلية للعمل بجد، وكان على هؤلاء العاملين المهاجرين الى بريطانيا العيش تحت سقف خوف دائم من أن أرباب العمل قد يقومون بألغاء تصاريح العمل الخاصة بهم. كما أن التهديد المحتمل حول إمكانية سحب تصريح العمل قد أدى في أحيان كثيرة الى إمكانية خضوع العاملين المهاجرين الى طلبات أرباب العمل اللا معقولة واللا أخلاقية أحياناً دون وجود حماية

قانونية تذكر ضد أرباب العمل. وبشكل عام فإن تصاريح العمل في توظيف الأيدي العاملة المهاجرة قد تغير بشكل كبير في السنوات الأخيرة في كثير من بلدان العالم بسبب قوانين منع التمييز.

على الرغم من التغييرات الكبيرة في الأونة الأخيرة والتي طرأت على أنظمة العمل وإصدار تصاريح العمل في كثير من دول العالم للحد من عملية إستخدام الأيدي العاملة الوافدة الرخيصة وغير الماهرة إلا أن الإستغلال لازال مستمراً بطريقة أو بأخرى في كثير من البلدان. فعلى الرغم من أن أساليب التوظيف قد تغيرت أيضاً بشكل كبير إلا أنه لا يزال توظيف العاملين الأجانب بأعداد كبيرة مستمراً من خلال إستخدام الطلاب والزوار الوافدين.

3. المشاكل الخاصة بالإكراميات والبقشيش

كشفت دراسة خاصة في الولايات المتحدة الأمريكية بأن أعلى نسبة دوران عاملين حققتها المطاعم كانت لعاملات الخدمة الجدد في العمل، وعزى السبب في ذلك الى أن عاملات الخدمة القديمات كانوا يخبأن المعدات الضرورية للخدمة. حيث إن إمتلاك المعدات هو مصدر ضروري لتقديم خدمة جيدة وبالتالي الحصول على بقشيش إضافي. مثال أخر على المشاكل الناجمة عن البقشيش هي أن هناك عادةً نزاع دائم بين المطبخ وكادر العاملين في المطعم، ذلك بسبب أن كادر العاملين في المطعم لا يقدورن تعب العاملين في المطبخ وبالتالي يدخلون في إشكالات وصراعات جانبية وتنشأ تلك الصراعات بسبب إن عمال الصالة في المطعم يريدون دائماً تقديم خدمة جيدة للحصول على بقشيش جيد. بل أحياناً يتدخلون في عمل الطباخ من حيث طلب مواد إضافية للضيوف كزيادة حصة الطعام المقدمة أو طلب متممات إضافية للطبق، طمعاً في حصول عاملي الخدمة على بقشيش إضافي.

4. المشاكل الناجمة عن أختبار الكحول

إن إختبار المخدرات والكحول هو أحد المجالات العديدة في صناعة الضيافة والتي وقع ضحيتها العديد من العاملين في هذه الصناعة وذلك من خلال إتخاذ بعض إدارات منشات الضيافة قرارات متسرعة بهذا بالخصوص، ومثال على ذلك قيام إدارة المنشأة بطرد العامل في حال ظهور طفح جلدي لديه وعندئذ تجد الإدارة نفسها معرضة للقضاء.

5. المشاكل المتعلقة بالغياب

إن ظاهرة الغياب من الظواهر الهامة التي تتطلب الدراسة والبحث لما لها من تأثير كبير على العاملين ومنشأة الضيافة في أن واحد، فضلاً عن إنها ظاهرة مكلفة. وقد يؤثر الغياب على معنويات العاملين المواظبين على الحضور إلى العمل بإنتظام كذلك قد يخلق الغياب نوعاً من عدم الرضا بين العاملين في مجموعة أو فريق العمل نتيجة الوقت المستغرق في توجيه العاملين المؤقتين الذين يحلون مؤقتاً محل الغائبين لتأدية أعمالهم. هناك أسباباً عديدة وراء غياب العامل عن العمل منها مرض العامل نفسه أو مرض أحد أفراد أسرته أو حدوث حالة وفاة في الأسرة أو وفاة أحد الأصدقاء، أو لقضاء العامل لمصالحه الشخصية أو لأفراد أسرته أو إنهاء مصالحه الخاصة لدى الدوائر الحكومية أثناء موعد العمل الرسمي أو لمشاكل عائلية تؤثر على علاقاته في العمل.

يفضل أن تكون السياسات المعتمدة في الصناعة الفندقية بشأن حالات الغياب واضحة ومعلومة لكافة العاملين من خلال صياغة هذه السياسات بدقة ووضوح وإدراجها في كتيب العمل وشرحها لهم عند إجراء عملية التوجيه وأن يتولى المدراء والمشرفين التأكيد عليها، وذلك بسبب تأثير الغياب على نوع الخدمة المقدمة للزبائن والضيوف وخاصة في مواقع العمل التي لها إحتكاك مباشر بهم.

6. المشاكل المتعلقة بقواعد الصحة والسلامة

العديد من منشأت الضيافة بشكل عام ومنها الفنادق والمطاعم بشكل خاص تهزأ عمداً بقواعد السلامة والصحة المهنية، والتي تؤدي بالتالي الى زيادة دوران العاملين وزيادة في غرامات أكثر تكلفة مدفوعة للعاملين. حيث هناك مسؤولية مزدوجة تقع على عاتق إدارة المنشأة والعاملين معاً، وهي التأكد من أن مرافق وتجهيزات المنشأة أمنة من جهة وضمان بقاءها أمنة للوقاية من الحوادث من جهة ثانية. حيث يحتاج أرباب الأعمال إلى تقييم المخاطر الممكنة وإتخاذ الإجراءات اللازمة للتعامل مع أي حادث يمكن أن يحصل كما من شروط السلامة ان يتلقى كل عامل دورة تدريبيّة في الوقاية من الحوادث. كذلك على منشأة الضيافة إستخدام إشارات الأمان لإعلام وإرشاد الزوار والضيوف الذين يستخدمون مرافق المنشأة بهدف منع الحوادث من ناحية وما يجب عليهم القيام به في حال حدوثها من ناحية ثانية. كما يجب تسجيل وتوثيق جميع المخاطر المحتملة من قبل إدارة المنشأة.

7. توفير فرص متساوية Providing Equal Opportunity

يولى هذا الموضوع أهمية كبيرة في كثير من بلدان العالم. إذ من المعروف إن الحصول على فرصة توظيف عادلة هي حق قانوني لكل الأفراد لأنه يتم تقييمهم وترقيتهم على أساس قدراتهم وإستحقاقهم. حيث لا يجوز إستخدام التمييز في العمل إستناداً الى عوامل ليس لها أي علاقة بإداء الوظيفة لكونه يقلل من كفاءة العاملين في موقع العمل خاصة عند عملية إستقطاب مرشحين لوظيفة ما. لذلك فقد شرعت الكثير من الدول قوانين خاصة بهذا الصدد الغرض منها منع التمييز ضد المتقدمين للعمل للأسباب المذكورة في قانون الحقوق المدنية، وفي نفس الوقت هناك الكثير من المنظمات الخاصة حيث يمكن أن يلجأ إليها العاملين إذا شعروا بالغبن وبأنهم قد خضعوا للتمييز أو تم ممارسة التمييز ضدهم، وفي بعض الأحيان يتم رفع دعاوى

ضد منشأت وأفراد لدى هذه المنظمات أو اللجان، خاصة إذا ما ثبت إنها مارست التمييز ضدهم.

إن الكثير من المشاكل بهذا الصدد تحدث أيضاً في المستويات التنظيمية العليا، حيث المنافسة بين الأقسام يمكن أن تقود إلى مشاكل ونزاع فيها حيث أستشهدت أحدى الدراسات على إن رئيس طباخين تنفيذي لأحد المطاعم وهو "رجل "كان كثير الشكوى من عاملات الخدمة " النادلات " على أساس أنهن غير كفوءات حيث لا يعطن الطلبات "طلبات الطعام "الى الطباخين بشكل واضح مما يؤثر ذلك على إنتاج الطعام. لذلك أقترح رئيس الطباخين التنفيذي توظيف عاملين خدمة من الذكور لتجنب مثل تلك المشاكل. في الحقيقة إن هذه التفرقة تستند على عيوب في شخصية العاملات وليست عنصرية من حيث " الجنس "، لأنه بعد فترة معينة سجل نفس رئيس الطباخين شكاوى أخرى مماثلة حول عاملي الخدمة "الذكور " ، حيث غالباً ما يصفهم بأنهم كثيري الطلبات وحادي المزاج ويخلقون الكثير من المشاكل، ويستشهد بالقول بإن " عاملي الخدمة يجادلون ويرمون المواد على بعضها البعض ".

إن التشريعات والقوانين المتعلقة بمكان العمل قد إزدادت في السنوات الأخيرة ومعظمها لحماية العاملين ومكان العمل، وفي نفس الوقت فإن تلك القوانين قد زادت من حجم تعقيد العمل، فعلى سبيل المثال هناك الكثير من القوانين التي شرعت لهذا الغرض في العديد من الدول المتقدمة وخاصة في الولايات المتحدة الأمريكية والتي ساعدت على تشجيع قطاعات كثيرة ومنها قطاع الضيافة على إتخاذ قرارات التوظيف السليمة والحد من المشاكل المتعلقة بها، ومن أهم تلك القوانين:

- **قانون إصلاح الهجرة والرقابة الصادر في عام 1986**

يطلق على هذا القانون (The Immigration Reform and Control) ويرمز له بشكل مختصر تسمية (IRCA)، ويمنع بموجبه تشغيل وتوظيف الأفراد

داخل الولايات المتحدة الأمريكية من الذين لا يحملون أية أوراق أو وثائق ثبوتية ما لم يسمح لهم القانون بذلك. كما إن القانون يلزم رب العمل مسؤولية التأكد من وثائق العاملين المتقدمين للعمل، وعلى رب العمل التأكد من ذلك لأغراض توظيف العاملين الجدد والمتوقع تعيينهم. إذ تشترط التعليمات أن تذكر في جميع طلبات التوظيف تلك الفقرة وأن يقدم المتقدم للعمل الوثائق الأصولية التي تؤيد وتثبت ذلك. ولايحق لرب العمل التمييز على أساس الأصل القومي للعامل أو جنسيته.

- **قانون العائلة والإجازة الطبية الصادر عام 1993**

يطلق على هذا القانون(The Family and Medical Leave Act) ويرمز له بشكل مختصر تسمية (FMLA)، وهذا القانون يتطلب من منشأت الضيافة التي لديها خمسين أو أكثر من العاملين أن يسمح لهم سنوياً بأن يتمتعوا الى حد إثنا عشر أسبوعاً من الإجازة الغير مدفوعة الأجر وتمنح هذه الإجازة لأي من الأسباب التالية:

- الولادة أو تبني طفل.
- حالة صحية خطيرة للطفل(لطفل العامل).
- حالة صحية خطيرة لأحد الزوجين أو لأحد الأبوين.
- الحالة الصحية للعامل نفسه.

- **قانون معايير العمل العادلة الصادر عام 1938**

يطلق على هذا القانون تسمية (The Fair Labor Standard Act) ويرمز له بشكل مختصر تسمية (FLSA)، والذي حدد بموجبه الحد الأدنى للأجور والحد الأقصى لعدد ساعات العمل الأسبوعية. والمدراء معفيين من هذه المعايير طالما يقضون معظم وقتهم بالإعمال الإدارية. وعلى رب العمل الإلتزام بهذا القانون من ناحية الحد الأدنى للأجور وإلا تعرض الى دعوة قضائية قد تكلفه الملايين من

الدولارات في المحاكم، وعلى أية حال، قد تكون هناك إستثناءات يمكن أن تشمل عاملين شباب ذو أجر تدريب للأشهر الثلاثة الأولى من التوظيف وبعض العاملين الذين يعتمدون على الهبات "البقشيش"، ولهذا القانون فقرات عديدة منها" قانون الحد الأدنى من الأجور، وجبات إطعام العاملين والدفع المتساوي لوجبة الطعام، المساواة في الأجر، الأيدي العاملة من الأطفال، البقشيش وإجراءات جمعه وتوزيعه، الزي الموحد للعاملين والحفاظ عليه، حفظ السجلات، العاملين المعفيين وغير المعفيين، الوقت الإضافي والمقصود بها (عدد ساعات العمل الإضافية بعد أوقات العمل المعتمدة، حيث يدفع للعامل وفق نسبة دفع معينة، وهذه النسبة غالباً ما تكون مرة ونصف من معدل الأجرة الاعتيادية". وبموجب قانون(FLSA) فانه يتطلب على أرباب الأعمال أن يدفعون نفس التعويض المالي والمكافأت غير المالية إلى كل العاملين بغض النظر عن الجنس الذي يحمله نفس العمل.

- **قانون الأجر المتساوي الصادر عام 1963**

بموجب هذا القانون تسمية (The Equal Pay Act)، فإن الرجل والمرأة اللذان يؤديان نفس العمل يجب أن يتقاضوا نفس الأجر، وقد صدر هذ القانون في وقتها بسبب إن أرباب الأعمال كانوا يدفعون للعاملين من الرجال أجوراً أكثر من تلك المدفوعة للمرأة على الرغم من أدائهما نفس العمل.

- **قانون الحقوق المدنية الصادر في عام 1964 وتعديلاته**

بموجب هذا القانون (The Civil Right Act)، يمنع التمييز في موقع العمل بسبب اللون أو العرق أو الجنس أو الدين أو الأصل القومي، وتم تعديل هذا القانون عدة مرات، إذ يتولى هذا القانون حماية المرأة، الأقليات، والأشخاص المعوقين الذين يعتقدون بأنهم عرضة للتمييز من مقاضاة الشركات والمنشأت ومنها منشأت قطاع

الضيافة. كما يعتبر هذا القانون حماية للعاملين من التمييز في عمليات التوظيف أو في عمليات تقييم العامل. وأيضاً حماية ضد التحرش الجنسي في مواقع العمل.

■ **قانون فرص التوظيف المتساوية رقم (7) لقانون الحقوق المدنية**

إذ بمقتضى هذا القانون (Equal Employment Opportunity Title VII of the Civil Right Act) تمنح المساواة في فرص العمل لجميع الأشخاص الذين يبحثون عن عمل، ومن الأهمية معاملة جميع المتقدمين للعمل بمساواة وكذلك كل قرارت التوظيف ذات العلاقة.

■ **قانون التمييز على أساس السن (العمر) في التوظيف الصادر عام 1967**

يطلق على هذا القانون(The Age Discrimination in Employment) ويرمز له بـ(ADEA) والذي تم تعديله في عام (1978)، ويمنع بموجب هذا القانون رب العمل من التمييز ضد الأفراد في التوظيف من هم بعمر (40) سنة فأكثر. حيث في السابق ومع توقعات إرتفاع الإنتاجية وغيرها من الضغوط المرتبطة بالعمل تم إنهاء عمل كبار السن بأعداد كبيرة أكثر من الشباب والذين واجهوا صعوبات كبيرة في إيجاد فرص عمل جديدة مناسبة لهم. كما ينطبق هذا القانون على كلاً من العاملين الحاليين والمتقدمين للعمل.

■ **قانون الأمريكيين من ذوي الإعاقات الخاصة الصادر عام 1990**

يمنع بموجب هذا القانون(The American With Disabilities Act) والذي يرمز له بـ(ADA)، التمييز ضد الأفراد من ذوي حالات العجز في التوظيف أو في موقع العمل، وقد صدر هذا القانون لحماية الأفراد المصابين بالعجز ولهذا القانون مكونان رئيسيان هما: التوظيف والمرافق العامة. إذ بموجب هذا القانون فان الشخص

يعتبر مؤهلاً للعمل إذا كان قادراً على أداء "الوظائف الرئيسية للوظيفة" التي تقدم لإشغالها، على الرغم من إن سياسات هذا القانون غير موضوعية بسبب إن هناك كثير من النقاش حول شكل أو حالة الإعاقة. كما ينص القانون إن على أرباب الأعمال إجراء تعديلات منطقية لمرافق العمل لمساعدة الأفراد من ذوي العجز لجعل موقع العمل أكثر سهولة لهم ويتم ذلك من خلال إزالة الحواجز التي تعيق حركتهم، وجعل إستخدام الخدمات سهلة المنال ودون صعوبة أو كلفة عالية لهم. كما يجب أن يكون هذا المتطلب موجوداً أيضاً في جميع المباني التي يستخدمها هؤلاء، وعلى هذا الأساس تم إجراءات التعديلات في مرافق ووسائل الإقامة التي يستخدمها ذوي العجز والإعاقات من الضيوف. حيث الكثير من منشأت الضيافة وخاصة السلاسل الفندقية عدلت من تصاميم غرف ومحتويات فنادقها لتتلائم مع هذا النوع من الضيوف، كذلك دربت عامليها على خدمتهم بالشكل الصحيح.

■ قانون تمييز المرأة الحامل الصادر في عام 1978

يقدم هذا القانون (The Pregnancy Discrimination Act) حمايات متنوعة للمرأة الحامل. حيث من غير القانوني التمييز ضد المرأة بسبب الحمل أو الحمل لاحقاً، أو بسبب الولادة أو الى غير ذلك من الأمور الطبية ذات الصلة. كما أنه من غير القانوني أيضاً عدم توظيف أو ترقية المرأة بسبب كونها حامل. كذلك لا يحق لرب العمل تحديد بداية ونهاية إجازة الأمومة للمرأة العاملة ولكن يحق له بحس نية، على سبيل المثال عرض عمل بديل للعاملة الحامل كعرض وظيفة كاشير لها مثلاً، على أن يدفع لها راتب عاملة الخدمة مع مبلغ الإكراميات "البقشيش".

المراجع

1- المراجع الإنكليزية

About McDonalds. (n.d.). *McDonald's – Official Global Corporate*.

Retrieved March 2, 2013, from

http://www.aboutmcdonalds.com/mcd/our_company.html

Agrusa, J., & Lema, J. (2007). An Examination of Mississippi Gulf Coast

Casino Management Styles with Implications for Employee

Turnover. *University of Nevada, Las Vegas Gaming Research &*

Review Journal, 2(1), 13-27.

American Hotel & Lodging Association. (2011). 2011 Lodging Industry

Profile - AH&LA. *American Hotel & Lodging Association - AH&LA*.

Retrieved March 6, 2013, from

http://www.ahla.com/content.aspx?id=32567

American Hotel & Lodging Association. (2012). 2012 Lodging Industry

Profile - AH&LA. *American Hotel & Lodging Association - AH&LA*.

Retrieved March 10, 2013, from

http://www.ahla.com/content.aspx?id=34706

Atkinson, H., & Brown, J. (2001). Rethinking performance measures:

assessing progress in UK hotels. *International Journal of*

Contemporary Hospitality Management, 13(3), 128-136.

Brown, J. B., & McDonnell, B. (1995). The balanced scorecard: short-term guest or long-term resident? *International Journal of Contemporary Hospitality Management, 7*(2/3), 7-11.

Cheung, C., & Law, R. (1998). Hospitality service quality and the role of performance appraisal. *Managing Service Quality, 8*(6), 402-406.

Cho, S., Woods, R. H., Jang, S., & Erdem, M. (2006). Measuring the impact of human resource management practices on hospitality firms' performances. *International Journal of Hospitality Management, 25*(2), 262-277.

Choi, K. (2006). A Structural Relationship Analysis of Hotel Employees? Turnover Intention. *Asia Pacific Journal of Tourism Research, 11*(4), 321-337.

Crawford, A. M. (2008). *Empowerment and Organizational Climate: An Investigation of mediating Effects on the Core-Self Evaluation, Job Satisfaction, and Organizational Commitment Relationship.* ProQuest.

Daniels, J. D., Radebaugh, L. H., & Sullivan, D. P. (2004). *International business: Environments and operations* (2nd ed.). Upper Saddle River, United States: Pearson Education/Prentice Hall.

Davidson, M., Guilding, C., & Timo, N. (2006). Employment, flexibility and labour market practices of domestic and MNC chain luxury hotels in Australia: Where has accountability gone. *International Journal of Hospitality Management*, *25*(2), 193-210.

Davidson, M., Manning, M. L., Brosnan, P., & Timo, N. (2002). Organizational climate, perceived customer satisfaction and revenue per available room in four and five star Australian hotels. *Tourism Analysis*, *6*(2), 123-137.

DeNisi, A., & griffin, R. W. (2001). *Human Resource Management* (1st ed.). Houghton Mifflin Co.

DeNisi, A., & Griffin, R. W. (2007). In *Human resource management* (3rd ed.). Boston, United States: Houghton Mifflin Co.

DiPietro, R. B., & Condly, S. J. (2007). Employee Turnover in the Hospitality Industry: An Analysis Based on the CANE Model of Motivation. *Journal of Human Resources in Hospitality & Tourism*, *6*(1), 1-22.

Duggan , B., & Croy , G. (2004). Should you outsource recruitment? *Supply Management*, *9*(20), 26-27.

Freedman, M., & Kosova, R. (2011). Agency and Compensation: Evidence from the Hotel Industry.

Gustafson, C. M. (2002). Employee turnover: a study of private clubs in the

USA. *International Journal of Contemporary Hospitality*

Management, 14(3), 106-113.

Hayes, D. K., & Ninemeier, J. D. (2004). *Hotel operations management*

(1st ed.). Upper Saddle River, United States: Pearson/Prentice Hall.

Hayes, D. K., & Ninemeier, J. D. (2007). In *Hotel operations*

management (2nd ed.). Upper Saddle River, United States:

Pearson/Prentice Hall.

Hiles, A. (2006). It's Time to Rethink Employee Benefits. *Benefits Quarterly*,

22(4), 62.

Hurley, R. F., & Estelami, H. (2007). An exploratory study of employee

turnover indicators as predictors of customer satisfaction. *Journal of*

Services Marketing, 21(3), 186-199.

Jerris, L. A. (1999). *Human resources management for hospitality*. Upper

Saddle River, United States: Prentice Hall.

Kotler, P., Bowen, J., & Makens, J. C. (2003). *Marketing for hospitality and*

tourism (3rd ed.). Upper Saddle River, United States: Prentice Hall.

Kotler, P., Bowen, J., & Makens, J. C. (2006). *Marketing for hospitality and*

tourism (4th ed.). Upper Saddle River, United States: Prentice Hall.

Lashley, C. (2000). Hospitality retail management: a unit manager's guide. Routledge.

Lovelock, C. (2001). A Retrospective Commentary on the article New Tools for Achieving Service Quality. *The Cornell Hotel and Restaurant Administration Quarterly*, *42*(4), 39-46.

Lynn, M. (2002). Turnover's relationships with sales, tips and service across restaurants in a chain. *International Journal of Hospitality Management*, *21*(4), 443-447.

Madura, J. (2007). *Introduction to business* (4th ed.). Mason, United States: Thompson/South-Western.

Mill, R. C. (2010). *Managing for productivity in the hospitality industry*. Zurich, Switzerland: Van Nostrand Reinhold.

Min, H. (2007). Examining sources of warehouse employee turnover. *International Journal of Physical Distribution & Logistics Management*, *37*(5), 375-388.

Mondy, R. W., Noe, R. M., & Gowan, M. (2005). *Human resource management* (9th ed.). Upper Saddle River, United States: Pearson Prentice Hall.

Mondy, R. W. (2008). *Human resource management* (10th ed.). Boston, United States: Prentice Hall.

Morrell, K. M., Loan-Clarke, J., & Wilkinson, A. J. (2004). Organisational change and employee turnover. *Personnel Review, 33*(2), 161-173.

Mullen, R. (2007). THE LURE OF HOSPITALITY. *Caterer & Hotelkeeper, 197*, 4.

Mullins, L. J. (2001). *Hospitality management and organisational behaviour* (4th ed.). Harlow, United States: Longman.

Mulvey, J. (2005). Employee Turnover Rises, Increasing Costs. *Employment Policy Foundation Fact Sheet.*

Naidu, V. (2007, February 13). Reducing Employee Turnover in Hospitality. *Articles Base.* Retrieved September 14, 2012, from http://www.articlesbase.com/hotels-articles/reducing-employee-turnover-in-hospitality-104090.html

Namasivayam, K., Miao, L., & Zhao, X. (2007). An investigation of the relationships between compensation practices and firm performance in the US hotel industry. *International Journal of Hospitality Management, 26*(3), 547-587.

Nickels, W. G., McHugh, J. M., & McHugh, S. M. (2005). *Understanding business.* Boston: McGraw-Hill/Irwin.

Ninemeier, J. D., & Hayes, D. K. (2006). *Restaurant operations management: Principles and practices* (1st ed.). Upper Saddle River, United States: Pearson Prentice Hall.

Noe, R. A., Hollenbeck, J. R., Gerhart, B., & Wright, P. M. (1997). Human resource management: Gaining a competitive advantage. Irwin.

Nykiel, R. A. (2005). *Hospitality management strategies* (1st ed.). Upper Saddle River, United States: Prentice Hall.

Phonsanam, S. T. (2010). Total Compensation Practices and Their Relationship to Hospitality Employee Retention.

Pizam, A., & Thornburg, S. W. (2000). Absenteeism and voluntary turnover in Central Florida hotels: a pilot study. *International Journal of Hospitality Management, 19*(2), 211-217.

Rowntree, L. (2008). *Globalization and diversity: Geography of a changing world.* Upper Saddle River, United States: Pearson Prentice Hall.

Schmeltzer, J. (2007, May 15). McDonald's tries to keep workers from flipping jobs. *The Chicago Tribune.* Retrieved October 22, 2012, from http://articles.chicagotribune.com/2007-05-15/business/0705140540_1_restaurants-turnover-rate-karen-king

Sharma, S., & Upneja, A. (2005). Factors influencing financial performance of small hotels in Tanzania. *International Journal of Contemporary Hospitality Management, 17*(6), 504-515.

Shipley, C. J., & Kleiner, B. H. (2005). Compensation management of commissioned sales employees. *Management Research News, 28*(2/3), 2-10.

Tesone, D. V. (2005). *Human resource management in the hospitality industry: A practitioner's perspective* (1st ed.). Upper Saddle River, United States: PEARSON/Prentice Hall.

Tesone, D. V. (2005). *Supervision skills for the service industry: How to do it* (1st ed.). Upper Saddle River, United States: Prentice Hall.

UNWTO World Tourism Barometer. (2006). *UNWTO World Tourism Barometer (English version), 4*(2), 1-35.

UNWTO World Tourism Barometer. (2006). *UNWTO World Tourism Barometer (English version), 4*(3), 1-36.

UNWTO World Tourism Barometer. (2005). *UNWTO World Tourism Barometer (English version), 3*(1), 1-27.

Walker, J. R. (2004). *Introduction to hospitality management* (1st ed.). Upper Saddle River, United States: Pearson Prentice Hall.

Walker, J. R. (2007). *Introduction to hospitality management* (2nd ed.).

Upper Saddle River, United States: Pearson Prentice Hall.

Walker, J. R. (2010). *Introduction to hospitality management* (3rd ed.). Upper

Saddle River, United States: Pearson Prentice Hall.

Walker, J. R. (2012). *Introduction to hospitality management* (4th ed.). Upper

Saddle River, United States: Pearson Prentice Hall.

Zemanek, S. (December 17, 2012). Travel and Tourism Spending Slowed in

The Third Quarter Of 2012. *U.S. Bureau of Economic Analysis (BEA)*.

Retrieved March 2, 2013, from

http://www.bea.gov/newsreleases/industry/tourism/2012/pdf/tour312.pdf

المراجع العربية

1- سالم، مؤيد سعيد وصالح ، عادل حرحوش.، 2001، إدارة الموارد البشرية، جامعة بغداد للنشر والتوزيع، العراق.

2- صالح، عادل حرحوش والسالم، مؤيد سعيد.، 2006، إدارة الموارد البشرية – مدخل إستراتيجي، الطبعة الثانية، عالم الكتب الحديث، عمان، الأردن.

3- الطائي، يوسف حجيم والفضل، مؤيد عبد الحسين والعبادي، هاشم فوزي.، 2006، إدارة الموارد البشرية: مدخل استراتيجي متكامل، الطبعة الأولى، مؤسسة الوراق للنشر والتوزيع، عمان، الأردن.

4- عامر ، سعيد يس و الخلف، خالد يوسف.، 1981، الانتاجية القياسية – معايير الاداء – قياس الاداء الفعلي، دار المريخ للنشر، الرياض.

5- العامري، صالح مهدي محسن والغالبي، طاهر محسن منصور.،2008، الإدارة والأعمال، الطبعة الثانية، دار وائل للنشر والتوزيع، الأردن.

6- عباس، سهيلة محمد.،2006، إدارة الموارد البشرية، مدخل استراتيجي، الطبعة الثانية، دار وائل للنشر،عمان، الأردن.

7- عقلي،عمر وصفي.،1996 ، إدارة القوى العاملة ، دار زهران للنشر والتوزيع، عمان، الأردن.

8- كنه، علاء يوسف.، 2004، الموارد البشرية في المطاعم، الطبعة الأولى، دار وائل للنشر والتوزيع، عمان، الأردن.

9- ملحم، يحيى.، 2009، التمكين: مفهوم إداري معاصر، المنظمة العربية للتنمية الإدارية، جامعة الدول العربية، الطبعة الثانية، القاهرة.

10-هاشم، زكي محمود.، 1994، أساسيات الإدارة، الطبعة الثالثة، ذات السلاسل للطباعة والنشر والتوزيع، الكويت.

2- المجلات

1- Special Report: Hotels' 325. (2012, August). *Hotels, 46*(6), 23-44.

3- المواقع الإلكترونية

www.hospitalitynet.org
www.4hoteliers.com
www.hotelschool.cornell.edu
www.lodgingmagazine.com
www.hotelsmag.com
www.hoteliermiddleeast.com
www.luxurytravelmag.com.au
www.ahla.com
www.library.cornell.edu
www.unwto.org
www.restaurant.org
www.bea,gov
www.profitablehospitality.com
www.nrn.com
www.abahe.co.uk

I0489093

www.ingramcontent.com/pod-product-compliance
Lightning Source LLC
Chambersburg PA
CBHW081430170526
45166CB00008B/2157
9781484018552